Wundersame blaue Mauer!

Wundersame blaue Mauer!

Die Schwäbische Alb in
Geschichten und Gedichten

Herausgegeben von
Wolfgang Alber, Brigitte Bausinger,
Hermann Bausinger

KLÖPFER&MEYER

Inhalt

Annäherung

Peter Härtling: Die Alb 11
Angelika Bischoff-Luithlen: Auf vertrautem Fuß 12
Peter Sandmeyer: Alb Traum 14
Helmut Pfisterer: Landschaft weißgehöht 20
Wendelin Überzwerch: Lob der Alb 21
HAP Grieshaber: Die Rauhe Alb 23
Sobo Swobodnik: Dem Himmel ganz nah 31

Vorzeit

Margarete Hannsmann: Schwäbischer Jura 33
David Friedrich Weinland: Aus grauer Vorzeit 35
Nicholas J. Conard, Jürgen Wertheimer: Eine Art
    Windklang 38
Gerd Gaiser: Das Wasser 40
Friedrich Theodor Vischer: Prähistorische Ballade 44
Eduard Mörike: Der Petrefaktensammler 45

Wandern

Die Schwäbische Alb – frühe Belege 47
Friedrich August Köhler: Eine Alb-Reise
    im Jahre 1790 49
Johann Wolfgang von Goethe: Reise in die
    Schweiz 1797 56
Gustav Schwab: Albreisen 59

Karl Julius Weber: Zweite Fußreise nach der Alb 61
Eduard Mörike: Brief an Luise Rau 66
Hermann Lenz: Erinnerung ans Wandern 69
Michael Spohn: Vom Vitus Frey 73
Walle Sayer: Exkursion 75
Peter Härtling: Der Wanderer 76
Thomas Knubben: Winterreise 79
Werner Herzog: Im Schneesturm 81
Uta-Maria Heim: Von wegen Natur 83
Angelika Bischoff-Luithlen: Fremdes Blut
  in schwäbischen Adern 85
Ludwig Finckh: Europäische Wasserscheide 88
Gabriele Loges: Spitze Dächer 95

Leute

Hermann Kurz: Die beiden Tubus 101
August Lämmle: Der Amtsschreiber von Blaubeuren
  und sein Star 107
Josef Weinberg: Wassernot 112
Richard Weitbrecht: Bohlinger Leute 114
Hellmut G. Haasis: Georg Elsers Herkunft 120
Sebastian Blau: Dr Schäfer 135
Wilhelm König: Landschaft 2 136
Max Eyth: Vater Berblinger in Ochsenwang 138
Tina Stroheker: Gustav Mesmers Flugrad 140
Petra Zwerenz: Wo? 141
Eberhard Neubronner: Frühe Zeit, karge Zeit 146
Martin Schleker: Der Gabelspitzer 150
Karl-Heinz Ott: Der Welt entrückt 155

Natur

Friedrich Hölderlin: An meine Schwester 157
Wilhelm Hauff: Ein herrliches Land 158
Gustav Schwab: Urach 161
Christian Wagner: Auf der Burgruine 163
Ernst Salzmann: Absturz 165
Eduard Mörike: Besuch in Urach 170
Christine Langer: Jungmoos 174
Volker Demuth: Späte Bebilderung eines Tags 175
Uwe Zellmer: Herbsttag 176
Susanne Hinkelbein: Ödenturm 178

Höhlen

David Friedrich Weinland: Flucht in die Staffahöhle . . 181
Felix Fabri: Blautopf 193
Eduard Mörike: Historie von der schönen Lau 194
Felix Huby: Bienzle und die schöne Lau 220
Gerhard Storz: Wimsener Höhle 225
Gerd Gaiser: Kätherlens Loch 230
Wilhelm Hauff: In der Nebelhöhle 240
Carl Theodor Griesinger: Der Württemberger
am Pfingstmontag 245

Burgen und Berge

Friedrich Hölderlin: Die Teck 249
Justinus Kerner: Hohenstaufen 252
Wilhelm Raabe: Auf dem Gipfel des Zuckerhutes 254
Margarete Hannsmann: Hohenstaufen 258
Ludwig Uhland: Die Schlacht bei Reutlingen 260

Walter Brants: HAP Grieshabers Haus 263
Friedemann Schmoll: Schau ins Land 264
Johannes R. Becher: Urach oder Der Wanderer
    aus Schwaben 269

Brüche

Margarete Hannsmann: Zwiefalten 271
Manfred Schleker: Tödlicher Zeitgeist – »Gnadentod«   274
Werner Dürrson: Grafeneck 279
Bernd Storz: Gruorn 281
Bernd Storz: Buttenhausen 282
Theodor Rothschild: Sabbatstimmung 283
Draginja Dorpat: Begegnung 287

Übergang

Eduard Paulus: Der Auszug 295
Jan Christ: Wortkarg am Kältepol 296
Alfred Munz: Flugtag auf dem Degerfeld 299
Karl Napf: Der Daimler-Arbeiter 302
Franz Xaver Ott: Über die Dörfer 305
Thaddäus Troll: Suchen und Finden 307
Margarete Hannsmann: Landschaft 311

Nachwort: Albgeschichte, Albgeschichten 314
Verzeichnis der Autoren 329
Die Herausgeber 349

Peter Härtling
Die Alb

Quer gebaut durchs Land
und an den Rändern
steinig gerissen,
hungrig immer nach Bläue,
auch winters,
wenn der spiegelnde Himmel
versteckte Wege
zeigt.

Da lässt es sich lärmen.
Und Schweigen
üben.
Da lässt sich aus Gesang
ein Hügel türmen
oder ein steingehäkeltes Schloss.
Da lässt es sich in
Kinderwiesen zurücklaufen,
eine Strophe aufsagen,
die den Silberdisteln
den Hut lupft
und den Dompfaffen
den Kopf wäscht.

Schön geht der Blick
hinunter ins Land,
wenn er fliegen lernt
und schwindelnd stürzt
von diesem quer
durchs Land gebauten Riff.

Angelika Bischoff-Luithlen
Auf vertrautem Fuß

Dass die Schwäbische Alb ein Pultgebirge ist, das Württemberg in ein Ober- und Unterland teilt, gegen den Neckar steil abfällt und gegen die Donau langsam verflacht, steht in jedem süddeutschen Lesebuch geschrieben. Vom Erosions- und Kalkgebirge lesen wir da, der Ausdruck Verkarstung ist beliebt, und die Wasserlosigkeit ist eines der berühmtesten Kapitel der Alb. Zum Auswendiglernen eignen sich Berge und Höhlen; man kann sie säuberlich der Höhe und Größe nach auf eine Schnur reihen, und die schwäbischen Schulkinder, soweit sie fleißig sind, haben ihr Gedankenapparätchen damit aufgezogen und können es schnurren lassen, wenn der Lehrer auf den Knopf drückt. Aus alten Büchern und Zeitschriften, die ihren Ursprung jenseits der Mainlinie haben, kann man noch interessantere Dinge erfahren. Sie sprechen von einer »sibirischen Steppe« innerhalb Schwabens, von »weißen Flecken auf der Landkarte«, unfruchtbaren, völlig öden Heidestrecken, in denen kaum ein Schaf seine kärgliche Nahrung finde und die wenigen menschlichen Bewohner auf primitivstem Kulturstand leben. »Nur ein schmaler Fußpfad führt von der Stadt Geislingen her in diese Wildnis« – so ähnlich schrieb einmal eine Hamburger Zeitschrift. Auch die umstrittene Bezeichnung »Rauhe Alb« scheint der nördliche Deutsche für halb Württemberg anzuwenden und sich eines kalten Schauders dabei nicht enthalten zu können. Aber es gibt auch ganz gewöhnliche Stuttgarter, die die Alb nicht kennen und sich erstaunliche Vorstellungen von ihr machen, und auch viele Leute aus dem schönen Barockland Oberschwaben erinnern sich der Alb nur als eines Landstriches, in welchem das keltische Schlafen auf Bärenfellen eben erst überwunden wurde.

Der Alb tun diese Verleumdungen nicht weh. Sie hat auch keine Verteidigung notwendig, denn sie hat, wenigstens bislang, auf breite Besucherströme verzichtet. Sie ist ein stilles, verschwiegenes und in sich gekehrtes Land; sie bietet ihre Schönheiten nicht so offen dar wie das Allgäu oder der Bodensee, sie wartet geduldig und langmütig auf die, die trotzdem zu ihr kommen. Wie viele ihrer Frauen ist sie auch selbst eine herb und streng Liebende und keinem leichtfertigen Eroberer zugetan. Meist werden es die stillen Grübler sein, die zu ihr kommen, die Eigenbrötler und Einsamen, die die Auseinandersetzung mit sich selbst suchen oder mindestens nicht fürchten, denn dazu zwingt sie. Sie will erobert werden und gewonnen, ja oftmals geradezu erkämpft sein von dem, der sie oft besucht und immer wieder zu ihr zurückkehrt; sie ist ein herrliches Wanderland und eigentlich nur zu Fuß kann man »auf vertrauten Fuß« mit ihr kommen. Wen sie aber einmal in ihren Bann geschlagen hat, der sehnt sich ewig nach ihr zurück.

Peter Sandmeyer
Alb Traum

Die Schwäbische Alb verhält sich zu den Schweizer Alpen wie Marbach zu Manhattan. Welches Marbach, wird gefragt? Sehen Sie, genauso geht es der Schwäbischen Alb.

Nach Marbach wollte die englische Queen, als sie 1964 auf Deutschlandbesuch war, und selbstverständlich meinte die Pferdefreundin das berühmte Gestüt im Lautertal. Doch die Gastgeber, die die Anregung diensteifrig aufgriffen, dirigierten die arme Monarchin zum Schiller-Gedenken nach Marbach am Neckar, wo Elizabeth statt weißer Araber bleiche Büsten betrachten musste.

Die Alb ist die größte Karstlandschaft Europas. Nirgendwo ist Deutschland so verkalkt wie im Südwesten, zwischen Ulm und Stuttgart, Hohenstaufen und Hohenzollern, nirgendwo ist es unbekannter. Kaum größere Städte, keine Industrie, auch keine Agrar-Fabriken – »strukturschwach« sagen die Politiker dazu. Hinterhof der Silicon Valleys rings um Stuttgart, wo die Welt so aussieht, als sei sie gestern entstanden und würden morgen schon Planierraupen erwartet, um Platz zu schaffen für noch neuere, größere, effektivere Wohn- und Produktionswaben. Die Alb dagegen ist alt und abweisend.

Sie passt schlecht in bunte Tourismusprospekte, eignet sich weder für Gipfelstürmer noch für Tannenwaldwanderungen, die Gästezimmer in den Dörfern heißen »Fremdenzimmer«, und die Hochflächen sehen aus, als ob die Lüneburger Heide Urlaub im Gebirge macht.

Die Seite, die das platte Gebirge dem Strom der Vorbeireisenden zukehrt, ist geradezu abschreckend. Wenn »Bayern drei« während der Fahrt von Stuttgart nach München mal wieder zu spät vor dem Stau auf der A8 zwischen Kirchheim und Aichelberg oder Merklingen und Ulm-West gewarnt hat und man plötzlich jede Menge Muße hat, die Gegend zu betrachten, dann sieht man sie zur Rechten: eine schwarzblaue Wand, steil aufragend aus der grünen Ebene der Fils, Wolkenbüschel vor Bergnasen, schroff, kalt und zurückweisend. Der Stau muss lang sein, der Neigung weckt, dort hinaufzufahren.

Der Stau ist lang. Die näherrückende Alb bleibt Bedrohung. Als führe man mit dem Schiff auf eine unbekannte Steilküste zu – was der Albtrauf einst auch war, als ein süddeutsches Meer vor 150 Millionen Jahren immer wieder das gesamte Alpenvorland überflutete und dabei gewaltige Ablagerungen hinterließ: den Kalk der Alb. Überall tritt er neben den engen Straßenserpentinen hervor zwischen krüppeligen Bäumen, Grasbüscheln und Wacholdern; birgt in sich die Reste der alten Bewohner, der Seelilien und Knochenfische, der Ichthyosaurier, denen man nicht im Nassen begegnen möchte, und der Muscheln, die nicht mehr die Lügen des Meeres erzählen können, wenn man sie ans Ohr hält.

Unten im Tal hatte das Außenthermometer des Autos sechs Grad angezeigt, oben sind es null. Schneereste klammern sich in die Ackerfurchen, aus denen die Steine höher herausragen als das Wintergetreide. Schwere Wolken ziehen über die weite, weißliche Ebene; aus einem Loch fällt Sonnenlicht wie der Suchscheinwerfer eines monströsen Ufos, der langsam die Erde abtastet. Wenig fände er, was die Landung lohnt. »Es ist die Alb ein birgigs, steinigs und ruches Land. Es ist ein so hart Feld, dass acht oder neun Ochsen kaum ein Pflug mögen erziehen. Es hat keinen Weinwachs und wenig Wasser, denn was oben herabkommt.«

Die Ochsen sind heute durch Deutz- und McCormick-Schlepper ersetzt, seit Anfang des 20. Jahrhunderts führen auch Wasserleitungen von den Tälern auf die Hochfläche, und die Dörfer müssen sich nicht mehr mit »Spatzenschisswasser« begnügen, das Leben ist linder geworden. Aber die Alb ist so »rauh« geblieben wie in Sebastian Münsters Beschreibung von 1544. Sie ist auch sonst ziemlich unverändert. Weil das Kalkgebirge inwendig durchlöchert ist wie ein Schweizer Käse, gibt es keine oberirdischen Flussläufe und damit keine Abtragungen oder Anschwemmungen.

Seit jeher macht dieser Karst den Bauern das Leben schwer. Er stiehlt ihnen das Wasser. Der Regen läuft widerstandslos durch die dünne Humus-Schicht und versickert im porösen Untergrund. Je mehr Wasser fällt, desto mehr Kohlendioxid bindet es, desto schneller wäscht die entstehende Kohlensäure den Kalk aus, desto rascher verschwindet das Wasser wieder. Viel Steine gibt es darum und wenig Brot, das früher oft mit gemahlener Baumrinde gestreckt wurde.

Wer aus den Albbauern noch etwas herauspressen wollte, der musste sie dreschen wie diese das spärliche Getreide, das der Boden hergab. Die Herren des Landes verstanden sich darauf. Nicht einmal eine Einschränkung ihrer liebsten Kurzweil, der Jagd, duldeten sie, die Bauern hatten es auch noch hinzunehmen, dass Hirsche und Borstenwild ihre ärmlichen Acker zerwühlten. »Höchstdero Wildsäue haben meine alleruntertänigsten Kartoffeln gefressen«, klagte ein Dorfpfarrer seinem Stuttgarter Landesherrn. (…)

Wer über die Alb fährt, gerät an jeder Weggabelung in eine andere Epoche; doch was sie hinterließen, zeugt hauptsächlich vom Bemühen der jeweiligen Zeitgenossen, sich die Köpfe einzuschlagen. Mit Kunstdenkmälern ist diese Landschaft nicht getrüffelt, wohl aber mit Machtarchitektur aller Art. Burgen, Festungen, Wehrtürme stehen auf jedem besseren Gipfel, entlang des Lautertals geradezu in Rufweite. »Malerisch« wie der heutige Reiseführer fanden frühere Epochen das sowenig wie die Gegend selbst. »Fürchterlich«,

»schrecklich«, »schaurig« lautete das einmütige Urteil über die Gebirgswelt.

Erst wenn der Reisende das 19. Jahrhundert erreicht, gellen ihm plötzlich romantische Jauchzer ins Ohr. In schöner Verdrehung aller Tatsachen verklären die Poeten plötzlich die Albberge zum Reich der Freiheit, wohingegen drunten im Tal nun nicht mehr die Mühle am rauschenden Bach klappert, sondern die »rauhe Beschwerde« herrscht. »Wie ist es so herrlich, hier oben / Auf ragendem Felsen zu stehn! / Wie fühlt sich die Seele gehoben / Auf diesen romantischen Höhn«, jubiliert Ludwig Neuffer, ein Stiftsfreund Friedrich Hölderlins, der »dieses Riesengebirge, so einfach schön, so erhaben« ebenfalls ausgiebig besingt. Gleich ihm Gustav Schwab und Eduard Mörike, Justinus Kerner und Ludwig Uhland und viele, viele andere.

Die Alb teilte mit Lüneburger Heide und Worpsweder Moor das Schicksal der »letzten Naturlandschaften« und machte Karriere in der deutschen Gemütshierarchie. Vom Schreckensort avancierte sie zur Stätte der Empfindung romantischer Schauer. Den jauchzenden Künstlern des 19. Jahrhunderts folgten dann im zwanzigsten die Kniebundhosen. An keinem Weg fehlt heute mehr die Wegmarkierung, die rauhe Alb dient der schwäbischen Seele als naturhaltiges ABC-Pflaster gegen die Kälte der technisierten Welt drunten im Tal. (...)

Die Wintertage legen sich hier wie ein Alpdruck auf das Gemüt. Wenn der eisige Wind die weiten Hochflächen wie eine eiserne Fächerharke kämmt, alle Hunde in die Hütten und alle Tränen in die Augen treibt; wenn auch das letzte Mitglied des Schwäbischen-Alb-Vereins ins Tal geweht ist, das Leben sich in die hintersten Gehäuse zurückzieht und die Dörfer wie aufgegeben wirken, nur noch von scheuen Katzen und verzweifelten Krähen bewohnt. Wenn der Nebel auf dem Land lastet wie ein feuchter Wickel und die Augen schmerzen vor ewiger Konzentration, irgendeine Horizontale oder Vertikale in diesem milchigen Anthrazit auszumachen. Wenn aus der Alb Schwäbisch-Sibirien wird, das die Kälte-Rekorde des Landes misst. Dann ist das Beste, wenn man sie hinter sich lassen kann.

Auch ihre Dörfer sind keine Bollwerke gegen die Winterdepression. Schmucklose Zweckbauten in Grau und Ocker, auffällig viele unverputzt; nüchterne Kirchen; hier und da Backhäuschen, die neuerdings wieder angeheizt werden, wie der Boom der Heimat-Versatz-Stücke; Wirtschaften bar jeder butzenbraunen Kachelofen-Kuscheligkeit, der Stammtisch aus Holzimitat, schwere Männer sitzen daran und schweigen in große Biergläser, und im Hintergrund lobt der Werbefunk »den guten Nachbarn Spar, da hängen die Trauben nicht so hoch«.

In diesen Dörfern hätte Spitzweg seine Palette nicht ausgepackt. Hier fehlen die Genrebilder. Hier hat man sich nie auf das Idyll des unbeschwerten Reigens unterm Lindenbaum verstanden. Hier wurden die Kinder zur Weißdornblüte gezeugt, damit sie so auf die Welt kamen, dass die Frauen im Herbst noch die Kartoffeln ausmachen und im Frühjahr schon wieder das Feld bestellen konnten. Hier hatte die Hoffnung nie ein verlässliches Obdach. Hier hatte man – vor allem in den protestantischen Dörfern, in denen das Erbe an alle Kinder zerstückelt wurde – am Ende nur noch »Handtüchle«, zum Sterben zuviel, zum Leben zuwenig, musste hausen, haushalten, sparen, hatte nicht genug Holz fürs Fachwerk und niemals Zeit fürs Glück in seinem Winkel. Viele schafften und schafften und schafften es doch nicht, daheim zu bleiben. Die Alb exportierte ihre Kinder – in den Osten Europas, in die neue Welt Amerikas. (…)

Wer mehr Glück hatte, musste nur ins Tal emigrieren. An Echaz und Erms siedelten sich die Manufakturen der

Wollspinner, Gerber, Baumwoll- und Leineweber an, seit Reutlingen 1859 Bahnanschluss ins Reich bot und von der Alb die preiswerten Arbeitskräfte kamen, billig und gewitzt. Der Erfindungsgeist des legendären schwäbischen Tüftlers verdankt sich buchstäblicher Notwendigkeit: die Not zu wenden.

Helmut Pfisterer
Landschaft weißgehöht

Landschaft weißgehöht
überm Posidonienschwarz
Es wandeln über alte Fluten
es besegeln die Alb
auf königlichen Traumschiffen
Jahrhunderte schon
ihre Liebhaber

Zum Kreuzweg am Bühl überm Korn
ein Kampf um Reinheit
um Reinweiß und Schwarzweißichwasnoch
Fröhlich errichtet schließlich den Sieg
reiner als Weißjura alpha
und ganz in Wölkchen
Doch schwarzer Lias
darunter im Ölschiefergrau
birgt schweigend
den zeitlosen Vorfahr

Wendelin Überzwerch
Lob der Alb

Was d'Muatter fürs Kendle,
Was 's Neschtle für d'Schwalb –
's Herzstuck vom Ländle
Ischt d'Schwoba-Alb!

Zwischa Necker ond Donau,
Do klemmt se sich nei',
Ond ogfähr bei Honau
Wird d'Mitte wohl sei'!

'n Stroifa, 'n schmala,
Stellt se vor uff dr Kart' –
Von Beuron bis Aala
Goht onser Fahrt!

Berg, größer ond kloiner,
Ond dr Luft ällbott frisch,
Waldbuckel voll Stoiner
Ond Wachholdergebüsch!

's hoißt krebslat ond krocha,
Bis da Neuffa hoscht gschafft,
Dr Plettaberg, d'Locha
Koscht't Schwoiß ond koscht't Kraft!

Dr Zoller, dr Staufa
Send steiler wia d' denkscht,
Muascht ordentlich schnaufa,
Bis d'Berg älle zwengscht!

Aber doba no, Kender:
Ebbes Schöners gibt's et:
Von de felsige Ränder
Guckscht uff d'Dörfer ond Städt!

Uff samtwoichem Wasa
Laufscht hott ond laufscht hischt –
Ond d'Schäfle dent grasa
Ond lieferat Mischt!

Jo: mager send d'Äcker
Ond dr Haber stoht denn –
Aber em ärmlichschta Flecka
Send drei Wirtshäuser dren!

HAP Grieshaber
Die Rauhe Alb

mit den Augen eines Holzschneiders gesehen

Jemand, der jedesmal, wenn er aufschaut vom Tisch, gleich eine riesige Zeile Albrand vor sich hat, der fast keinen Schritt tun kann, ohne die vertrauten Berge zu sehen, der sogar auf dem schönsten Berg der Alb wohnt, so einer, denkt man, hat es gut. »Sie haben es aber schön!« sagen die Leute. Sicher ist der sanfte Schwung der Hügel rundum in meinen Holzschnitten wiederzufinden, ist der melodisch bewegte Horizont manchmal Kontur der Menschen und Tiere, die ich schneide. Aber Landschaft, zur Heimat geronnen, ist viel mehr.

Ein frischer Blick ist schon recht. Wie stellen wir es aber an, dass dabei reift und sich ansiedelt im Gemüt, was der Phantasie den bleibenden Ort erst schafft? Da helfen oft nur feine Unterscheidungen weiter. Das, was ein wacher Verstand lernen und behalten kann. Auch was man benennen und bestimmen kann, rückt näher. Es genügt nicht, wie mein Professor mir einmal riet: »Schauen Sie einfach zum Fenster hinaus, die Schwäbische Alb ist ein sehr schönes Land!« Mehr hat mir in den Studienjahren der Reutlinger Maler Laage geholfen. Er drückte sich deutlicher aus: »Die Alb hat ihren Meister noch nicht gefunden!«

»Sie haben es aber schön« sagt eben gar nichts über die Landschaft; weder zum Ich noch zum Du hat es ein Verhältnis. Mit der Naturschönheit als Begriff hat es der Heimatschutz dahin gebracht, dass uns dieser Name heute ein Greuel ist. Der eigentliche Naturschutz drückt sich streng rational aus. Ihm geht es um unberührte Natur. So weiß man wenigstens, was gemeint ist. Manchmal denke ich, ein Gärtner wäre vielleicht der rechte Lehrmeister, um zum Humanen zu kommen. Die Anstrengung, etwas zum Blühen zu bringen, auf kargem Boden, ist gewiss ein Weg zu Brüderlichkeit und guter Nachbarschaft, unterwegs zu dem, was man Heimat nennt.

Ein moderner Landschaftsgärtner wäre jedoch nicht der rechte Mann zur Unterweisung. Es müsste jemand sein, der das Gärtchen der Großmutter kennt. Jemand, der alle Gärten sämtlicher Großmütter, Tanten und Basen von der Alb kennt. Einer, der weiß: Im Frühling gibt es Krokus, Schneeglöckchen, Tulpen, Narzissen, Flammendes Herz, Levkojen, Pfingstrosen, Stiefmütterchen, Vergissmeinnicht, Baurebüble, Akelei und Bluttröpfle. Im Sommer blühen: Rosen, Lilien, Cosmea, Phlox, Rittersporn, Stinkende Hoffart, Margeriten, Ringelblumen, Gretel im Busch, Immortellen, Eisenhut, Fingerhut, Schwertlilien und Glockenblumen, blau, weiß und rosa. Im Herbst sieht man nur noch: Astern, Dahlien, Gladiolen, Zinnien, Löwenmaul, Sonnenblumen, Goldruten und Malven. Man sieht, es kommt einiges zusammen, das für mehrere Botanikstunden reicht, auch Deutschstunde sein kann. (...)

Obwohl kein Romancier und kein Knabe mehr, möchte ich doch gerne, schon weil man da eben dichter herankommt, mich an die Schulzeit erinnern dürfen. Industrialisierung, Akkumulation des Bodens, Nutzwert und Wirtschaftlichkeit bestimmen noch nicht das Leben.

Es gibt die freie Natur! Ein Bub darf schwärmen, Ödland und schmale Felder, die sich der Landschaft anschmiegen, lieben. Was gehen ihn Flurbereinigung an oder weitreichende Pläne, die mit Autostraßen die Schwäbische Alb in Geld umsetzen wollen. Im Grunde ist alles frei, was nicht Schule und Aufsicht ist. Damals noch war ich ein schlechter Schüler, besonders in der Zeichenstunde, aber schon sehr gut in allem, was man heute Heimatkunde nennt. (...) Ich schlief im Hag der Hainbuchen, zwischen Wacholderbüschen, in Haselnusshecken, und fürchtete mich nicht zu sehr vor der Nacht. Tappte ein Igel auf den Steinhaufen der Bauern herum – er tappt wie ein Mensch –, schlug ein Zweig an den Stamm, wuchsen die Wacholder wie Räuber in den Nachthimmel. Es schreckte mich nur kurz aus meinen Knabenträumen auf. Unter den Weidbuchen der Albhöhen, wo nie ein Pflug hinkommt, selten ein Schäfer, wo alles so wächst wie seit Urgroßvaters Zeit, schläft es sich gut. In der Frühe dann, bevor der Tau fiel, schlich ich rasch ins Haus, schnappte die Schulmappe und das Vesperbrot, trank den Kaffee der Mutter schon unter der Tür, und nichts wie rein in die Schule, so sehr es einem auch grauste.

Wie jeden Montag bekam ich mit dem Religionslehrer Streit. Fragte er: »Bist du diesmal in der Kirche gewesen?«, bekam er jedesmal zur Antwort: »Die Natur ist meine Kirche!« Mit zwölf Jahren irgendwo gehört und nachgeplappert, bedeutete die Phrase nichts, sie ärgerte nur den guten Mann. Zu der erbarmungslosen, eiszeitlichen Einsamkeit der Alb war in der Seele des Jungen noch nichts bereit. Es gab damals nicht das, was man ein modernes Lebensgefühl nennt. Niemand kannte den Bildhauer Henry Moore und seine winddurchharften Figuren – Skulpturen, die für die Alb gemacht scheinen. Nein, wir hatten eine glückliche Jugend. Von uns wollte außer Lehrern und Eltern keiner was. Der Friede war definitiv gedacht. Es war eine friedliche Alb, die da vor unserer Haustür lag. Mit Mandolinen und Gitarren zogen singend am Sonntagmorgen ganze Gruppen hinauf. Kein Auto weit und breit. Die Wanderer verloren sich schnell auf Albvereinswegen. Keine Wanderparkplätze mit Autos und Papierkörben blieben zurück. Ich erinnere mich: Es waren viel mehr Menschen unterwegs, und trotzdem friedliche Stille unter einsamen Baumgruppen und über der Weide. Unauffällig die Wegmarken: Quadrate, Pfeile, Rhomben in Rot, Blau und Grün, auf Baumstämme schabloniert. Manchmal folge ich auch heute noch diesen Markierungen. Wie abstrakt sie doch sind! Unsere Vorfahren haben einen topographischen Sinn gehabt, der sie vor Plumpheiten geschützt haben muss. Noch gab es nicht die handgeschnitzten Wegweiser, die erst im »Dritten Reich« ins Land gekommen sind. Gerissene Demagogen spiegelten dem Volk vor, blühendes Handwerk sei überall, Veit Stoß und Tilman Riemenschneider mitten unter uns. All diese grausigen Zwerge, Bären, Müllerburschen und Elfenköniginnen – Witze vom Stammtisch in Lindenholz.

Als wir zur Schule gingen, wies man noch nicht so penetrant auf lohnende Ziele hin. Auf Ziele, zu denen die Albvereinswege ohnehin führten: den Sensationen des vergangenen Jahrhunderts. Aussichtsturm, Wasserfall, Felsenschloss, Höhle, Burgruine und Rundblick. Obligatorisches Ziel jedes Schulausflugs. Burgen, die mit den Jahren verfallen waren und von Vergänglichkeit und entschwundener Größe zeugten. Den Architekten, der den Ausdruck ritterlichen Lebensgefühls glaubte für uns wiedererstehen lassen zu müssen, diesen Überhang aus dem Tausendjährigen Reich gab es noch nicht. Wir Buben blieben Unbefugte, die in Ruinen klettern lernten. Vor staunenden Mädchen. Da zogen wir hin und sangen dreistimmig. Die Mädchen mit Blumenkränzchen im Haar. Später sangen wir im Kanon, wegen der Musikbewegung, das war dann nicht mehr so lebendig. Es sangen nur noch diejenigen, welche im Schwäbischen Singkreis waren. Die anderen sangen im Vierviertaltakt: eins, zwei, drei, vier. Unter dem Stahlhelm mussten wir dann eins, zwei, eins, zwei singen. Aus Wut. Von diesem Singen soll man nicht reden, man würde nur Klischees mobilisieren, meint Freund Böll. Bleiben wir lieber bei den guten alten Zeiten, die gar nicht so gut, aber auch gar nicht so alt waren wie der alte Religionslehrer, den wir immer ärgerten.

Einem Buben von der Alb kann man schwer beikommen. Beim Arbeitsdienst haben die Heerespsychologen einem solchen den Rorschachtest vorgelegt. Es ist eine Klecksographie, wie sie unser Justinus Kerner gemacht hat. Nur subtil ausgewertet. Der Bauernbub konnte einfach nichts dabei sehen, und auf die Frage, ob dieser Klecks nicht wie ein Weihnachtsbaum aussähe, bekamen die Herren die schnelle Antwort: »Unser Weihnachtsbaum sieht anders aus!« Genau das dachte auch unser Religionslehrer. Er liebte auf seine Art unsere Alb. Die melodischen Hügel, ein Tal, die Steinriegel und den Fleiß der Albbauern. In seiner Sicht war es ein strenges und gottesfürchtiges Land. Nur durch Fleiß konnte dieses kümmerliche Tafelgebirge Frucht tragen. Streng und lutherisch, zum Lobe des Herrn. Wir aber wollten gar nicht fromme Knechte sein! (…) Wir waren antiautoritär wie die APO.

Trotzdem waren wir anders. Wir suchten weltenferne Einsamkeiten, liebten Hermann Hesse und lobten das einfache und selbstlose Leben, das uns die Rauhe Alb bot. Besonders im Herbst, wenn ein Hügel gleich einem Kamelrücken mit einer Buchengruppe aus dem Nichts auftaucht und verschwindet. Ich malte meine ersten Bilder. Fleck und Aussparung auf leerer Fläche verteilt, die langgezogenen Heckenzeilen auf den Steinriegeln schnell hingeschrieben, eine sturmzerzauste Buche als Zeichen hingesetzt. Der leere Raum sollte wichtiger sein als die Merkzeichen. Oder umgekehrt: Wie die Chinesen in einem Kiefernzweig eine ganze Landschaft zusammenfassen, so sollte ein mächtiges Zeichen als Stempel der Alb gelten. Ich suchte vergeblich, tuschte weiter, sanfte Bergrücken mit Weidbuchen, einen Schäfer, einen blauen Hügelhorizont, eine Rossweide, Ödflächen, die sich bis zum Waldrand hinzogen. Wacholderhalden und immer wieder Schafe. Schade, ich hätte die Tuschen nicht verbrennen sollen, denn diese Landschaft gibt es kaum noch. Ohne Weidebetrieb stirbt der Wacholderwald. Die Bauern pflanzen schnellwachsende Fichten, und Wald wächst bald überall über verlassene Schafweiden. Nadelwald, der rascher dem Geld zuwächst.

Wir haben auch unsere Gedichte verbrannt. Wir pflegten eine Art von Gedankenlyrik. Mein Vorbild waren die Sung-Maler: »Ein Gedicht ist ein Bild ohne Form, ein Bild ist ein Gedicht in Form.« Im Tuffstein und in ausgehöhlten Felsbrocken glaubte ich ein Symbol gefunden zu haben. Solche Steine bringen die Bauern vom Feld nach Hause. Die Frauen pflanzen sie in ihre Hausgärten. Das machen die Chinesen auch. Auch in China sieht man im durchgebrochenen, vom Wasser ausgewaschenen Stein ein Gleichnis für die Vergänglichkeit. Allerdings vermochten die Chinesen dieses Lebensgefühl zu kultivieren, es schlug sich sogar in ihrer Kunst, in ihrer Schrift, in Ornamenten nieder. Die perforierten Felsen werden dort Taihu-Felsen genannt. Man spricht vom Taihu-Stil; er hat ein ganzes Zeitalter dort geprägt. Das kann man von einem Albbauern nicht erwarten. Er beließ es beim Spiel der Natur. Seine Phantasie schwang sich nicht bis zur Kunst empor. Auf seinem kargen Land war er immer alleingelassen von den Gebildeten. Welcher Städter nahm schon den Bauer geistig ernst, sah einmal genauer die Findlinge in dessen Garten an?

Erst heute, wo sich der Unterschied zwischen Stadt und Land verringert hat, sehen unsere Dörfer künstlich und phantasielos aus. Dem Ansehen des Dorfes glaubt man es schuldig zu sein, liebedienerisch den Touristen Wurzelstöcke mit Blumen, Brunnenvasen aus Holz vorm Haus aufzustellen. Das hätte auch unseren Religionslehrer erbittert. Vielleicht denkt er im Himmel plötzlich anders über unsere chinesischen Manieren. Und er ist sicher dort, denn er hat recht gehabt, als er uns immer wieder vorhielt: »Die Chinesen sind weit, sie verpflichten euch zu nichts!« Er zeigte uns einen Holzbrandspruch, den er von seiner Mutter auf der Alb geerbt hatte. Darauf war in geschwungener Schrift eingebrannt: »Was würde Jesus dazu sagen?« So direkt passte uns die Frage nicht. Kein Wunder, wenn der Alte uns ästhetische Scheißer genannt hat.

Mein Vater, mit dem ich in den Hungerjahren Bucheckern sammeln ging, hielt unsere Schwärmerei gleicherweise für ausgemachten Humbug. Ja, unsere Vorfahren waren streng mit uns. Sie hatten feste Bräuche. Bucheckern waren in einem Bucheckernjahr dazu da, um fleißig aufgelesen zu werden, einen Sack voll heimzubringen. Es durfte dabei nicht gesprochen und in die Gegend geschaut werden. Es war wie beim Großvater, wo die Kinder singen mussten beim Träubleszupfen. Nur die Vesperpause war für die Landschaft da. Der Vater kannte als Geometer natürlich alle Gewannnamen. Ich verdanke dieser Stunde auf dem Buchenhügel meine gute Note in Deutsch. Was sind das auch für herrliche Namen: Auf Buch, Bei den großen Buchen, Beim Buchenstock, In den Fäulen, Am Gängle, Gaulhimmel, Auf der Haiden, Haselwiese, Heuweg, Hirtenmahd, Hungerbühl, Im Jägerhorn, Ochsenwegle, Liebenhalde, Im Bua, Beim Mädle, und unaufhörlich so weiter herrliche Namen. Es lohnte sich, dem Volk aufs Maul zu schauen; selbst die Grammatik bekam man mit; den Konjunktiv, den es nur noch auf der Alb gibt: Er hat gesagt, er häb.

Mit der Sehnsucht nach dem Süden durfte man allerdings den Erwachsenen nicht kommen, von Götterbergen schon gar nicht reden. Was der Schüler im Geschichtsunterricht mitbekommen hatte, fand bei niemandem ein Echo. So geschichtsträchtig unser Land ist, von Kaisern und Lehnsherren will auf der Alb keiner etwas hören. Die Burgen sind gewöhnliche Merkpunkte in der Gegend, sonst nichts. Das Geschichtsbewusstsein ist im Bauernkrieg niedergeknüppelt worden. Ich frage mich, ob die hohen Gefühle und Erinnerungen, die der Knabe glaubte zu haben, nur von seinen Schulmeistern anerzogen worden sind. Ist allein wahrhaftig, was man empfindet, wenn man auf unsern Bergen steht: die Sehnsucht, die sich deckt mit der Sehnsucht der Staufer – reiten zu müssen, immerzu reiten, bis nach Sizilien und in das Heilige Land? Wäre es vielleicht fruchtbarer gewesen, wir hätten in der Schule die zwölf Artikel des Bauernkriegs durchgenommen? Aber die fehlten in unserem Lesebuch. Sind wir dadurch in unserem Land ebenso fremd wie die Touristen in Griechenland, denen man als Fremde ansieht, dass sie nicht ein vergangenes lebendiges Zeitalter besuchen, sondern im vornherein auf Grabstätten gefasst sind und eigentlich nur Trümmer besuchen kommen, ohne die geringste Ahnung davon, dass einmal all das sehr stark gelebt hat?

In Griechenland erst erfuhr ich, mit welchen kulturellen Fiktionen wir erzogen worden sind. Uns wurden Schonräume anerzogen, wir wuchsen in einer heilen, von Schulmeistern geschaffenen Welt heran und hatten nicht gelernt, an der Welt der Erwachsenen, der Albbauern, des Nachbarn teilzunehmen. (…)

Vielleicht muss man auf die gegenüberliegenden Berge, nach Griechenland einmal fahren, um recht zu sehen? Was man zu früh Heimat nennt, ist falsch gesehen. (…)

Wenn ich jetzt im Holz einen fruchtbaren Widerstand fand, der Maß und Welt zurückgewinnen sollte, so ergab sich das von selbst aus der sozialen Unordnung, in die ich hineinwuchs. Die auferlegte Klausur schärfte die Sinne für den geheimen Erlösungstrieb des Stoffes, zwang die Hand, den Launen des Materials zu folgen oder sie zu besiegen. (…) Der Holzschneider mit seinem Messer ist, wie der Bauer mit seinem Pflug, der Gärtner mit dem Spaten, der Metzger mit dem Beil, bei seinem Tun vom Gesetz des Handwerks geschützt. Dieses Gesetz läßt kein uferloses Abenteuer zu, es ist ein Korrektiv der Natur. Bei mir ist es und wird es bleiben: die Rauhe Alb.

Sobo Swobodnik
Dem Himmel ganz nah
Flüchtige Begegnung (2)

»Wer bisch du?«, fragt ein vielleicht 8-jähriges Mädchen, irgendwo am Straßenrand zwischen Tieringen und Hossingen, mit dem Schulranzen auf dem Rücken auf dem Weg in die Schule, die Hände tief in den Hosentaschen vergraben.

»Dr Albschreiber!«, sage ich, um Freundlichkeit bemüht ihren Dialekt nachahmend.

Sie guckt erstaunt und lacht dann, fast verlegen, wie man lacht, wenn man nicht genau weiß, warum – vermutlich über die fehlerhafte Aussprache meinerseits oder über das komische Wort, das ihr gänzlich fremd zu sein scheint. Dann schweigt sie und sieht dabei so aus, als würde sie überlegen. Offenbar versucht sie, das imposante Wohnmobil, mich und das Wort, das sie vermutlich noch nie zuvor gehört hat in ihrem kleinen, von geflochtenen Haarzöpfen umrandeten Kinderkopf irgendwie zusammenzubringen. Das scheint wiederum nicht ganz einfach zu sein. Zumindest lässt ihr Gesicht erhebliche Anstrengung vermuten. Die Stirn kräuselt sich schuhbändelgleich und zwischen die Augenbrauen schieben sich zwei tiefe, vertikale Falten, in denen sich der Zweifel häuslich eingerichtet hat. Sie sagt noch immer nichts. Ich auch nicht. Überlege ebenfalls. Ich denke: Was wird das Mädchen wohl denken? Dann endlich, nach einer Weile, die mir so lange anmutet, als ob ein ganzes Universum darin versinken möchte und in der mich das Mädchen mit ihren Augen abscannt, als wäre ich ein in Zellophan verpacktes Stück Schwarzwälderschinken auf einem Supermarktförderband ohne Strichcode, sagt sie unsicher zwischen Frage und Erkenntnis schwankend: »Schreibsch du dia Alb?«

Ich bin erstaunt. Irritiert. Ich lache, fast verlegen, wie man lacht wenn man nicht genau weiß, worüber. Ich überlege. Schweige und denke dann: Ja, das wär's! Die Alb, die ganze Alb einfach neu schreiben, Buchstaben für Buchstaben, Satz für Satz neu zusammensetzen, einfach alles von Beginn an noch einmal mit Worten komponieren. Die Alb! Ich überlege wie das aussehen könnte, die Alb, von mir geschrieben, von mir neu erfunden, aufs Papier und die Welt gebracht. Was gäbe es da, was es jetzt nicht gibt? Den Fernsehturm vom Berliner Alexanderplatz inmitten der Wacholdersträucher auf dem Heuberg, damit man hoch oben von der Plattform aus bis nach Italien gucken könnte. Und noch weiter. Die Notre Dame von Paris in Albstadt, gleich neben den Xingles. Das Stuttgarter Staatstheater auf der Burg Strassberg. Das mediterrane Wetter Süditaliens sommers in Hechingen. Den Münchner Viktualienmarkt in der Balinger Fußgängerzone. Meeranschluss am Schlichem-Stausee. Die Filmfestspiele von Venedig in Bad Imnau. Den VfB Stuttgart in der Champions League gegen Real Madrid im Albstadion bei freiem Eintritt … Als ich mir gerade gedanklich die Wiener Staatsoper ins Haigerlocher Schloss verlege, bemerke ich, dass das Mädchen verschwunden ist. Sicher hat sie gedacht: komischer Kerl, dieser Albschreiber, und wenn der die Alb schreibt, kann ich das allemal. Bestimmt sitzt sie jetzt schon in der Schulbank und schreibt mit ihrer schönen, unbeholfenen Kinderschrift in ihr liniertes Schulheft … *die Alb*. Recht so!

Margarete Hannsmann
Schwäbischer Jura

Versteinerte Ruder
landeinwärts die Schlange
lang saßen wir auf der Schwammbank fest
während das Trocknende kochte fror
von Korallenriffen gehalten
aufbrach
zusammenfiel
sich verwarf
bis wir umstellt von verdampfenden Eiszeiten
einem Bären begegnen konnten
mit unserem ersten Faustkeil

Gestern
wohnte das Wildpferd aus Mammutbein
in deiner Hand
in der andern ein Mammut
wer gab sie dir
was gabst du dafür
hast du sie erfunden?
Erinnere dich!

Wir lernten
das ABC aus Kiemen
Schuppen Fangarmen Flügeln im Schiefer
Zählen mit Ichthyosaurierzähnen
bis wir den Wind berechnen konnten
das Feuer
das Wasser
die Erde

das Land:
seine schartige Stirn
den runden Rücken
die Öffnungen der Eingeweide
von denen man lebt
bis morgen

Vergiss
dass wir uns vom Vergessen nähren
nimm das verwandelte Ruder an
tauch es in Schlüsselblumenwiesen
in die Narben der Steinbrüche
in den Schafmistgeruch
in den Schnee
in die Kornflut
gegen den Strom der verseuchten Flüsse
rückwärts zum Quelltopf
zum Höhlenmund jetzt.

David Friedrich Weinland
Aus grauer Vorzeit

Es war eine Zeit – fragt nicht, vor wieviel tausend Jahren, niemand weiß es –, es war ein Meer, wo heute die Schwäbische Alb sich erhebt.

Es war ein warmes Meer, reich an Tieren. Steinkorallen wuchsen am Ufer wie unterseeische Gebüsche. Zwischen ihren Zweigen regten und bewegten sich, wie heute noch an den warmen Gestaden der südlichen Meere, Tausende von Seesternen und Seeigeln, Muscheln, Schnecken und Würmern, von Krebsen und Korallenfischchen in üppiger Farbenpracht. Auf der hohen See schwammen Fischherden und Ammonshornschnecken, verfolgt von mächtigen Fischeidechsen, den Raubherrschern dieses Ozeans.

Die Kalkschalen und die Knochen der Millionen, die da starben im Laufe der Jahrhunderte, sanken nieder auf den Boden des Meeres. Die meisten wurden am Ufer durch die Brandung zermalmt, oder sie wurden zerdrückt durch die Massen, die auf sie fielen. Sie bildeten einen Kalkschlamm und dieser wurde zu Stein. Das sind die Felsen, die tausend Fuß hohen Felsen unserer Alb.

Die Schalen und Knochen, die nicht zerrieben wurden, betteten sich ein in den Schlamm des Meeres, versteinerten dort und sind uns erhalten bis auf den heutigen Tag. Sie geben uns Kunde von jenem Ozean und seinem Leben.

Es gab auch Inseln in diesem Meer, aus der Tiefe heraufgebaut von den Korallen. Üppige Pflanzen wuchsen auf diesen Inseln am Ufer, fiederblättrige Sagopalmen, Araucariatannen und Farnkräuter.

Aber noch gab es keine Laubbäume auf der Erde.

Unter den Palmen und Tannen krochen Schildkröten und

ungeheure Krokodile mit fingerlangen, schneidenden Zähnen, die Herrscher der Inseln.

Doch schon erhob sich das Leben der Tiere auch in die Luft. Riesige Wasserjungfern, Bockkäfer und Prachtkäfer und Nachtschmetterlinge schwirrten zwischen den Bäumen und wurden gejagt von seltsamen Flugeidechsen und von dem ersten Vogel, der auf der Erde erschien, einem Vogel mit echten Federn, aber mit Zähnen im Schnabel wie die Eidechsen und mit einer langen Reihe von Schwanzwirbeln, wie sie heute ähnlich nur der junge Vogel im Ei zeigt.

Zugleich mit dem ersten Vogel lebten auch schon Haartiere, jedoch nur kleine Wesen von der Größe einer Maus und zur Ordnung der Beuteltiere, der niedrigsten aller Säugetiere, gehörig.

Das waren die Inseln des alten Jurameeres, aber es waren nur Inseln, denn noch beherrschten hierzulande die Wasser die Oberfläche der Erde.

Danach kam eine andere Zeit, da war der Felsengrund jenes Meeres hochgehoben über den Wassern und unsere Alb ein trockenes und wunderbar schönes Land. Die Sonne herrschte dort und ewiger Sommer. Schnee und Eis waren unbekannt. Denn noch gab es keine hohen Berge auf der Erde, wo der Schnee ewig dauert und Land und Luft weit und breit erkältet.

Die Bäume des Waldes waren Myrten, Pinien, Zypressen und immergrüne Nussbäume, Eichen und Ulmen. Sie wuchsen hinauf, solange sie wollten, denn niemand fällte sie, und sie trugen Blätter und Früchte durchs ganze Jahr. Palmen und Farnbäume beschatteten die Täler, Waldränder und Waldlichtungen mit ihren gefiederten Zweigen.

Auch gab es damals viele heiße Wasserquellen auf unserer Alb; die sprudelten aus dem warmen Erdinnern.

Am Tag schien die Sonne hell und klar. Am Abend kam

der Regen und erfrischte Pflanzen und Tiere. So war das Land reich an Wasser, warmen Seen und Bächen. Im hohen Rohr an den Ufern sammelten sich die ersten großen Vierfüßer der Erde, doch keiner von ihnen glich den Tieren unserer Tage.

Nicholas J. Conard, Jürgen Wertheimer
Eine Art Windklang

Erst war es nur ein Spiel. Der Versuch, den Wind nachzumachen. Wenn man halbe Tage durch den Schnee gelaufen war, auf die Rillen im Weiß gestarrt hatte, über das der Wind den feinen Schneestaub blies. Wenn man zurückkam und noch immer das Singen und an- und abschwellende Heulen, diese ewig bohrende, zehrende, zerrende Wucht des Windes in den kalt gefrorenen Ohren hatte. Wenn man von einem Augenblick auf den anderen in den beinahe geräuschlosen Raum der Höhle kam. Die Ohren waren taub vor Stille, das Rauschen setzte sich im Kopf fort. Da war es gut, eine Art Wind-Klang im Innenraum der Höhle zu haben, ein Nachspiel seiner Kraft, nicht schwächer, aber gebannt und geformt.

Yugus konnte die Luft aus seinem Mund über die Enden der Röhrenknochen so sacht lenken wie der Wind, der manchmal gespenstisch über Steinkanten strich, bis sie zu singen begannen. Yugus zähmte den Wind, seine Flöte nahm ihm die Wucht. Brachte ihn zum Einschlafen. Er konnte ihn bändigen und in andere Klänge verwandeln.

In Yugus Nische sammelte sich alles, dem man Töne und Klänge entlocken konnte. Seine Versuche wurden immer ausgefeilter. Ganze Tage verbrachte er damit, die leichten Röhrenknochen von Schwänen und Geiern mit einer besonders scharfen Klinge so einzuschneiden, dass ein Loch entstand. Seit er entdeckt hatte, dass ein Spalt in einem Knochen diesem beim Anblasen einen neuen Ton entlockte, schnitzte er an den Flöten fast ohne Unterbrechung herum.

Yugus war ein kurioser Vogel. Die Kraft seiner muskelbepackten Arme mündete in überraschend kleine, geschmeidige Hände, die ihn dazu befähigten, eher seine zarten Knochenflöten herzustellen und zu spielen als Speere oder Faustkeile zu schwingen. Sein zottiger, dunkler Kopf war nie zu sehen, wenn es um die Jagd auf großes Wild ging. Die Gruppe wusste das und nahm es hin. Auf seinen schmal auslaufenden Holzbögen mit langen, scharfen Pfeilen konnte der Hüne hingegen ausgezeichnet spielen; er nannte es »spielen«, wenn er den Bogen in federleichtem Griff hochführte, gleichzeitig anspannte und nach einem Wimpernschlag so punktgenau schoss, dass ein auffliegender Geier im Flug getroffen wie ein Stein ins Wasser klatschte. Seine Pfeile durchbohrten, ohne dass er je viel Kraft aufzuwenden schien, lautlos aufgescheuchte Hasen, die sich mit wilden Sprüngen zu retten versuchten, aber auch Füchse und Wölfe. Einmal, und seither achtete man ihn und verzieh ihm fast alle seiner eigenartigen Einfälle, hatte er, der immer unbeteiligt schien, etwas bemerkt, was alle anderen übersehen hatten. Eine giftige Schlange war aus einer Nische der Höhle gekrochen und hatte sich der weißen Frau, während sie schlief, auf die Brust gelegt. Der dreieckige Kopf der Schlange pendelte über ihrem Gesicht, eine unwillkürliche Bewegung, und die Schlange würde zubeißen. Bevor es dazu kommen konnte, steckte ihr jedoch bereits einer der kleinen, gefiederten Pfeile von Yugus im Kopf, noch ein kurzes Aufbäumen und ein Peitschen des Schwanzes, die Frau sprang zu Tode erschreckt auf, der Körper der Schlange fiel leblos zu Boden. Yugus gab nur ein kurzes, zufriedenes Brummen von sich, klinkte die Sehne aus und legte den Bogen sorgfältig zur Seite.

Gerd Gaiser
Das Wasser

Das Meer war die Tiefe, die sog und sich langsam füllte. Indem die Tiefe sich füllte, nahm sie ab. Sie schwemmte sich auf mit Schlamm, den die Ströme zubrachten. Wie die Ströme flossen oder wechselten und die Landblöcke, an denen sie zehrten, verschwanden, so kam bald schwärzlicher oder blauer, bald brauner oder weißlicher Schlamm an, der sich schichtete.

Über den Bänken schwärmten Fische fächernd, und Schnecken krochen. Schaltiere mit perlmuttrigen Häusern ließen sich auf und ab. Hügel von Schalen entstanden. In den Dünungen schwappten treibende Baumstrünke. Sie dümpelten träg und waren bestockt von Seelilien, deren Kronen flimmerten. Türme von Schwämmen wuchsen auf wie Ballenwolken und streckten Zacken. In Lagunen plätscherten Fischechsen träge und paarten sich. Es gab in der Flut Zonen, wo das Wasser giftig war und Leben erstickte. Drehströme gingen, nahmen die Kadaver mit und ließen sie langsam sinken. Die toten Gewebe verwesten in weiten Feldern. Dann nahm das Meer ab. Der Grund, eine künftige Landschaft, drang aufwärts mit seinen Riffen, mit den Bänken aus weißem Schlamm. Der Grund arbeitete. Er hob sich und wölbte sich auf, bis die immer seichteren Wasser von ihm abrannen. Aber noch lag er nicht still. Zug und Druck, Schübe und Kräfte spielten in der Haut des Planeten, und die Haut runzelte sich. Ein Schub arbeitete gegen den Fleck, der das Meer gewesen war, und die Barre stieg weiter. Endlich lag sie da, lang, flach und nach einer Seite fallend.

Jetzt war der Grund hohes Land. Vom Himmel fiel Wasser, kam wieder und eilte sich, anzugreifen, was in seinem Schoße gewachsen war. Der Regen strömte und rann zu Bächen zusammen, die Bäche zum Fluss, der am Trauf der Platte sein Bett grub. Alle die Wasser, die oben flossen, fraßen an dem Gebirge, und die Rinnsale innen laugten es aus und durchlöcherten sein Gestein. Sie schwemmten fort und schütteten anderswo auf, was sie mitnahmen. Was sie mitnahmen, hatten sie selber vordem herangetragen, und was sie herantrugen, abgebaut, wo sie aufgebaut hatten. Sie eilten also, den Berg wieder unter das Meer zu bringen. Aufgeführt, ausgewischt und wiederhergestellt: eine Allmacht spielte, wie Kinder spielen. Da und dort kochte feurige Tiefe noch einmal blasig und flüssig herauf. Es brodelte an der Oberfläche wie Brei, der im Topf überkocht, trat aus und erstarrte schließlich.

Der Fluss, der die Bäche sammelte, nahm an Gefälle zu. Um so eiliger stürzten die Bäche ihm nach, wurden reißender und geschäftiger. Sie sägten und kerbten am Trauf tiefe Kerben, und die Zähne dazwischen bröckelten endlich und brachen aus. Oft glich der Trauf des Gebirges von weitem einem geraden Mauersturz ohne Lücken. Doch schon war die Front von Tälern angerissen. Erst waren es steilwandige Klingen, dann breite Buchten. Sie schlossen eine Halbinsel ein, die gegen das Vorland hinausstand. Zuletzt wurde eine Insel daraus, die wie eine tauende Scholle zerfloss.

So war der Berg entstanden, unter dem später einmal die Leute von Fleins saßen, uralt und neu und der Vergänglichkeit unterworfen, ein mächtiger, oben flacher Klotz, gestuft und nach drei Seiten fallend. Mit der vierten hing er noch an dem Muttergebirge.

Der Morgen kam auf, eine Wolke hing über den Berg herein und umhüllte ihn, eine Wolke wie Ohnmacht und Lust, die Ohnmacht des Erleidens, die Lust des Entstehens, Ohnmacht und Lust das gleiche. Wozu? Lust ohne Sinn, der Sinn vergeblich. Nur der Sinn kennt das Nichts. Es dämmerte. Der

Berg duftete von dem Wachstum, das er nährte; die Stimmen der Tiere riefen, warnten und begegneten sich, bis es die Helle gewann und die Wolke vom Berg löste. Seine Fläche rauchte nach wie ein Flussspiegel, wenn der Morgen kühl ist. Das Offene spannte sich auf, und die Wolke dehnte sich, bis nur noch ihr Haar am Grund schleifte, ihre Fußspitzen ihn rührten, und ihr Haar hing wie Regensträhnen. Zucken: ein Blitz wanderte durch sie wuchernd von Fußspitzen an bis zu den Strähnen, durch die er niederging.

Jetzt trat das Grüne heraus, das den Berg wie ein Vlies überzog. Das Grün dampfte, Zimmet, der bittere Lorbeer; Halm, Baum und Rute bogen sich unter nasser Last; es wippte und rauschte von Leben, das zeugte und sich vernichtete. Leben unstillbar, das Leben zerstören muss, um zu leben, unausweichliche Schuld, verhasstes, brünstiges Leben.

Aber im Stein sank das Wasser nieder. Es troff von den Decken der Kammern ab, die im Grund klafften, sang und zirpte herab in die eiskalten Tümpel, eintönig, in der gleichen, immerwährenden, unfruchtbaren Nacht. Es schoss in den Höhlenbächen, staute sich, seufzte und schrak in den Krümmungen, es strömte keimlos und schuldlos, unsterblich und ungezeugt, es lief unter Güssen fort, die wie aus Eutern strähnten und wie Sturzregen rasselten. Da war kein Stillstand und keine Dauer. Auch was kein Leben hatte, tönte und floss.

So ging die Zeit, und das Licht fiel zurück und krankte. Da kam die Sonne schräger, und das Grün kämpfte; der Lorbeer starb, viele Vögel flüchteten. Schnee sank aus der Luft. Er kam früher und blieb länger liegen. Auf der windigen Fläche froren die Bäume ab und erholten sich selten; auch der Nachwuchs verkam. Bald wurden die Halden kahler, überall war der Wald im Rückzug auf Klingen und Mulden, die ihn noch eine Weile deckten. Endlich verkümmerte er auch dort. Jetzt stand der Berg fast entblößt, nur an Quellrändern, wo aus der Tiefe das Wasser gleichmäßig kalt und warm strömte, drängte sich fettes Grün und blühte das Gras flockig. Wände von Schnee wanderten, Wolken von eisigem Staub sanken nieder und schütteten zu.

Denn langsam waren die Gletscher herangekrochen. Sie sandten Kälte und spiegelten ein gewaltiges Licht zum Himmel. Fallwinde stürzten von ihren Panzern und bliesen die Kieswüsten aus. Sie nahmen den Staub mit und peitschten ihn wirbelnd über den Boden. Hielten die Stürme an, war die Luft verschattet von Gestöbern. Der Staub war trächtig. Wo es Grasnarbe gab, die ihn fing, wo er im Windschatten anwuchs, staute sich Fruchtbarkeit.

Aber jetzt lag der Grund starr und tief hinunter gefroren. Löste er sich in den Frühlingen, so fieberte das Leben und musste sich sputen. Das waren feurige kurzlebige Tage, vom Stäuben der Grasblüte, vom Brodeln der Mückenschwärme erfüllt. Der Boden taute nur oberflächlich; und blieb es trocken, so verschmachteten über dem Eis die Pflanzen, weil ihnen Wasser fehlte. Sie starben, faserten missfarben hin und stapelten wirre Geniste. Keine Fäulnis entstand, die sie auflöste, und die Reste nährten kein neues Leben.

Friedrich Theodor Vischer
Prähistorische Ballade

Ein Ichthyosaur sich wälzte
Am schlammigen, mulstrigen Sumpf.
Ihm war in der Tiefe der Seele
So säuerlich, saurisch und dumpf,

So dämlich, so zäh und so tranig,
So schwer und so bleiern und stumpf;
Er stürzte sich in das Moorbad
Mit platschendem, tappigem Pflumpf.

Da sah er der Ichthyosaurin,
So zart und so rund und so schlank,
Ins schmachtende Eidechsenauge,
Da ward er vor Liebe so krank.

Da zog es ihn hin zu der Holden
Durchs klebrige Urweltgemüs,
Da ward aus dem Ichthyosauren
Der zärtlichste Ichthyosüß.

Eduard Mörike
Der Petrefaktensammler

An zwei Freundinnen

Einmal noch an eurer Seite,
Meinen Hammer im Geleite,
Jene Frickenhauser Pfade,
Links und rechts und krumm und grade,
An dem Bächlein hin zu scherzen,
Dies verlangte mich von Herzen.
Aber dann mit tausend Freuden
Gleich den Hügel auf zu weiden;
Drin die goldnen Ammoniten,
Lias-Terebratulithen,
Pentakrinen auch, die zarten,
Alle sich zusammenscharten, –
Den uns gar nicht ungelegen
Just ein warmer Sommerregen
Ausgefurcht und abgewaschen,
Denn so füllt man sich die Taschen.
Auf dem Boden Hand und Knie,
Kriecht man fort, o süße Müh!
Und dazwischen mit Entzücken
Nach der Alb hinauf zu blicken,
Deren burggekrönte Wände
Unser sonnig Talgelände,
Rebengrün und Wald und Wiesen
Streng mit dunkeln Schatten schließen!
Welche liebliche Magie,
Uns im Rücken, übten sie!
Eben noch in Sonne glimmend
Und in leichtem Dufte schwimmend,

Sieht man schwarz empor sie steigen,
Wie die blaue Nacht am Tag!
Blau, wie nur ein Traum es zeigen,
Doch kein Maler tuschen mag.
Seht, sie scheinen nah zu rücken,
Immer näher, immer dichter,
Und die gelben Regenlichter
All in unser Tal zu drücken!
Wahrlich, Schönres sah ich nie.
Wenn man nur an solcher Stätte
Zeit genug zum Schauen hätte!
Wisst ihr was? Genießt ihr beiden
Gründlich diese Herrlichkeiten,
Auch für mich genießet sie!
Denn mich fickt' es allerdinge,
Wenn das rein verloren ginge.
Doch, den Zweck nicht zu verlieren,
Will ich jetzt auf allen Vieren
Nach besagten Terebrateln
Noch ein Stückchen weiter kratteln;
Das ist auch wohl Poesie.

Die Schwäbische Alb – frühe Belege

Ein gebirgiges, steiniges, rauhes Land, hat guten Ackerbau, Korn, Gerste und Haber, viel Ochsen; man braucht zur Bestellung des Ackers 12, 14, 16 Ochsen und ein Ross oder zwei vor einen Pflug wegen der Steine, die ohne Zahl die Äcker bedecken.

Es hat viel Vieh, Viehweide, Schäferei oder Herden, Holz, Wildpret, Vögel, keinen Weinwuchs, wenig Wasser außer Regen- und Schneewasser. Es hat viele gute Städte, Schlösser und Dörfer und gute Pfarrkirchen.

Ladislaus von Suntheim (um 1500)

Die Oberfläche dieser Alb ist fast eben, schneereich, felsig und kalt; an vielen Orten herrscht Mangel an Wasser. Überall ist sie bewohnt; es gibt auf ihr Städte und sehr viele Dörfer … Am Beginn der Alb und ringsum sind viele Burgen und befestigte Plätze.

Johannes Vergenhans (1516)

Je mehr man aber ins Innere der Alb hineingeht, desto größere Rauheit trifft man an.

Martin Crusius (1595/96)

So ist die Schwäbische Alb so genannt von der Helle der weißen Steine, die sich häufig auf den gebauten Feldern befinden, ein hohes und großes Gebürg …

Damit nun das Regen- und Schneewasser abfließen könne, hat die fürsichtige Natur, oder vielmehr der gütige Schöpfer deroselben, diese Gegend mit unzählig vielen Erdlöchern versehen, durch welche das häufige Wasser, zu des übrigen Landes besten, gleichsam abgezäpft und ausgelassen wird.

Johann Majer (1681)

Wen diese Gegend nicht mit ihrem Prachte rührt, / Wird nur sein blödes Aug vor ihrer Schönheit schlüssen / Und seinen Schöpfer selbst hierbei verläugnen müssen.

Jeremias Höslin (1749)

Die Alpen [die Alb] haben Getreidebau, gute Schafweiden und viele Waldungen, meist Buchenholz ...

Sie [die Einwohner] haben meist mehr Feld als sie brauchen oder zu bauen im Stande sind. Sie bauen deswegen nur einen gewissen Bezirk einige Jahre lang, lassen ihn dann wieder ungebaut liegen, und bauen anders an, bis sie nach einigen Jahren wieder auf den alten Platz kommen. Diese wüstliegenden Felder geben den Schafen vieles Futter. Sie vermehren aber den traurigen, verödeten Anblick, den eine Reise über die Alpen gewährte.

Philipp Ludwig Hermann Röder (1787)

Friedrich August Köhler
Eine Alb-Reise im Jahre 1790

zu Fuß von Tübingen nach Ulm

Vorrede

Von Jugend an hatte ich Vergnügen an kleinen Wanderungen, weil es da immer etwas neues zu sehen gab. Mit meinem Onkel der lange Zeit mein Lehrer ward, stieg ich viel auf die Berge um Hornberg, welches meine Geburtsstadt ist, und wo ich biß in mein 15. Jahr erzogen wurde, und die Jahre meiner sorglosen Jugendzeit verlebte. Als meinen Vater eine Beförderung in eine andere Gegend brachte, so wurde ich auch von meiner Eltern Hause zum erstenmal getrennt, und mein Onkel wurde wieder mein Lehrer, denn ich kam zu ihm in die Kost und in den Unterricht nebst meinem 4. Jahre jüngeren Bruder.

Mit unserem Lehrer, einem raschen munteren Freunde der Natur, genossen wir oft das Vergnügen kleiner Wanderungen, in der Gegend um Gechingen auf der Alb herum, wo er Pfarrer war. Doch war unser Verstand noch nicht gebildet genug und wir waren aus diesem Grunde nie darauf bedacht, das merkwürdigste aufzuzeichnen; eine Wanderung nach dem Nebelloche, einer berühmten Höle ausgenommen, von der ich auf Aufmunterung meines Lehrers eine Beschreibung abfaßte, die ich biß jetzt als eine Probe meines damals noch durch Lektüre nicht gebildeten Styls, als einen ersten Versuch, aufbewahre, und nur in dieser Rücksicht ihr noch einigen Werth beilege, ob ich mich wohl erinnere, mit welchem Wohlbehagen ich die Zufriedenheit meines Lehrers und seiner Gattin damalen vernahm, als ich diß mein litterarisches Product vorgelesen hatte.

Im Herbste 1786. verließ ich meinen Onkel und ging nach der Universität Tübingen, wo es mir gieng, wie jedem Jüngling ohne Führer und eigene Grundsätze. Meine bessere Erziehung bewahrte mich zwar vor gröberen Ausschweifungen, aber meine Zeit wußte ich nicht nützlich anzuwenden sondern fiel von einem auf das andere, wie es die Umstände gaben. Bald war Poesie, bald Geschichte mein Lieblings-Studium, biß ich endlich die Geographie dazu wählte, und soviel Reisen und andere Schriften für die Geographie laß, daß mein Hauptstudium darunter nothleitte, und es schien ich wollte nicht nur wie der große Büsching der Geograph Europens, sondern der ganzen Welt werden. –

Ich excerpirte unendlich viel mit der grösten Mühe und Ordnung, ward aber durch Zeit und Erfahrung, den mir in meiner Lage einzig möglichen Wege klüger, schränkte mich endlich blos auf Europens Geographie, und nachher fast nur auf die Vaterländische ein, und machte auch diese nur zur Beschäftigung derer Stunden, die andere mit Spiel und andern schädlichen Vergnügungen hinbringen.

Diß letztere ließ mich auch die anfangs durch zu hitziges Studio der Geographie verlorene Zeit minder bedauern, wenn ich sahe, daß mich diese unmäßige Neigung doch vor vielen unedlern bewahrt habe, und im ganzen ich doch manche nicht unerhebliche Kenntniße dadurch erlangt hätte.

Durch meine nunmehrige Vergnügen an Vaterländischer Geographie kam ich auf den Entschluß nach und nach, wenn es die Umstände vergönnen würden, Wirtenberg ganz zu bereisen und um im kleinen anzufangen, beschloß ich mir einen Gesellschafter zu suchen, der das zu Fuß gehen nicht scheute und auch Vergnügen an Wanderungen hätte, und dann nach und nach an Tagen wo andere Studierende spazieren reitten, oder man sonst allgemein eine Vergnügung suchte, zuerst kleine Wanderungen in der Gegend um Tübingen vorzunehmen, weil ich es vor zwekmäsig hielt, zuerst das, was zunächst um einen ist, kennen zu lernen, und diese Gegend ohne hin eine reizende Mannigfaltigkeit der Gegenstände vereinigt.

Kaum gelang es mir einen zu finden, der das reelle einer solchen Art von Vergnügung einsehen wollte, und wir unternahmen den 24. Junius 1789. unsere erste Wanderung nach Hohen-Entringen 2. Stunden von Tübingen an einem Sonntage. Ich hatte diese alte kleine Burg zum ersten Besuche gewählt, weil sie meines Gesellschafters Geburtsort und also die Reise für ihn angenehmer war. Er fand auch so viel Geschmak daran, daß er von jetzt an mehrere kleine Excursionen mit mir anstellte: z.B. den 26. August 1789. nach der Capelle über dem Dorf Wurmlingen, wo noch ein dritter an unsere Gesellschaft sich anschloß.

Diese kleinen Reisen beschrieb ich dann für mich um mich im beobachten zu üben, und unternahm ganz allein in den Herbstferien 1789. die wegen des Brandes in Tübingen dißmal länger dauerten, eine Reise nach meiner Vaterstadt Hornberg, die vom 26. September bis 7.ten October dauerte, und die ich erst nach den Ferien beschrieb, dabei aber den Vorsatz faßte, auf größeren Reisen künftig ein Journal zu führen und alles merkwürdige immer gleich ganz kurz aufzumerken, weil sich sonst die Gegenstände in der Phantasie und dem Gedächtniß verwirren, und einem manches nothwendig ganz entfallen muß.

Achalm

Als wir nach 11. Uhr die Stadt verließen, so fing der, indessen ganz trübe gewordene Himmel schon an Regen herab zu schiken, dennoch aber wollten wir unseren Vorsatz *den Achalm*

Berg zu besteigen, dessen Aussicht mich vorige Oster Ferien, als ich ihn zum ersten male bestieg, ganz dahin gerissen hatte, nicht gleich aufgeben, und traten den Weg dahin an, weil mein Reisegefährte denselben nicht vorbeigehen wollte, da er so nahe an unserer Marschroute lag. Unser Weg führte von der Stadt an durch lauter Weinberge, die den ganzen weitgedehnten Fuß des Berges und seine ganze Südseite – biß über die Mitte seiner Höhe bedeken, so wie hingegen Akerfeld die oestliche Seite des Berges und zum Teil auch die nördliche einnimmt, und nur allein gegen Nordwest ist sein Abhang etwas rauh und waldigt.

Am Ende der Weinberge kamen wir an die Majerei, zu der viele der am eigentlichen Berge gelegenen Güter gehören, so wie Weideplätze, die den steileren, höheren, zum Anbau nicht so bequemen Theil des Bergs, biß an seine oberste wilde und felsigte Spitze bedeken. Diese Majerei war vor mehreren Jahren noch eine fürstliche Sinnerei, wurde aber an einen Privat Mann als Eigenthum verkauft, und besteht aus ohngefähr 7. theils Wohn, theils Oeconomiegebäuden; Sie gehört wie der größte Theil des Berges zu Wirtenberg, denn nur der Fuß des Berges, der sich biß hinter die Stadt Reutlingen hinzieht, mit denen daran befindlichen Weinbergen gehört biß dahin den Reutlingern, wo die Markung des Marktflekens Ehningen, die sich über den grösseren, und selbst auch südlichen Theil des Bergs ausdehnt, anhebt.

Von dem Hofe an ging es schon viel steiler bergan, und ein ziemlich starker Regen kühlte uns ab. Wir gingen dem ehemaligen, ganz verfallenen Burgwege nach, und eilten durch die Ruinen des ehemaligen wohlbefestigten Eingangs, um uns vor einem zweiten uns übereilenden unfreundlichen Regenschauer unter einem der Bäume zu verbergen, die an der Stelle stehen, wo ehemalen Ritter und Fürsten Söhne sich in den Waffen übten, um im Kampf, gegen die nahen räuberischen Städter zu bestehen. – –

Der anhaltende Regen gab uns Zeit die noch ansehlichen Ruinen zu betrachten, und den dardurch erregten Empfindungen nachzuhängen. Noch mehr als beym Sarge des Jünglings, der in der Blüthe seiner Jahre dahinstarb, wird einem unter solchen Ruinen die Vergänglichkeit aller irdischen Dinge fühlbar! – –

Albdörfer

Manche Orte haben noch in ihrer Einwohner Character etwas eigenes, das bemerkt zu werden verdient. Die Einwohner Gechingens z.B. eine große Geselligkeit und Vergnügen zum Umgang und zur Unterhaltung miteinander, welches aber oft Ursache ihres Ruins wird, weil die 4. Wirthshäuser, die sich in dem kleinen Örtchen finden, der gewöhnlichste Ort der Zusammenkunft an arbeitsfreien Stunden sind. Überhaupt ist Liebe zum Trunk das Hauptlaster der Bauern dieser Gegend, denen man mäßigen Genuß des stärkenden Weins so wohl gönnen müßte, weil ihre Lebensart im übrigen hart, rauh und diß ihre einige Erholung ist und noch mehr seyn würde, wenn sie nicht durch Übermaß ganz ihre gute Wirkungen mit üblen zu verwechseln pflegten.

Doch hievon machen die Bauern des kleinsten Pfarrdorfes dieser Gegend, *Ohnastetten* eine Ausnahme, indem wenige ausgenommen die anderen dem Trunke so wenig ergeben sind, daß sie fast nie die Schenke besuchen, und diß ist gewis nicht die lezte Ursache des ziemlichen Wohlstandes aller Einwohner dieses Örtchens, die meistens frey von Schulden sind, die sich bey ihren Nachbarn oft so sehr finden, daß die Zinsen ihnen allen Überschuß ihres Feldbaues wegnehmen.

Übrigens besizen die Bauern in Gechingen und der Nachbarschaft meistens nur soviele Güter, als sie mit 2. höchstens

4. Zugstüken, das ist Stüken Zugvieh bauen und bestellen können. Sie sind entweder von ihnen und ihren Vorfahren zusammengekauft und können nach belieben wieder einzeln veräußert werden oder auf Lehen. (…)

Die Häuser der Alpdörfer sind meist alle mit Stroh, einige nur mit Ziegeln und zwar wegen der Winde, die sonst im Winter den Schnee auf die Früchten Böden einblasen, – mit einer doppelten Lage derselben, einige aber auch mit Ziegeln und darüber mit einer Lage Stroh bedekt, um zugleich die gewohnte Bauart nicht zu verläugnen und doch dem landesherrlichen Befehl, der wegen der Feuergefahr alle Strohdächer für die Zukunft verbotten wissen will, einiger massen Genüge zu thun.
Doch sind die Strohdächer wie man sie auf den Häusern der Albbewohner findet weniger gefährlich als die des Schwarzwaldes, ja sogar als die in einigen Gegenden Wirtenbergs z.B. der sogenannten Baar gewöhnlichen Schindeldächer, denn sie umgeben nicht das Haus von allen 4. Seiten, wie die großen Strohdächer der niedrigen rauchigten Wohnungen der Schwarzwälder, haben auch ordentliche Schornsteine, nicht nur eine Oeffnung für den Rauch im Dach und sind mit Lehm und Mörtel, der durch Ochsen getreten wird nicht blos wie auf dem Schwarzwalde mit Weiden auf das Holz und Lattenwerk befestigt. Der mit dem Stroh vermischte Mörtel macht sie also zwar lästiger und schwerer, aber hindert doch bey entstandener Feuergefahr ihr schnelles anbrennen und herabschiessen, das auf dem Schwarzwalde schon öfters ganzen Familien die Rettung aus den Flammen unmöglich machte. –

Die Häuser selbst sind ziemlich ärmlich, klein und haben wenig innere Bequemlichkeit und ein für Reisende, die nicht daran gewöhnt sind, elendes Aussehen, Hingegen fiel es uns auf, die Pfarrhäuser des Uracher Oberamts in allen Orten wo wir hinkamen so gut, bequem und wohl unterhalten zu finden, daß sie mit den baufälligen Wohnungen der Pfarrer im Tübinger Amte einen auffallenden Contrast, aber zugleich dem dermaligen geistlichen Verwalter in Urach wahre Ehre machen. – –

Johann Wolfgang von Goethe
Reise in die Schweiz 1797

Den 16. September
Früh 4 Uhr aus Tübingen. Im Grunde der Steinlach, welche rechts blieb. *Dußlingen* im Grunde, auf den Höhen Feldbau. Durch ein Ende von Dußlingen geht die Chaussee, links *Nehren,* rechts *Ofterdingen,* in einiger Entfernung links höhere, mit Wald bewachsene Berge, mehr Wiesewachs. Links ein altes Schloss, Wiesen und Weide. Sobald man aus dem Württembergischen kommt, schlechter Weg, links auf dem ganzen Wege hat man Berge, an deren Fuß sich ein Tal bildet, in welchem die Steinlach hinfließt. *Hechingen* zum Teil im Grunde, ein Teil der Stadt mit dem Schlosse auf der Anhöhe. Links weiter unten zwischen Wiesen und Feldern ein Kloster, hinter dem Zwischenraume Hohenzollern auf dem Berge, die Ansicht bei der Einfahrt in Hechingen sehr schön. Auf der Brücke seit langer Zeit der erste heilige Nepomuk; war aber auch wegen der schlechten Wege nötig. Ich kam um 7½ Uhr an. Sehr schöne Kirche. Betrachtung über die Klarheit der Pfaffen in ihren eigenen Angelegenheiten und die Dumpfheit, die sie verbreiten. Beinahe könnte man's von Philosophen umgekehrt sagen, die einzige richtige Wirkung des Verbreitungsgewerbes.

Von Hechingen hinaus schöne Gärten und Baumstücke, schöne Pappelanlagen, abhängige Wiesen und freundliches Tal. Nach dem Schloss Hohenzollern zu schöne weite Aussicht. Die Berge links gehen immer fort so wie das Tal zu ihren Füßen. *Wessingen.* Auf der Chaussee, wie auch schon eine Weile vorher, sehr dichter, inwendig blauer Kalkstein mit splittrig muschlichem Bruche, fast wie der Feuerstein. *Steinhofen.* Eine hübsche Kirche auf der Höhe. Hier und in einigen Dörfern vorher war bei den Dorfbrunnen eine Art von Herd eingerichtet, auf dem das Wasser zum Waschen auf der Stelle heiß gemacht wird. Der Feldbau ist überhaupt der einer rauheren Gegend, man sah noch viel Kartoffeln, Hanf, Wiesen und Triften. *Engstlatt* zwischen angenehmen Hügeln im Grunde, seitwärts Berge.

Balingen. Gleichfalls eine schöne Stadt; links in einiger Entfernung hohe waldige Berge, bis an deren steilem Fuß sich fruchtbare Hügel hinauf erstrecken. Angekommen um 10 Uhr. Der Ort liegt zwischen fruchtbaren, mehr oder weniger steilen, zum Teil mit Holz bewachsnen Hügeln und hat in einiger Entfernung gegen Südost hohe holzbewachsne Berge. Die Eyach fließt durch schöne Wiesen. Diese erst beschriebne Gegend sah ich auf einem Spaziergange hinter Balingen. Hohenzollern ist rückwärts noch sichtbar. Die Eyach läuft über Kalkfelsen, unter denen große Bänke von Versteinerungen sind. Der Ort selbst wäre nicht übel, er ist fast nur eine lange und breite Straße; das Wasser läuft durch und stehen hin und wieder gute Brunnen, aber die Nachbarn haben ihre Misthaufen in der Mitte der Straße am Bach, in den alle Jauche läuft und woraus doch gewaschen und zu manchen Bedürfnissen unmittelbar geschöpft wird. An beiden Seiten an den Häusern bleibt ein notdürftiger Platz zum Fahren und Gehen. Beim Regenwetter muss es abscheulich sein. Überdies legen die Leute, wegen Mangel an Raum hinter den Häusern, ihren Vorrat von Brennholz gleichfalls auf die Straße, und das Schlimmste ist, dass nach Beschaffenheit der Umstände fast durch keine Anstalt dem Übel zu helfen wäre. *Endingen.* Man behält die Berge immer noch links. *Erzingen.* Feldbau. *Dotternhausen.* Bis dahin schöne schwarze Felder, scheinen aber feucht und quellig. Hinter dem Ort kommt man dem Berge näher. *Schömberg.* Starker Stieg, den vor einigen Jahren ein Postwagen hinunterrutschte. Der Ort ist schmutzig und voller

Mist; er ist wie Balingen als Städtchen enge gebaut und in Mauern gezwängt und wird von Güterbesitzern bewohnt, die nun keine Höfe haben. Man findet auf der Höhe wieder eine ziemliche Fläche, wo Acker und Weide ist; man schaffte den Hafer hier erst hinein. Man kommt immer höher, es zeigen sich Fichten, große flache Weidplätze, dazwischen Feldbau. Man kommt an einen einzelnen Hof. Das Terrain fällt gegen Mittag, die Wasser fließen aber noch immer nach dem Neckar zu; es kommen mehr Fichtenwäldchen. *Wellendingen.* Wir hielten um 3 Uhr an. Muschelkalkbänke mit Versteinerungen, starker Stieg gegen *Frittlingen*. Boden und Kultur wird etwas besser, eine fruchtbare, mehr oder weniger sanfte Tiefe. Links liegt *Aldingen*. Roter Ton, darunter Sandstein von dem weißen mit der Pozellanerde. Kultur auch der undankbarsten Felder, Bergrücken und ehemaligen Triften. Man kommt auf eine schöne Fläche und fühlt, dass man hoch ist. Man wendet sich durch Aldingen; es ist ein heiterer, weitläufig gebauter Ort, links Gebirghöhen, worauf ein Schlösschen liegt. *Hofen, Spaichingen, Balgheim.* Man hat die höchste Höhe erreicht.

Riedheim. Die Wasser fallen der Donau zu. *Wurmlingen.* Man fährt durch ein enges Tal hinabwärts. Es ward Nacht. 8½ Uhr in *Tuttlingen.*

Gustav Schwab
Albreisen

So mag schon der Anblick dieses Gebirges, das uns fast auf allen Höhen des Vaterlandes, auf den Hügeln des Unterlands, auf den erhöhten Flächen des Mittellandes, auf den Gipfeln des Schwarzwaldes entgegen winkt, zu einem Besteigen seiner Höhen und zu einem Durchflug durch seine Täler einladen. Und gewiss wird der Wandrer, der nicht zu hohe Ansprüche macht, oder dessen Einbildungskraft nicht kürzlich durch eine Gebirgs- oder Stromreise im höheren Stil verwöhnt worden ist, noch mehr finden, als ihn die ferne Aussicht vermuten lässt. (...)

Die bisherigen Albreisen beschränkten sich bei der Mehrzahl der Reiselustigen unsers Vaterlandes darauf, dass sie in der ersten Kirschblüte, das heißt, zu Anfang oder in der Mitte des April, einer Zeit, wo der schönste Teil der Albnatur, die Wälder, gegen den blühenden Frühling noch den traurigen Kontrast des dürren Winters bilden, das Lenninger oder das Uracher Tal im Fluge, meist zu Wagen, hin und her durcheilten, ohne sich rechts oder links umzusehen. Höchstens wurde einer der benachbarten Berge – dort Teck, hier Hohenurach – mitgenommen. Aber selbst wenn man nur einen so kleinen Teil des Gebirges bereisen will, so ist doch diese Jahreszeit, aus dem eben angeführten Grunde, keineswegs dem Wandrer anzuraten: vielmehr ist die günstigste Zeit unstreitig die Spätblüte, in den letzten Tagen des April, noch besser in dem Anfange des Maimonds. Hier haben die Buchenwälder allenthalben ausgeschlagen, und jede warme Nacht tut Wunder an ihnen, so dass sie meist schon dem Reisenden um diese Zeit im vollen jungen Grün entgegenprangen, während er im Tale noch durch lauter Blüten fährt. Denn von den spätern Kirschbäumen blühen da noch viele; auch sind diese keineswegs die einzigen, noch die den schönsten Anblick gewährenden in jenen Tälern; namentlich bietet das Lenninger Tal, nebst einem Gemisch von andern späteren Obstsorten, eine Fülle der herrlichsten Birnbäume dar, deren einzig schöne Blüte jene frühen Wanderer ganz versäumen. Diejenigen endlich, die nicht bloß die Blütentäler, sondern auch die Berge, die Burgen und die Wälder der Alb durchwandern wollen, werden ohnedem, entweder ganz auf die Blüte verzichtend, die volle Pracht des Sommers erwarten, oder sich auch den Spätlenz zur Reise auswählen müssen. Doch ist auch für sie diese letztere Jahreszeit vorzuziehen. Die Tage sind schon lang genug, um eine gute Strecke an jedem durchwandern zu können, und – ein großer Vorteil gegen den Sommer – noch nicht so heiß, dass man nicht jede ihrer Stunden, die ohnedem der Mittagsruhe gewidmeten ausgenommen, ohne Beschwerde der Wanderung widmen könnte. Um aber auch für den Genuss der Nächte zu sorgen, so wähle man sich die Tage um den Vollmond, der dem abendlichen oder nächtlichen Ausblick auf Berge und Burgen nicht fehlen darf, und überdies gewöhnlich die unentbehrliche Bedingung einer fröhlichen Reise, Heiterkeit des Himmels, verbürgt.

Karl Julius Weber
Zweite Fußreise nach der Alb

Von Lorch sind zwei kleine Stunden nach der alten Reichsstadt Gmünd, die 5000 Seelen zählt, aber ehemals weit bedeutender gewesen ist. Die Ritter vom roten Löwen, oder die Rechberge jagten viel in der Gegend und sollen hier eine *Villa Gaudia Mundi* oder Gmünd gebaut haben, was man der Stadt nicht ansieht. Das *Gaudium Mundi* wusste sich indessen reichsfrei zu machen nach dem Sturze der Staufen, verjagte 1284 seine Patrizier und schlug sich wacker herum mit dem Raubadel. Jetzt ist die Stadt ziemlich öde, fabriziert jedoch fleißig Strümpfe, Mützen und Bijouteriewaren von Gmündergold, und von ihrer Andacht zeugen die vielen Kirchen. Das Kloster der Dominikaner-Nonnen vor der Stadt, Gotteszell, hat sich jedoch in ein Zucht- und Arbeitshaus verwandelt, wie Zwiefalten in ein Irrenhaus. Das Wappen der Stadt ist ein Einhorn, da man mir aber nicht sagen konnte, warum es Stadtwappen sei, so habe ich mich noch weniger nach der Existenz des problematischen Tiers hier erkundigen mögen. Gmünd hatte zwei bedeutende Landämter, aber die Landbewohner waren keine Bürger, das waren nur die Städter. Machten es nicht die Römer ebenso?

Von hier ist man dem Hohenstaufen am nächsten, dem eigentlichen Ziel meiner Wanderung. Überall bemerkt der Reisende in Württemberg drei ausgezeichnete schwarze Punkte in fernen Wolken – das sind Hohenstaufen, Rechberg und Stuifenberg. Ich übernachtete im Dorfe Staufen mit dem alten Kirchlein, woran das Bild K. Friedr. Barbarossa steht mit den Worten: *hic transibat Caesar*. Er pflegte zu Fuß, ohne alle Pracht hierher zu kommen und hatte von der Burg aus auch nur eine Viertelstunde, wohin jetzt ein bequemer Fahrweg führt – aber die Burg, der Sitz der großen Staufen, der Herzoge von Schwaben und der Kaiser ist nicht mehr! Nur ein kleines Mauerrestchen, auf dem ich die Sonne erwartete, und dem großen Geiste eine Pfeife opferte, ist noch übrig von der hohen Kaiserburg, wo die großen Friedriche herrschten und die Minnesänger sie ergötzten! Schwermütig blicken wir in das Natur-Panorama und leben der Erinnerung: *hic transibat Caesar!*

Trotz der Kälte, bevor die Sonne heraufstieg, zogen vor meiner warmen Phantasie die Schatten der edlen Staufen vorüber – Friedrich Rotbart, der lieber in Italien als in Deutschland war, wo er doch so viel zu tun gefunden hätte – der rohe und grausame Heinrich VI. – der hinterlistige Philipp, Konrad IV. und Konradin an der Hand seines edlen Unglücksgefährten Friedrich – Friedrich II. der größte und einzige seines Jahrhunderts, wie der Preußen Friedrich, mit dem er vieles gemein hatte, selbst Religionsspötterei – nicht nur das, was die Chronik sagt: »Ein großer Fürst, an dem nichts Unlöbliches, denn allein, dass er viel und gern bei Weibern gewesen.« Lebt wohl, hohe Staufen! Ihr hattet Geist, Mut, Kenntnisse, Willen, Ausdauer – selbst euer Steckenpferd Italien trug zur Kultur des Vaterlandes bei und zu besserer Kenntnis des Teufels der Hierarchie – euch fehlte nichts als Glück – wie so manchem wackeren Mann, dem Fortuna nie schussgerecht stehen will, während sie Hansgörgen Rehe und Hasen, Schnepfen- und Krammetsvögel in die Küche jagt – goldene Dosen und glänzende Orden! Die Sonne tritt hervor – die Schatten schwinden – die gerühmte Aussicht liegt vor meinem neugierigen Blick – groß, aber nicht schön! Ich kenne schönere in Deutschland. (…)

Der Kegel, worauf die Burg stand, ist scharf abgeschnitten, wie eine Batterie, die Platte etwa drei Morgen. Bis zum Bauernkriege lag noch eine Besatzung von zweiunddreißig

Invaliden hier, die hinten hinaussprangen, als die Bauern von vorne angriffen – noch zu Crusius Zeiten im Jahr 1588 standen Mauern, Türme und Kapelle, der Schulz vom Dorfe hatte den Schlüssel zum Innern, wo man Frucht baute, und Crusius ging noch auf den Ringmauern umher, gerührt das Lied singend: »Mag ich Unglück nicht widerstah'n.« Jetzt ist noch das Mauer-Überrestchen von 3' Höhe und 10' Länge, denn jedes Jahr holte man Steine herab, vorzüglich nach Göppingen. Der kleine Raum entspricht so wenig der Größe seiner Bewohner (wie genügsam waren doch selbst alte Kaiser) als die Aussicht der poetischen Schilderung allzuwarmblütiger Reisenden, die sich vielleicht nicht einmal heraufbemühten!

Selbst Ammermüller, Pfarrer zu Staufen und Annalist seines Berges, sagt von dem Pfade hinauf: »es scheine, man steige auf einer Brücke gegen die Wolken« und warnt vor Schwindel. Der Alpensteiger lächelt dazu, wie bei dem Namen Riesengebirge in Schlesien. (...) Ein gewisser Reisender verlangt da oben ein Eichenwäldchen – ich glaube nicht einmal, dass Kirschbäume hier fortkämen? Ein anderer will eine kolossale Pyramide mit Namen und Taten der Hohenstaufer – ist der Berg selbst nicht die schönste Pyramide? (...)

Auf dem Bergrücken des Staufens ging ich hinüber nach dem alten besser erhaltenen Rechberg und immer auf demselben Bergrücken fort an das andere Ende, wo ein Wallfahrts-Kirchlein steht, und man gewöhnlich wieder herabsteigt nach Gmünd. Altertümlich ernst blickt uns der Rechberg an, auf einem vom Hauptberge abgesonderten Hügel, mit dem er durch eine steinerne Brücke verbunden ist. Es wohnt ein Beamter hier. Ein Ulrich v. Rechberg pflegte seiner Gattin hier durch einen treuen Hund seine Briefe zu schicken und da sie einst lange ausblieben, sie in der Kapelle betete und klopfen hörte, so öffnete sie mit den Worten: »dass du ewig klopfen müsstest!« und siehe da – der Hund, aber ohne Brief, der Gatte war gestorben, und seitdem klopft, so oft ein Rechberger sterben soll, der Rechberger Klopferle! (…)

Vom Rechberg kommt man über Weiler und Heubach nach dem Rosenstein; die Ruine ist unbedeutend, aber groß die Naturschönheiten. Nirgendwo auf der Alb ist die Vegetation üppiger, nirgendwo schönere wilde Rosen, saftigere Erdbeeren, interessantere Grotten, steilere Felsenwände, und stärkere Wasserfälle, und daneben noch eine Ruine Lauterburg. Man kann die Reise durch die Alb nicht würdiger beenden, als mit dem Rosenstein, aber nur nicht ohne Führer!

Von dem freundlichen Dorfe Lautern ist nur noch eine Stunde nach den trefflichen Eisenwerken von Unterkochen und zwei Stunden nach Wasseralfingen. Aalen und die königlichen Schmelz- und Hammerwerke, die hier an der Grenze der Alb und des Königreichs sich finden, zu Unterkochen, Abtsgmünd, so wie die im nahen Brenztal zu Itzelberg und Königsbronn (vormals Zisterze) sind sehenswert, vorzüglich Wasseralfingen, wo die Eisengießerei zur wahren Kunst erhoben ist, wie man es kaum möglich glaubte. In der Niederlage zu Stuttgart kann sich jeder davon leichter überzeugen. Von hieraus besuchte ich gelegentlich nicht nur Heidenheim und Giengen, sondern auch Aalen und Bopfingen, da wir schon als Knaben über diese unschuldigen Reichsstädtchen lachten! (…)

Aalen könnte nicht schöner liegen, das Städtchen selbst aber mit etwa 3000 Seelen gewährt einen widrigen Anblick. (…) Wahrscheinlich stand hier das Aquilea der Römer, daher der Name Aalen, denn Aale finden sich nur im Stadtwappen. (…) Hier lebte Schubart lange und schrieb seinen derben Ton und manche Unfälle seines Lebens der Erziehung in Aalen zu – ob wohl mit Recht? Hier erblickte auch das Licht der Welt ein Geistlicher, der sich nicht durch theologische – wohl aber politisch-historische Schriften ausgezeichnet hat – Pahl. Gleich berühmt ist der Spion von Aalen, der sich unter den feindlichen Toren selbst als solchen angab, und übler wegkam, als der Spion der Pharisäer, der Jesum versuchte – er kam mit den Worten ab »Hebe dich weg von mir Satan«, und wurde sogar der Amtsdiener unserer Theologen! Der Bürgermeister und die Senatoren Aalens hatten die Freiheit – ihren Mist selbst zu laden, selbst Stadtschreiber und Pfarrer konnten es tun, unbeschadet ihres Rufes als *Literati*. Aber lache man, das kleine verlachte Reichsstädtchen war noch das einzige, das fast schuldenfrei an Württemberg überging und gewiss glücklicher als das große Nürnberg!

Neresheim ist ein unbedeutendes Nest im kahlen Härtsfeld, das den Beschluss der Alb macht, aber gereuen würde es mich, die schöne von einem Hügel herabschauende vormalige Reichsabtei mit ihrem herrlichen Gotteshaus nicht gesehen zu haben, das religiöse Gefühle erwecken muss in der rohesten Seele.

Eduard Mörike
Brief an Luise Rau

Ulm, den 17. Juli 1831
Mit Freuden halt ich mein Versprechen, Dir, liebstes Kind von hier aus Einiges zu schreiben. Ich fange am besten von dem Momente an, wo ich das letztemal die Feder niederlegte. Das war in Stuttgart in der Nacht vom 15. auf den 16. dieses. Ich hatte Dir im Stillen bereits eine gute Nacht gesagt und hätte selbst der Ruhe jetzt bedurft, konnte aber den Schlaf durchaus nicht finden. Ich trat manchmal ans offene Fenster: ein leiser Wind bewegte die Bäume, der Mond stand in dem reinsten Blau, und aus einer ziemlich entfernten Straße ließ sich eine Nachtigall sehr lebhaft hören ... Um halb fünf Uhr sollte ich zur Abreise fertig sein. Indessen verzögerte mein Onkel noch bis halb sieben Uhr, was doch nicht hinderte, dass man zu Mittag in Göppingen anlangte, wo wir über Tisch mit meiner anfänglich vermeinten Reisegesellschaft zusammentrafen; es waren Bayern, die nach München fuhren, darunter ein sehr aufgeweckter Kopf, dessen Gespräch in mancher Hinsicht lehrreich war und mir namentlich meinen tief gesunkenen Begriff vom Geiste seines Landesherrn bestätigte. Von dort bis Geislingen lehnten wir die Köpfe in die Kutschenecke. Es war schwüle, gewitterhafte Luft. Ein süßer Heuduft wehte auf uns zu, und das Geklirr der Sensen mischte sich lieblich in meinen Halbschlaf. Ein paarmal machte der Fuhrmann auf die schöne Gegend aufmerksam; aber es kostete Überwindung, nur ein Auge aufzublinzen. – Nun kam das wälderreiche tiefe Tal von Geislingen. Ein Städtchen, das mir immer lieb gewesen! Der alte Schubart war dort viele Jahre Präzeptor. Im goldenen Löwen, wo dieser arme Bruder im Apoll so manchen guten Schluck getan, fand ich zu meinem heimlichen Verdrusse alles

modern herausstaffiert. Ich schwur, wenn ich das nächstemal wiederkäme, ein Porträt des Poeten als fromme Stiftung an die Wand zu hängen. Die Geislinger Mädchen, die jeden Fremden mit ihren Beinwaren verfolgen, ließen sich auch diesmal nicht abweisen. Auf einer wilden Höhe überm Ort steht der sogenannte Ödenturm, eine alte Warte, schroff und drohend, wie der schwarz geharnischte Geist eines Ritters. – Der Weg bis auf das Zollhaus (eine Schenke auf der Höhe von Ulm) ward wieder größtenteils verschlafen. Daselbst genossen wir bei mittelmäßigem Getränke den herrlichsten Sonnenuntergang und eine weite Aussicht gegen Süden, worin man mit dem Tubus die Schweizer Berge wohl erkennen konnte. Jetzt tanzte das Gefährt leicht wie ein Topf die Steige hinunter. Bald lag der Ulmer Münsterturm wie ein schauerlicher Block vor Augen. Dieser Koloss, der so tyrannisch alles um sich her verkleinert hat und, von der Ferne betrachtet, gar keinen Bezug auf die Stadt annehmen will, scheint, wie ein überbliebenes Gespenst aus früheren Jahrhunderten, sich fremd und kalt in unserem verflachten Kirchenalter zu fühlen. Übrigens ist er zu seiner baulichen Umgebung um so unverhältnismäßiger, als er zu sich selber kein Verhältnis hat. Die Schuld hievon liegt aber nur daran, dass der Turm weit über die Hälfte nicht ausgebaut ist; das Fehlende hinzugedacht, ist alles unvergleichlich. Um neun Uhr abends waren wir in Ulm. Die Messe war eben vorüber, und so fanden wir noch ganz bequeme Unterkunft. Die Trinkzimmer unseres Gasthofs saßen um diese Zeit noch übervoll, und zwischen Offizieren und Beamten und Kaufleuten gellte und summt' es von neuster Politik, dass mir mein ohnehin zerschlagener Kopf vollends verzweifeln wollte. Des anderen Tages erwacht ich neugeboren an der Sonne, die mir aufs Bette schien. (…)

Ich bin Dir wieder um acht Stunden näher und schließe, eh ich nun endlich siegle, noch einen Kuss bei. Aber von wo aus, meinst Du wohl? Vom Lichtensteiner Schlösschen! O wie oft, wie oft muss ich noch wünschen, Du solltest bei mir sein! Ich werde traurig, wenn ich daran denke. Es ist ein guter, aber heißer Tag: der Horizont steht voll Gewittern, und manchmal läuft ein breiter Wolkenschatten über das sonnige Tal und die unter uns dampfenden Wälder weg. Die Häuser von Honau liegen wie ein Kinderspielzeug in der Tiefe. Außer uns ist ein Engländer mit Frau und Dienerschaft da. Die Madame eilt soeben mit Portefeuille und Bleistift an die Brücke und zeichnet die Gegend. Wir mussten dem Herrn nur immer die reizendsten Wege auf seiner Karte bedeuten. – Ich werde zum Aufbruch gemahnt. Lebewohl, mein Teuerstes!

Hermann Lenz
Erinnerung ans Wandern

In der Volksschule zu Künzelsau in Hohenlohe-Franken fragte der Lehrer, was wir in den Ferien täten. Ich sagte: »Ich gehe mit meinem Vater auf die Alb«, und der Lehrer schrieb meine Antwort zu dem, was die andern gesagt hatten, an die Wandtafel. Es muss um 1920 herum gewesen sein.

Damals kannte ich von der Alb nur den Namen und wusste nicht einmal, wo sie lag, mein Vater dagegen hatte sie als Soldat kennengelernt: Vor dem Krieg, also noch unterm König, absolvierte er auf dem Truppenübungsplatz Münsingen seine Reserveoffiziersübungen.

Mich zog's nicht dorthin, weil so etwas wie »die Alb« weit weg war, ein unbekanntes Gebiet, das ich mir nicht vorstellen konnte. Außerdem kam es um 1920 nicht in Frage, dass wir in den Sommerferien Künzelsau verließen. Und wenn ich zum Lehrer in der Schule sagte, ich ginge auf die Alb, so war das nichts anderes als Prahlerei, die mir schlecht bekam, weil mich mein Vater am nächsten Tag, die Augenbrauen hochgezogen, fragte: »So, wir gehen also auf die Alb?«

Meine Schwester grinste, weil ich – sozusagen öffentlich – eins ausgewischt bekommen hatte.

Das mit der Alb wurde erst sieben Jahre später wahr, übrigens als Fußwanderung bei kräftiger Hitze. Wir gingen über die Hochfläche, die baumlose Weite mit Feldern und Wiesen, und ich sehnte mich nach einem Brunnen; doch mein Vater mochte es nicht, wenn ich aus einem Brunnen trinken wollte. Ich sollte mich zusammenreißen und meinen Durst trocken hinunterschlucken.

Die Straße nach Münsingen war staubig, heiß und weiß, und in den Wirtshäusern gab's Most, der »Mooschd« genannt wurde.

Vor Münsingen begegnete uns eine Kompanie Soldaten, und der Offizier, der vorausritt, rief: »Lenz! Ja so was!« Es war ein Kriegskamerad meines Vaters, von Stetten. Er ritt beiseite und sagte vom Gaul herunter: »Wir rücken ab. Wir sind die letzten.«

Mein Vater führte mich zu den Baracken und Kasernen, ging dort herum und sagte immer wieder nur ein Wort: »Leer.« Es schien ihn zu bedrücken, dass hier nicht Leben herrschte wie zu seiner Zeit, während mich die weiten Höfe mit ihren Backsteinbauten zwar trist, aber auch still oder besänftigt anmuteten, was mir recht war.

Einen Tag später fiel Vaters Stock in jenen Bach, der den Uracher Wasserfall speist, wurde weggerissen und hinabgeschwemmt. Er holte ihn dann wieder von den Steinen, auf die der Strahl des Wasserfalls stäubend hinabstößt.

Damals erschien mir dieser Wasserfall ein bisschen kümmerlich, hatte ich ihn mir doch mächtig und gewaltig schäumend vorgestellt. Und nun dieses idyllisch gebogene Rinnsal … Ich kannte Eduard Mörikes Gedicht »Besuch in Urach« und bewunderte den Dichter, weil er – jedenfalls stand es so im Gedicht – dem Wasserstrahl die nackte Brust geboten hatte, um herauszufinden, ob sie ihm »sich teile«. Trotz meiner Enttäuschung über den zierlichen Wasserfall wagte ich dies nicht.

Bald darauf las ich bei Mörike, die Alb stünde als »blaue Mauer« in der Ferne, doch wenn ich durchs Dachfenster unseres Hauses in Stuttgart droben beim Weißenhof schaute, sah ich von ihr nur ein schimmerndes Stückchen weit draußen überm Einschnitt des Neckartales.

Später bin ich die Steige, die von Urach auf die Hochfläche der Alb führt, mit zwei anderen hinaufgegangen. Es war an einem klaren, kalten Tag Anfang Oktober. Grün und goldbraun schimmerten die Wälder, und als wir oben auf der Höhe gingen, legten sich die Wege in die sich öffnenden Senken; denn dort oben sieht man weit hinaus. Stoppelfelder näherten sich, der Herbstwind wehte, und ich dachte ans Brot der Albbauern, das im vergangenen Jahrhundert nach schlechten Ernten mit gemahlener Baumrinde gestreckt worden war. Erst von 1900 ab, als die Phosphatdüngung eingeführt wurde, bot der karge Kalkboden dem Saatgetreide jene Nahrung, die es zu seinem Wachstum braucht.

Rasch sickert der Regen in die Tiefe, wo er den Fels aushöhlt und die unterirdischen Gewölbe mit Stalaktiten und Stalagmiten schmückt. Im Gehen dachte ich an jenen legendären Bauern, der beim Pflügen mit seinem Gespann vom Boden verschluckt worden war, weshalb ich eine Zeitlang etwas vorsichtiger über die Wiesen ging, bis ich ihn wieder vergessen hatte.

Der weiße Schotter eines Feldwegs war von Traktorrädern aufgewühlt, und ich ging auf dem Rasenstreifen in der Mitte. Grau ragte ein Feldkreuz empor, eine alte Buche entfaltete ihre Krone über einer Kapelle mit Schindeldach, und jaulend, pfeifend, donnernd fegte ein Düsenjäger über mich hinweg, dass ich den Kopf einzog. (…)

Ja, ich bin oft auf der Alb gewandert, kreuz und quer hab' ich sie durchstreift. Wehmut sucht mich heim, wenn ich davon erzähle und der Wildenburg oder des Lichtensteins gedenke, auf dem zu meiner Zeit noch zwei fürstliche Damen wohnten, diese »Schreckensteinerinnen«, wie der Volksmund sagte.

Hinterm Lichtenstein verhüllte Nebel den Weg, und Rehe überquerten ihn wie Schatten. Mach einen Schritt und streck die Hand aus, dann kannst du sie greifen, dachte ich und blieb stehen, als hätten sie mich festgebannt.

Oder ich lag in einer Wiese, schaute auf und sah drüben die Burg Hohenzollern wie eine Fata Morgana stehen, merkwürdig nahe gerückt im Regenlicht, ein von der grünen Erdwelle drüben angeschwemmter oder herbeigetragener Koloss aus Türmen und Mauern, schwärzlich, grau und dunkelblau, als ob die Burg aus Wolken aufgerichtet worden wäre. Das war nicht weit von Jungingen.

Ein uraltes Geschenk jedoch brachte ich vom Fuß des Plettenberges heim, an dem ich durch Gestrüpp und Geröll tiefer stieg, ohne den Weg zu suchen. Ich atmete auf, schaute zu Boden und sah neben meinem linken Fuß einen Ammoniten liegen. Die Rillen seines Schneckenhauses waren wie eine Steinmetzarbeit spürbar, und auf seiner Rückseite hatte sich eine *terebratula vulgaris* abgedrückt, die auch im Muschelkalk bei Künzelsau als Leitfossil erscheint. Während ich dies schreibe, liegt die Versteinerung neben mir und erinnert mich an die Vergangenheit, die sich im Stein verbirgt.

Michael Spohn
Vom Vitus Frey

Vom Vitus Frey
saera Boez aus
marschiert ma
an Buggl nuff
ond guggt
ens Lauderdal nae

Des isch mae Brogramm
sonndichs, wenn e
äbber môg:
Nôch Urach, ond nô
iber Mensenga
nôch Buddahausa

En Buddahausa
nuff zom Juudafriedhof
Schdoener ond Werdder
Werdder en onsere Buachschdaba ond
Werdder en fremde

Onda em Dorf
isch ao an Schdoe
Dô kasch läasa
en onsere Buachschdaba
wer en Theresienschdadt
blieba-n-isch

Ond dô isch d
Synagog gschdanda

Ond dô hot
der Rabbiner gwohnt
Ond dô hot der Matthias
Erzberger sein erschda Schroe do
Ond nô nôch Anhausa
zom Vitus Frey
s Land wird kadolisch
Ma siehts an
de Kircha
ond heerts an der Schbrôch

Vom Vitus Frey
saera Boez aus
marschiert ma
an Buggl nuff
ond guggt
ens Lauderdal nae

Wenne schderb
nô grabat me
en Anhausa ae
Beim Vitus Frey
em Garda
dô heert ma d Lauder

Walle Sayer
Exkursion

Überm Kapellenberg
das Posaunenblau einer
Aufbruchstimmung.

Weit genug weg
sind die Strommasten
Skalenstriche.

Mit seinen Kreisen
zeichnet der Habicht
ein Höhenornament.

Die Ebene:
eine Offerte
des Lichts.

Peter Härtling
Der Wanderer

Eben komme ich von der Schwäbischen Alb nach Hause. Endlich, viel zu spät, brach das Jahr in den Frühling auf, der Himmel wurde hoch und wolkenlos. Der Morgen hatte noch etwas Dunst hinterlassen, die Wacholderbüsche zogen wie gebeugte Beerensammler die Hänge hinauf.

Hier bin ich oft gewandert, den Wanderwegen Hölderlins gefolgt:

Nachdem er im April 1801 aus seiner letzten Hofmeisterstelle in Hauptwil entlassen worden war, lief er – in Lindau hatte er Station gemacht – über die Alb, die wie jetzt mit blühenden Bäumen und einem hellen kinderhaften Grün ihre Rauheit vergessen machte.

Er schrieb die »Heimkunft«, fühlte sich aufgenommen von der »Sprache der Mutter« und wurde dennoch fremd, merkte, dass Nürtingen ihn auswies. Er hatte sich in der Heimkunft getäuscht. Bei Schiller bemühte er sich um eine Position an der Universität in Jena. Vergeblich. Schiller misstraute ihm, von Goethes Zweifel beeinflusst.

Wo sollte er bleiben?

Nicht in diesem Vaterland. Er bittet seinen Stuttgarter Freund Landauer, seine Verbindungen als Kaufmann zu nutzen und ihm eine Stelle als Hauslehrer im Ausland zu besorgen. Es findet sich eine in Bordeaux.

Bevor er sich aufmacht, nimmt er Abschied. An seinen Bruder Karl schreibt er: »So viel darf ich gestehen, dass ich in meinem Leben nie so fest gewurzelt war ans Vaterland, im Leben nie den Umgang mit den Meinigen so sehr geschätzt, so gerne zu erhalten mir gewünscht habe! – Aber ich fühl es, mir ists besser, draußen zu sein, und Du, mein Teurer! fühlst es selber, dass zum einen, wie zum andern, zum Bleiben, wie zum Wandern, Gottes Schutz gehört, wenn wir bestehen sollen. Dich erhält in Deiner Art besonders die Geschäftigkeit. Sonst würd es Dir zu enge werden. Mir ist not, vorzüglich, mit der rechten Wahl das Meinige zu tun. Sonst würd ich zu zerstreut dahingerissen.«

Hölderlin unterscheidet seine Unruhe von der Geschäftigkeit seines Bruders. Unterscheidet den Wanderer vom Kopfwanderer. Da ist er schon unser Zeitgenosse.

Hölderlin verlässt das Vaterland, sträubt sich gegen seine erfahrene Fremde, um ungeschont fremd bleiben zu können. In einem Brief an seinen Freund Böhlendorf macht er kein Hehl daraus: »Ich bin jetzt voll Abschieds. Ich habe lange nicht geweint. Aber es hat mich bittre Tränen gekostet, da ich mich entschloss, mein Vaterland noch jetzt zu verlassen, vielleicht auf immer. Denn was hab ich Lieberes auf der Welt? Aber sie können mich nicht brauchen.«

Ist das die Antwort auf jene Sätze, mit denen er die Kinderlandschaft heimkehrend segnete? »Heimzugehn, wo bekannt blühende Wege mir sind, / Dort zu besuchen das Land und die schönen Tale des Neckars, / Und die Wälder, das Grün heiliger Bäume, wo gern / Sich die Eiche gesellt mit stillen Birken und Buchen, / Und in Bergen ein Ort freundlich gefangen mich nimmt.« Wer sind sie, die ihn nicht mehr brauchen können? Alle, auch die Mutter, die Familie, die Freunde? Oder meint er mit dem »sie« in der Mehrzahl doch nur die Eine, Susette Gontard? In seinem Gedicht nimmt ihn die Vaterstadt noch freundlich gefangen. Wobei das »gefangen« die Freundlichkeit eben doch verrät. Wer sind sie, denen er fremd wurde? Hätte er nicht ebenso schreiben können: Aber ich kann sie nicht mehr brauchen. Weil er, fremd geworden, niemanden an keinem Ort, in keinem Land mehr brauchen kann?

Ich habe, als ich, vom Frühling überrascht wie er, über die Alb fuhr, dem, was meine Blicke aufnahmen, mit seinem Gedicht geantwortet, bis die junge Frau, die neben mir am Steuer saß und mich schweigen ließ, plötzlich leise bemerkte: Damals, als wir von Tschernobyl erfuhren, stellte ich mir vor, dass diese schöne Gegend von einer furchtbaren und unheilbaren Krankheit befallen sei. Auch jetzt, sagte sie.

Ich nickte, ohne ihr zu antworten oder von Hölderlins Gedicht zu erzählen. In seinem »Empedokles« sah er den Bruch zwischen Mensch und Natur schon voraus, aber in einer großen Hoffnung beschwor er auch die »neue Erde«: »Von Herzen nennt man dich, Erde, dann wieder / Und wie die Blum aus deinem Dunkel sprosst, / Blüht Wangenrot der Dankenden für dich / Aus lebensreicher Brust und selig Lächeln. / Und –« An dieser Stelle bricht Hölderlin ab. Hatte ihn, während er dieses Glück sang, der Schreck überwältigt?

Aus Bordeaux kehrte er, der Vaterlandsflüchtling, als ein Anderer zurück.

Wohin, das weiß ich. Ich kenne das Haus, die Stadt. Sie hat viele vergessen, die in ihr fremd wurden, aus ihr aufbrachen und wieder heimkamen, ohne willkommen zu sein.

Thomas Knubben
Winterreise

Über Nacht hat es geschneit. Das Land ist ganz in Weiß getaucht. Die Wanderung wird nun tatsächlich zur Winterreise. Bernhard begleitet mich bis zur Salmendinger Kapelle. Ins Gespräch vertieft, verpassen wir prompt den rechten Aufstieg und müssen quer übers Feld, über die Winterfrucht hinweg den Kornbühl hinauf. An der 8. Station treffen wir endlich auf den Kreuzweg. Der Hauptraum der Kapelle ist verschlossen, ein Seitenraum aber erlaubt den Zugang.

Was Ludwig Uhland für die Wurmlinger Kapelle ist, das ist Gustav Schwab für die Salmendinger. Nur zehn Tage war der Dichterpfarrer und Sagenerzähler in den 1820er Jahren über die Alb gewandert. Die Zeit hat ihm jedoch gereicht, die Landschaft förmlich in sich aufzusaugen und sich mit einem dicken Buch als Gegengabe zu bedanken. Bevor wir uns trennen und jeder seinen Weg abwärts sucht, rezitiert Bernhard aus diesen Albschilderungen. Mit Schwabs romantisch kreisendem Blick schaut er ins Land, wo der benachbarte Höhenzug, der Farrenberg, »wie ein ungeheurer Sarg aus der Gruft der Unterwelt, fast schwebend hervorsteigt« und »heitere Dörfer« die Alb bevölkern. Die Kapelle selbst allerdings hat Schwab eher missfallen, »ein armseliges Nestgen, das nur von einem einsiedlerischen Glöckner bewohnt ist, der das gefahrvolle Amt hat, so lange ein Gewitter über dem Gipfel des Gebirges steht, zu läuten«.

Jetzt hätte er wieder einen guten Grund für sein Geläut. Das leichte Schneerieseln hat sich zu einem kleinen Sturm verdichtet, Nebel steigt auf, ich muss mir die Kapuze ins Gesicht ziehen. Der Weg zum Dreifürstenstein ist schmal und glitschig. (…)

Beim Albabstieg wandelt sich der Schneefall in Regen. Er will nicht aufhören, und ich bin von innen und außen nass. Noch kann ich aber die Wärme unter dem Anorak durch meinen forschen Schritt halten. Mir fällt auf, dass die Wälder hier auch im Winter keineswegs grau und trüb sind. Zumindest solange kein Schnee liegt. Sie strahlen selbst jetzt, in dem andauernden Regen, in einem impressionistischen Gemisch von roten, gelben und mennigfarbenen Punkten.

Werner Herzog
Im Schneesturm

Hässliche Straße, dann Zwiefalten, die schwäbische Alb fängt jetzt an, weiter oben ist alles dicht voll Schnee. Eine Bäuerin erzählte mir vom Schneesturm und ich schwieg dazu. Geisingen, da sind die müden Menschen in den verwahrlosten Dörfern, die sich nichts mehr erwarten. Schneestille, die Äcker kommen schwarz unter dem Schnee wieder hervor. In Genkingen schlagen seit Jahren die Türen im Wind. Spatzen sah ich auf einem Misthaufen, der ausgedampft hat. Schmelzwasser rieselt ins Gully. Die Beine gehen.

Hinter Geisingen fängt Schneetreiben an und ich gehe scharfes Tempo, ohne anzuhalten; denn wenn ich stehenbleibe, fange ich sofort zu frieren an, weil ich bis auf die Haut durchnässt bin, so jedenfalls bleibe ich im Dampf. Nasses Schneetreiben so intensiv von vorne, manchmal auch von der Seite, dass ich mich dagegenlehnen muss und sofort auf der Windseite wie eine Tanne voll Schnee bin. Ach, was lobe ich meine Mütze. Auf alten, braunen Photos ziehen die letzten Navajos, auf Pferden gekauert, in Decken geschlagen, im Schneesturm dem Untergang entgegen; das Bild kommt mir nicht aus dem Sinn und bestärkt meinen Widerstand. Die Straße ist sofort tief verweht. Im Schneesturm steckt ein Traktor im schweren Acker, die Lichter an, und kommt nicht mehr weiter, der Bauer hat es aufgegeben und steht nur noch, nichts mehr begreifend, daneben. Wir zwei, die Gespenster, grüßen uns nicht. Ach, es ist ein so harter Weg und der Wind kommt so gerade mit dem brennenden Schnee direkt ins Gesicht, ganz waagrecht. Und meist geht es aufwärts, aber auch abwärts tut alles weh. (...)

Oben in Bitz ein fürchterlicher Sturm, alles ist verschneit. Hinter Bitz einen Wald hoch geht ein wahnsinniges Schneegestöber los, im Wald selbst kommen die Flocken von oben wie bei einem Wirbelsturm gekreiselt, nach draußen, aufs freie Feld wage ich mich nicht mehr, da kommt der Schnee waagrecht. Und jetzt ist es noch nicht einmal Dezember, seit vielen Jahren hat es so etwas hier auch noch nicht annähernd gegeben. Ein LKW auf der nahen Straße klaubt mich auf, er kommt nur ganz vorsichtig im Schritttempo vorwärts. Wir schieben zusammen noch rasch ein steckengebliebenes Auto aus dem Schnee. (…)

Entschluss, über Bergfelden statt über Zillhausen. Schnee fällt, in dichten Flocken, aber ohne Wind, das geht. Bergauf bis Burgfelden immer märchenhafter, riesige Buchen zu einem Dach geschlossen, alles verschneit und sehr öde. Zwei alte Bauern gaben mir Limo, weil die einzige Kuh wenig Milch gegeben hatte. Entschluss, den Fußweg über die Schalksburg zu nehmen. Was für ein Weg! Erst durch kniehohen Schnee, kein Pfad zu erkennen, über ein Feld, dann verengt sich das Ganze immer mehr zu einem schmalen Grat, der Weg ist jetzt gut erkennbar. Wildspuren. Bäume und Sträucher sehen vollkommen irreal aus, selbst um die dünnsten Zweigchen haftet ringsum flockiger Schnee. Der Dunst reißt auf und grau und schwarz liegt ganz tief unten ein Ort. Dann steil durch den Wald hinunter Richtung Frommern. Unten wird es nässer, der Schnee hört ganz auf, hässliches, kaltes nasses Gras kommt heraus. (…) Ein Kind kommt vorbei, mit einer Milchkanne, und mustert mich mit einer solchen Sicherheit, dass ich nicht wage, dem Blick standzuhalten.

Dann Schnee, Schnee, Regenschnee, Schneeregen, ich fluche auf die Schöpfung. Wozu das? Ich bin so durchnässt, dass ich den Menschen quer über die matschigen Wiesen ausweiche, um ihnen ja nicht ins Gesicht zu sehen. Vor den Dörfern geniere ich mich. Vor den Kindern setze ich ein Gesicht auf, als sei ich vom Ort.

Uta-Maria Heim
Von wegen Natur

Es ist ja nicht mehr so, dass man dahinschweifen kann mitsamt einer Herberge. Einem Rauchwedel, der einen erwartet, ohne dass er einen verschlingt. Ein Heim, ein Hort für eine Kaltwassernacht mit kargem Morgenessen. Das langt, doch die Dörfer sind dicht. Ich komme durch kryptische Täler und Höhen, deren Namen ich nicht kenne, und mir blinkt nirgendwo ein Gasthof mit seinem einladenden Licht. In der Frühe bin ich losgezogen, querfeldein, dürstend, ohne Vatergepäck, blind für die Namen, 's Wiesenthäle dereinstens erreicht, mir fehlt das Maß an Orientierung. Ich bin gegangen und gefangen mit dem Stecken hölzerner Willkür, und Füchse haben mich gestreift wie Iltisse und buschige Automobile. Der Verstand lässt nach, wenn man den Müll begreift, der an Autohalden liegt, der Schutt der Zivilisationsknechte heutzutags. Ich rede nicht von den Auswüchsen der Tankstellen. Nein. Vielmehr: Becher, Flaschen, Kannen, Nachthäfen und Aborte, ganze Ausstände des Stoffwechsels und Ererbnisse werden endentlagert; es ist nicht das, was ein Aushäusiger geradeaml wegwirft. Ganze Fässer und Latrinen sind generationenweis in den Graben gekippt, die entmisteten Ahnen werden selbst wieder kenntlich, da rutschen jahrhundertealte Müllkippen mitsamt ihren ekeligen Geschichten bis zum Anschlag.

Dann wieder ein namhafter, spruchreifer Ort. Verbürgt von alters her, ehern. Das wirkt schon bedrohlich, so ein Scheinkaff, mit der Ausgestorbenheit der Nachtstätten, der Verrohung der Wartehäuschen, mit den aufgelassenen Bushaltestellen, der zugesperrten Wirtschaft, den blinden Scheiben, den verfallenen Höfen, morschen Kirchlein, im

Zentrum nichts. Ausradiert die Stammtische, die rabiaten Gesangsvereine, ringsum Graffiti, zugenagelte Döner und Reste der Fußballkultur. Kunstrasen. Football. Dann, noch weiter draußen, den gerodeten Reben zu, Wellblechbaracken kilometerweis wuchernden Wohlstands, mit den toten Neubausiedlungsbandwürmern, die in Wiesen und Wald hineinragen. Musterhäuser in Reih und Glied, salutierend, erigierend, dirigierend. Die ich nimmer gesehen hab, niemals, denn wo auch, beständig war ich weggesperrt. Seit anno 1790, 1802 bin ich nichts mehr gewandert, wobei die Wanderung mir stets die Labsal war, und nun find ich die Drecksstätten wieder, eurogeschwängert, verludert im menschlichen Niedergang, keine Sau unterwegs, und jeder Muskel spannt mir in der Dunkelung, denn ich wanke doch von Nest zu Nest und von Friedhof zu Friedhof. Gähungrig. Von wegen Natur. Meist wandele ich über Auen, unbehaust, doch befiedert von den Büschen und Hecken, Weinbau hat es hier nicht. Zumindest bin ich blind dafür. Ich sehe weder Winzer noch Reben.

Angelika Bischoff-Luithlen
Fremdes Blut in schwäbischen Adern

Dass sich auf der Alb infolge ihrer verkehrsfernen Lage eine Art Uralemannentum erhalten habe, ist ein Irrtum, der durch die geschichtlichen Tatsachen längst widerlegt ist. Fast das Gegenteil ist der Fall. Der Dreißigjährige Krieg hat die Alb und ihre Dörfer fast ganz entvölkert; die Schlacht bei Nördlingen 1634 brachte so hohe Verluste für die Württemberger, dass nicht einmal Stalingrad 1943 im Verhältnis damit zu vergleichen ist. Fast 90 Prozent aller waffenfähigen Männer der Albdörfer wurden getötet.

Was übrigblieb, starb vielfach an der Pest; die Reichsstadt Ulm, wohin viele Älbler geflohen waren, verzeichnet im Jahr 1635 15 000 Pesttote; in Böhringen starben von Juni bis September 500 Menschen, in Laichingen etwa 800, andere Flecken hatten ähnliche Verluste. Man konnte die Toten nicht mehr begraben, sie durften auch nicht auf den öffentlichen Friedhöfen bestattet werden; jeder Ort hatte irgendwo draußen am Markungsrand ein Erdloch, wo man diese Toten hineinwarf. Vielleicht kommt ein solches Massengrab einmal wieder zum Vorschein.

Württemberg galt im Ausland als ein geleertes, ausgelöschtes Land. Am schlimmsten war es im Uracher und Münsinger Bezirk. Ein zeitgenössischer Bericht spricht vom »Uracher Ambt und seinen liederlichen, verbrannten Albweilerlein«; man bezweifelte, ob sich dort noch wohnen ließe.

Wie immer in der Geschichte wirkt ein solcher menschenleerer Raum als Vakuum, der andere Menschen anzieht. In den Gebirgsländern, in der Schweiz und in Österreich herrschte damals Bevölkerungsüberschuss; die durch ihre Berge sowieso platzbeschränkten Länder konnten ihre Einwohner nicht mehr ernähren. Zudem herrschten Glaubenskämpfe, die evangelischen oder eigentlich calvinistischen Schweizer hatten kein Bleiben mehr. So begann der große Zug nach Württemberg.

Es waren hauptsächlich Bauern und Handwerker, die sich zu einer Ansiedlung entschlossen; sie wurden auch in ihrem Vorhaben unterstützt, bekamen Religionsfreiheit zugesichert, mussten 15 Jahre lang keinerlei Steuern bezahlen und wurden mit Saatgut und Zuchtvieh unterstützt. Diese Unterstützung konnte Württembergs Staatskasse natürlich nicht leisten, aber der Herzog konnte bei Schweizer Banken große Kreditgelder aufnehmen und damit den Wiederaufbau größtenteils finanzieren; wie beim Marshallplan hat hier ein wohlhabendes Land dem Nachbarn seine Hilfe großzügig zur Verfügung gestellt. Der entvölkerten Alb kamen diese Arbeitskräfte gerade recht. In einer alten Familienbibel lesen wir eine Eintragung darüber. »Vom Flecken stehen noch ein paar Häuslein. Wir Leut leben wie die Tier, essen Rinden und Gras. Kein Mensch kann sich denken, dass vor uns so etwas geschehen sei. Die letzten Tag ziehen fremde Leut zu, sagen aus dem Gebirg. Sprechen eine seltene Sprach. Scheinen mir aber allweg tüchtige Schaffer. Wollen hier bleiben, da sie vertrieben wegen Ketzerei. Wir und einige von den Fremden taten uns heint zusammen, ob wir nicht ein paar zerfallene Häuslein könnten wieder wohnbar machen. Wir müssen jetzt alle beisammen stehen und Hand anlegen, inwendig und auswendig ...«

Nicht in allen Dörfern ist der Zuzug von Fremden gleich zahlreich gewesen, manche bekamen auch Verstärkung von Einwohnern aus den umliegenden Dörfern, die geflohen und wieder zurückgekehrt waren.

Laichingen soll indessen fast ganz von Schweizern wiederaufgebaut worden sein; es blieben allerdings nicht alle

Familien davon ansässig. Suppingen soll hauptsächlich Tiroler und Vorarlberger Zuzug bekommen haben.

Im ehemaligen Gruorn bildeten wieder die Schweizer einen beträchtlichen Anteil der Bevölkerung. Dort gab es sogar eine »Schweizergasse« und ein Gartengebiet, das »Schweizerland« genannt wurde; auch die Mundart soll schweizerisch gefärbt gewesen sein.

Aus Zürich, Bern, Luzern, Sargans, Spiez stammten diese Leute. Sie waren so geschickt in der Landwirtschaft und besonders in der Viehzucht, dass einige Dörfer um vermehrten Zuzug solcher Züricher und Berner baten. Diese wurden dann in den Büchern weitergeführt, sie galten nominell noch immer als Schweizer Bürger; man wollte dort auch, dass sie calvinistisch bleiben sollten, sie gingen aber langsam zum Luthertum über.

Ludwig Finckh
Europäische Wasserscheide

Unter der europäischen Wasserscheide muss man sich ein Hausdach vorstellen, auf dessen einer Seite der Regen zur Donau, auf der anderen zum Rhein herunterfällt. Wenn es eine Dachrinne hat, so gibt es zwei Bäche, einen Rheinbach und einen Donaubach, die wie zwei feindliche Brüder auseinandergehen und auf Umwegen, ein jeder seinem Hauptstrom, zufließen.

Ein solches Hausdach steht zu Genkingen auf der Rauhen Alb, unweit der Nebelhöhle, und deckt ein Wirtshaus. Natürlich sieht man weder etwas vom Rhein noch von der Donau, sondern das Wasser rinnt einfach auf die Straße herunter. Aber die Tatsache bleibt bestehen und man kann sie beweisen.

Davon verstehen die bescheidenen Bauern, die in der hinteren Stube beim Weine sitzen und von Sonne und Regen reden, wenig, obwohl es der Schullehrer ihren Kindern eingebleut hat. Aber für Georg Reiff, den Wirtssohn, war es eine beunruhigende Sache, den Regen nachts an die Scheiben prasseln zu hören und still im Bett zu liegen; er kam sich wie ein Herrgott vor, der über Flüsse zu gebieten und den Regen zu verteilen hat; so töricht ist der Mensch, dass er sich als Verdienst anrechnet, was ein Spiel der Natur oder die Laune eines Baumeisters ihm in den Schoß geworfen hat.

Man begreift, dass Georg Reiff noch nicht sehr alt sein konnte. Er war noch ein halbes Kind und ein ganzer Schelm und stand in dem Alter, da im Hirnkasten jeden Tag ein paar neue Schubladen aufspringen, die gefüllt sein wollen.

Übrigens war sein Vaterhaus schon von außen ein merkwürdiges Haus. Es trug in die Hauswand eingelassen einen großen Spiegel, der immer saubergehalten und von grünem

Weinlaub umrankt war. Wer die Straße heraufkam, konnte die beiden Häuserreihen und die Himmelswolken im Spiegel befragen, ob er einkehren solle oder nicht. Denn das Wirtshaus stand schräg über die Straße, versperrte sie für die Durstigen und ließ eine Gasse offen für die Nüchternen. Und wenn auch die Albbauern einen harten Winter haben und schon früh im Jahr auf großen Schlitten und Wagen ihr Holz in die Stadt herunterführen um kargen Verdienst, so tun sie sich doch nicht ungern auf Dreikönig zu einem guten Trunk zusammen und heizen sich einmal feiertags mit neuem Schnaiter ein.

Aber wenn man achtzehn Sommer gesehen und ein Handwerk gelernt hat, das seinen Mann ernährt, so will man nicht bloß Nestspatz und Wirtssohn sein und am Abend den Gästen den Hausknecht machen. Um es kurz zu sagen: Georg Reiff stach der Hafer. Und nicht ohne Grund.

Gestern nachmittag war die Wirtschaftstür aufgesprungen und herein war ein altes Bäuerlein getrippelt in Kniehosen, Schnallenschuhen, Rock und roter Weste. Das war der Adam Butz aus Holzelfingen, ein sparsamer und knausriger Mann, der ein rarer Wirtshausvogel und an dieser Stelle eine fremdartige Erscheinung war. Hinter ihm aber trat ein großer Mann auf die Schwelle, mit einem Bart bis auf die Brust herunter, breit und hochgewachsen, der den Türrahmen fast ausfüllte. Wie groß er war, das konnte man erst erkennen, als er in der Stube stand und die kräftigen Verhältnisse von Tisch und Bank beengte. Kaspar, der alte Reiff, machte große Augen, denn er wusste mit dem besten Willen nicht, wo er den Fremden hintun sollte. Dessen bäurisch derbes Gesicht war tief gebräunt, und die Augen gingen rasch urteilend und gebietend. Mit der Geistesgegenwart des erfahrenen Gastwirts taxierte er in Bausch und Bogen auf einen Südländer und besann sich auf eine gebührende Anrede, als der Gast den Mund auftat und im schönsten Schwäbisch eine auf der Straße begonnene

Unterhaltung mit seinem Begleiter fortsetzte. Adam Butz aber nötigte den Herrn Vetter unter Komplimenten und vielen Sprüchen an den Wirtstisch und legte ihm vertraulich nahe, einen Schoppen vom Besten springen zu lassen. Es gab ein kurzes Zwiegespräch, denn der Gast mochte dem durchsichtigen Geiz des Vetters nicht Vorschub leisten und schob ihm die Bestellung zurück, bis er ihn in der Drangsal hatte und sich nun vergnügt zu einer Flasche verstand. Während der Wirt geräuschvoll in den Keller eilte und die Staatsflasche füllte, stand sein Sohn hinter dem Holzgitter der Anrichte und durchkostete Augenblicke stiller Bewunderung. Was mochte das für ein dunkler Mann sein aus der Fremde, der den gewandten Vater in Verwirrung setzte und des Holzelfingers Rossmängel durchschaute, ohne ihm groß auf den Zahn zu fühlen; er hätte vor ihm auf den Boden fallen können: Wer bist du, Brauner, Geheimnisvoller? Nimm mich mit dir, ich will so groß und so sonnenbraun werden wie du.

Als der Vater die volle Literflasche mit Gesegne's Gott und Zum Wohl! auf den Tisch hinstellte, konnte er sich nicht länger bezähmen; der Wissensdurst stand mundhoch.

»Jetzt so eine Bärenmütze habe ich auch noch nie gesehen«, begann er vorsichtig. »Mit Verlaub, ich muss dumm fragen: Wo kommen Sie jetzt auch her? Gewiss von weit.«

Der Gast nickte, und der Adam schmunzelte.

»Ich schätz, aus Spanien«, griff Kaspar waghalsig an.

»Oh – von weiter.«

»Aus Griechenland?« holte Kaspar Atem.

»Viel weiter!«

»Aus der Türkei?«

»Noch viel, viel weiter«, lachte der Fremde.

»Dann weiß ich nicht mehr, wohin ich raten soll. Da steht mir der Verstand still.«

»Ich komme aus dem Kaukasus«, hub der Fremde an,

»nicht weit von der persischen Grenze, aus Asien, doch noch von Russland. Aber ich stamme aus Holzelfingen und heiße Christian Rockenstiel; ich bin herausgekommen, um einen Sohn auf die Ackerbauschule zu bringen, und habe da meine Verwandtschaft besucht. Es lebt scheint's nimmer viel Gescheites«, setzte er mit einem Seitenblick hinzu.

So war dann die Geschichte ans Licht gekommen, die den jungen Reiff so heftig erregte.

Vor bald neunzig Jahren, erzählte der Fremde, sei ein sonderbarer frommer Geist im Lande umgestiegen, der die Seelen beflügelte und eine Sehnsucht nach dem tausendjährigen Reich in den Gemütern aufrührte. Man beschloss, zugleich unter dem Druck politischer Ungunst und einer Hungersnot, in Scharen auszuwandern und das Heil zu suchen, und da der Kaiser Alexander von Russland, des Königs Schwager, und eine fromme Russin, die Frau von Krüdener, im Volke mächtig waren, so schienen Richtung und Wegweiser gegeben. Die russische Regierung, die gesundblütige Bauern brauchte, auch wenn sie einen Sparren hatten, bot Land an mit vielen Privilegien als Köder, und nach kurzem Besinnen bissen Heere von schwäbischen Bauern an und zogen mit Kind und Kegel nach Osten; an die sechstausend Mann, wohlgeordnet, in zehn Kolonnen geteilt, rückten sie aus. Grusien, Tiflis, Odessa waren das gelobte Land.

Unterwegs wurden die Geister ernüchtert; die Vögel pfiffen anders, als sie geglaubt, und von Milch und Honig war nichts zu schmecken. Wie aber der Schwabe nie auf halbem Wege stehenbleibt, wenn er sich etwas in den Kopf gesetzt, so schleppten die Landsleute, nachdem sie ihren Traum in Not und Fieber hatten steckenlassen, ihren Karren weiter bis ans Ziel. Im Kaukasus verstreuten sie sich auf vier, fünf Punkte, wo sie Dörfer gründeten und mit Hab und Gut die Heimat vom Wagen herunterholten. Ein Schwarm, fast lauter Reutlinger und Albleute, hatte sich in einem Tal bei Elisabethpol angesiedelt und ihre Gemeinschaft Helenendorf genannt. Die Reutlinger, die zu Hause am Georgenberg und an der Achalm saure Trauben gezogen hatten, fanden ein Klima vor, von dessen Sonne sie gern ein paar Strahlen zur Aufmunterung heimgesandt hätten; hier brannte es den Boden zur Steppe. Mag sein, dass auch einer im Wagenstroh versteckt noch Wurzeln von Trollingern und Silvanern mitgeführt hatte; jedenfalls wurde früh Wein gebaut, der saftig in die Beeren schoss und in den Kämpfen gegen Perser und Tataren seine Pflanzer bei Kräften erhielt; die einheimische wilde Rebe wurde veredelt, künstliche Berieselung verwandelte die Steppe in Gartenland.

Die Älbler hatten ihre Planwagen geflickt und hergerichtet; sie mochten im Gebirgsboden ähnliche Verhältnisse getroffen haben wie auf der Rauhen Alb; mit geringen Veränderungen bauten sie neue Wagen und verkauften sie an Lesgier und Armenier, die sie hoch bezahlten.

In dieser schweren Mühsal mauserten sich die Schwaben. Während der russisch-türkische Krieg um sie tobte, bauten sie sich – soviel war von der Frömmigkeit in ihnen hängengeblieben – unerschrockenen Herzens eine Kirche und wurden nichts als Männer, die sich ihr Stück Erde erobern; die Köpfe waren geputzt, ihre Augen geweitet, die Fäuste nervig; sie vermehrten sich wie die Kielhasen, denn ein Stamm, der sich bewährt hat, hat das Bedürfnis vorzusorgen und sich nicht so leicht wieder vom Fleck bringen zu lassen; Landwirtschaft und Handwerk brachten Wohlstand, sie mussten ihre Grenzen weiter stecken, und nun, da die eingewanderten Väter in der Grube lagen, kam einer heraus in die alte Heimat und brachte seinen Sohn auf die landwirtschaftliche Schule nach Hohenheim.

»Das ist unsere Geschichte, Herr Wirt«, schloss der Kaukasier seinen Bericht, »und wenn Sie sich von den Geschäften zurückgezogen haben – ich sehe, Sie haben einen Sohn –, so reisen Sie zu uns und besuchen Sie mich.« »Ja was – reisen!« sagte der Spiegelwirt unwirsch, und die verhaltene Unternehmungslust stak ihm in den Augen. »Unsereins sitzt auf seinen Hosen fest, und wenn's viel ist, so rutscht er einmal nach Stuttgart, um den König zu sehen, oder ins Neckartal zum Weinkauf. Da könnt' ich meinen Unterländer bei euch holen.«

»Das wär!« dachte Georg Reiff und hielt ganz still. »Das wär der Mühe wert.«

»Aber wie schmeckt Euch unser Schnaiter auf Euern Steppentropfen hin?« fragte der Vater und dachte, einen gehäuften Lobspruch zu ernten.

»Schon«, sagte zurückhaltend der Gast.

»Ist Eurer besser? Ja, räs ist er schon; wir können unser Erdreich nicht anders machen.«

»Unser Wein ist herb und feurig, der Kachetiner, und leicht ist er nicht; man muss ihn gewohnt sein.«

»Dann brennt bei Euch die Sonne billiger; aber wie schmeckt er dann? Wie Ungarwein?«

»Oh – besser!«

»Wie Burgunder?«

»Oh – viel besser!«

»Das ist mir jetzt aber doch ein gespäßiger Wein«, lachte ungläubig der Alte, »der von Reutlinger Trollingern stammt und noch besser schmeckt als der Burgunder; das ist ja ein Teufelsweinle; das muss ich unseren Stadtherren erzählen.«

»Probiert ihn. Ihr werdet's schon glauben.«

(...)

Die europäische Wasserscheide spukte schon lange auf dem Hause und über Georgs Gemüt. Zum Rhein oder zur Donau musste man laufen, wenn man ein Schwab war und sich ein Stück Welt ansehen wollte, das stand fest; aber zu welchem von beiden, das war die große Frage.

Da hatten es die Bäche besser; sie wussten ihren geweisten Weg vom Ursprung bis zur Mündung; ihre Bahn und ihr Bett, und konnten sich nicht verirren; die Wiesatz floss zur Steinlach, die Steinlach in den Neckar, der Neckar ging in den Rhein; das war seine Bestimmung; aber ein lebendiger Mensch mit einem Kopf und zwei Beinen? Und wenn er auf seinen Dachfirst stieg, die Störche fragte und sich nach allen Himmelsrichtungen umsah, er konnte nicht gescheiter werden.

Gabriele Loges
Spitze Dächer

Auf einmal sind sie in Deutschland. Rosa hat lange geschlafen und ist trotzdem müde. Mariza hat eine Freundin gefunden. Die Koffer werden sortiert. Aufbruchstimmung macht sich breit. Sie muss dringend auf die Toilette, aber die sind nicht mehr sauber. Dann lieber warten. »Wann steigen wir aus?«, der Vater kann die Frage sicher beantworten. »In einer Stunde«, so lange kann sie warten. Rosa geht ans Fenster.

Die Landschaft hat sich völlig verändert. Obwohl es Sommer ist, sind die Bäume grün, unzählige Tannen und dann wieder Wiesen mit Blumen und Gras. Sie kann sich nicht sattsehen: »Papa, schau, dieses Grün, es ist ja doch schön hier.« Nur die Dächer sind komisch. In Sizilien sind die Hausdächer flach oder leicht schräg. Hier sind sie dunkelrot und spitz wie Bücher, die aufgeklappt mit dem Rücken nach oben auf den Tisch gestellt worden sind.

Die Reise endet vorerst in einer Stadt namens Tuttlingen. Auf dem Bahnhof ist es windig, fast wie auf dem Schiff. Es riecht anders, unbekannt, nach Maschinenöl und Eisen. Hier müssen alle in verschiedene Züge umsteigen, einige bleiben in diesem Ort, der so schwer auszusprechen ist. Eine lautstarke Verabschiedungsszene, ein Riesenkrake mit tausend Armen, jeder umarmt jeden, ein tausendfaches *ciao* hallt in Rosas Ohren. Ihr wird schwindelig, sie setzt sich auf ihren Koffer. Auf der anderen Straßenseite steht eine große Fabrik, alle Fenster sind beleuchtet, seltsame Geräusche mischen sich mit den Gesprächsfetzen ihrer Landsleute. Am Rand des Bahnhofs stehen einzelne Leute. Ein wenig abseits davon unterhalten sich zwei Mädchen in ihrem Alter, die eine trägt eine Hose wie ein Junge. Am liebsten wäre Rosa aufgestanden und hätte sie begrüßt, hätte gesagt: »Ich bin jetzt auch hier.« Aber sie kann kein Wort Deutsch, außerdem muss sie bei den anderen bleiben.

Noch einmal müssen sie in den Zug steigen, hier darf man sich in vier Sprachen nicht aus dem Fenster lehnen. Zwei Sprachen kennt sie, zwei nicht. Die erste Anweisung ist sicher die deutsche. Rosa liest ihren ersten Satz auf Deutsch vor. »Habe ich es richtig ausgesprochen?« Die Frage an den Vater, an die Tante, den Onkel. Alle zucken mit den Schultern. Sie leben zum Teil schon seit Jahren in Deutschland, aber sie kennen die Sprache nicht. Das kann doch nicht sein. »Ich finde, es hat sich sehr gut angehört«, Onkel Roberto versucht, Rosa aufzumuntern: »Du lernst deutsch, und nachher bringst du es uns bei.«

In S., der Name ist wieder ein Zungenbrecher, trennen sich ihre Wege.

Der Vater wird in einem anderen Dorf wohnen – dort gibt es keine Arbeit für Rosa und ihre Mutter – aber er will Frau und Kinder zuerst in das Dorf bringen, wo sie leben werden. Sie fahren mit dem Taxi. Der Vater geht erst am nächsten Abend zu Fuß in das andere Dorf. Die Arbeiter sind dort in Wohnungen, die der Firma gehören, untergebracht.

Rosa, Mariza und ihre Mutter können bei der Großmutter einziehen. Dort leben auch schon die jüngeren Brüder der Mutter mit ihren Frauen. Es ist eng. Das Haus gehört dem Chef der Großmutter, es hat auch dieses seltsame spitze Dach.

Die Mutter und die Großmutter schlafen am nächsten Morgen lange, Rosa ist zu aufgeregt, sie geht mit Mariza durch das Dorf. Sie lächeln den anderen Kindern zu. Einige rennen weg, andere winken zurück. Am Abend gibt es ein großes Festmahl. Die Mutter, Großmutter, die Tanten, alle haben geholfen, alle reden durcheinander, alle freuen sich. Während des Essens sind sie wieder in Sizilien. Am nächsten Morgen wird die Großmutter ihren Chef fragen, ob er für die Mutter und für Rosa Arbeit habe.

Der Chef hat Arbeit, mehr als genug. »Wie alt bist du?« Rosa versteht nicht, was er sagt, sie weiß nicht, was sie antworten soll. Der Chef ist groß, Rosa streckt sich, aber es nützt kaum etwas. Antonietta, eine entfernte Verwandte, die schon länger in der Fabrik arbeitet, übersetzt. Die Mutter bekommt eine Arbeit zugewiesen. Rosa darf zur Probe anfangen, jetzt gleich.

Rosas Maschine ist ein Monstrum. Sie braucht einen Hocker, um an die Hebel zu kommen. Antonietta erklärt alles: »Arbeite am Anfang lieber langsam, es darf nichts kaputtgehen, die Fäden sind teuer, es ist nicht schwierig, aber man braucht Geduld.« Rosa passt genau auf. Diese Spule da, der Faden dort, den einen Hebel zuerst, dann den anderen. Tausend Nadeln greifen nach dem Garn – ein gefräßiges Krokodil. Hinten kommt die fertige Spitze heraus, es ist ein Wunder. Rosa kühlt die Hitze in ihrem Gesicht mit den Händen. Der Chef stellt sie ein.

Antonietta geht am Nachmittag mit der Mutter ins Rathaus. Mariza darf noch nicht in die Schule, sie muss zuerst ein Jahr in den Kindergarten, um die Sprache zu lernen. Ihr macht es nichts aus. Sie hat sich noch nie auf die Schule gefreut. Mariza lernt im Kindergarten schnell Deutsch. Zu Hause spricht sie Italienisch. Aber wenn sie abends mit Rosa zusammen ist, übt sie mit ihr die fremde Sprache. Rosa lernt fleißig, aber es ist schwer. Sie würde die Sprache gerne mit der Schrift lernen, so wie sie Französisch gelernt hat, aber Mariza kann noch nicht schreiben. Die Arbeit in der Spitzen-Fabrik geht ihr im Lauf der Zeit leichter von der Hand. In den ersten Wochen träumt sie nachts davon, immer wieder führt sie einen abgerissenen Faden durch ein Nadelöhr. Bald darf sie schon ein komplizierteres Muster überwachen. Die Schultern und Arme sind die Arbeit nicht gewohnt, sie tun weh. Auch ihre Waden spannen, weil sie oft auf Zehenspitzen stehen muss. Das Sprechen ist kein Problem, es arbeiten viele Italienerinnen in der Fabrik. Mit den deutschen Frauen kommen sie kaum zusammen. Jede Gruppe bleibt unter sich. Rosa würde gerne ihre Deutsch-Kenntnisse ausprobieren. Sie wagt es nicht. Die deutschen Mädchen und Frauen sprechen sie nicht an. Manche drehen sich zur Seite, wenn Rosa sie anschaut.

Alle arbeiten im Schichtbetrieb, in der einen Woche von morgens bis mittags, in der anderen von mittags bis abends. Die Morgenschicht ist einfacher, es gibt weniger Ausschuss. Dann kann Rosa am Nachmittag lesen üben. Sie liest alles, was ihr in die Hände kommt. Die Tochter des Bäckers hilft ihr manchmal.

Ende September müssen die Fabrikarbeiterinnen zu einer Lungen-Untersuchung in die Kreisstadt. Rosas Lunge ist in Ordnung, aber sie darf trotzdem nicht mehr arbeiten. Der Chef sagt, es täte ihm leid. In Deutschland gebe es eine Verordnung, nach welcher Jugendliche erst ab vierzehn Jahren angestellt werden dürfen. Er müsse sonst eine Strafe bezahlen. An ihrem vierzehnten Geburtstag soll sie wieder anfangen. Auf einmal hat Rosa Zeit, drei Monate ohne Arbeit. Wenn ihre Freundin Franca jetzt hier wäre.

Sie schreibt. Auch einen langen Brief an Francesco. Zu ihren ersten Briefen, in welchen sie begeistert von ihrer Arbeit, dem Dorf mit den seltsamen Dächern, der blank geputzten Kirche, den sauberen Straßen erzählte, hat er nichts geschrieben. Er hat von Sizilien erzählt, Nicosia sei der schönste Ort der Welt. Als ob sie das nicht wüsste. Aber hier gibt es auch Neues zu entdecken. Es gibt gegrillte Hähnchen, die herrlich schmecken, überhaupt essen sie jetzt viel öfter Fleisch als früher. Und ein richtiges Modehaus gibt es, in dem ihre Mutter für sie das hübscheste Kleid auf Erden gekauft hat. Wenn sie sich das nächste Mal treffen, wird sie es für ihn anziehen. (…)

Anfang Dezember hat es zum ersten Mal geschneit. Das Dorf trägt eine weiße Haube. Rosa weiß endlich, warum die Dächer so spitz sind. Der Schnee würde die Häuser erdrücken. Der Vater repariert seinen Töchtern einen weggeworfenen Schlitten, es ist herrlich mit Mariza den Hang hinunterzusausen.

Kurz vor Weihnachten schreibt Francesco. Francas Adresse steht wie immer als Absender hinten auf dem Brief. Sie hatten es so vereinbart, die Mutter von Rosa sollte nicht unnötig beunruhigt werden. Er schreibt, er hätte sehr viel zu tun. Im Sommer würden sie sich ja wieder sehen. Rosa legt den Brief zu den anderen in die unterste Schublade.

Am Abend vor Weihnachten gehen alle um Mitternacht in die Kirche. Weihnachten wird in Deutschland anders gefeiert, aber auch schön. Alle sind festlich gekleidet. Jeder grüßt auf einmal jeden. Die Augen der Dorfbewohner glänzen. Ein bisschen wie in Italien. Am nächsten Morgen hat es wieder geschneit, diesmal ist die Straße so dick mit Schnee belegt, dass kein Auto fährt. So weiß, so sauber soll es bleiben. Rosa ist glücklich, obwohl sie bald vierzehn wird, kugelt sie sich von ganz oben den langen Hang hinunter. Die Eltern sehen sie nicht.

Anfang Januar, am Morgen ihres vierzehnten Geburtstages, geht sie zur Frühschicht in die Fabrik. Der Chef ist da. Er kommt ihr entgegen: »Ich gratuliere dir zum Geburtstag und freue mich, dass du wieder arbeiten kannst.« Rosa kann es kaum glauben, vor vier Monaten sprach er nur in einer außerirdischen Sprache, jetzt kann sie ihn verstehen und sich in seiner Sprache bedanken. In der Pause wird sie gleich mit den deutschen Mädchen reden. Sie kann es kaum erwarten, dann ist es zehn Uhr: »Allo, i abe gute Deutsch gelernt.« Sie lachen. Wieder diese Tränen, die von alleine kommen. Rosa dreht sich weg, das Schiff und die Madonna fallen ihr plötzlich ein. Marianne, die Vorarbeiterin, legt den Arm um sie: »Sie meinen es nicht so. Sie können kein Wort Italienisch. Und du sprichst nach so kurzer Zeit schon eine fremde Sprache. Das sollen sie dir erst einmal nachmachen.«

Nach den Tränen kommt die Wut, ganz langsam, sie lässt Rosa wachsen, sie wird es ihnen zeigen, sie wird üben und lernen, sie wird viel ordentlicher sein als alle Deutschen zusammen, sie wird alles besser machen als sie. Die Wut bringt ungewollte Kräfte mit sich, der Faden ist schon dreimal gerissen – das Krokodil schnappt zu. Die Spitze kommt in den Ausschuss. Am Abend fragt sie Marianne, ob sie die verunglückte Spitze mit nach Hause nehmen darf.

In der Fabrik strengt Rosa sich an. Sie ist zu allen nett, selbst zu der muffigen Almut, sie beißt sich auf die Zunge, wenn die anderen sie aufs Glatteis führen. Erst wenn sie lachen, weiß Rosa, dass sie irgendetwas falsch gesagt hat. Einen Monat später wird eine Neue eingestellt, eine Deutsche, sie wird zwei Tage lang von allen misstrauisch beäugt und dann ohne weiteres in die Gruppe aufgenommen. Ella war mit ihren Eltern schon einmal in Italien. In Rimini. Rosa kennt Rimini nicht, aber es klingt vertraut. Ella erzählt, und alle hören zu: »Die italienischen Männer – ein Traum, sage ich!« Ella verdreht die Augen wie Sophia Loren. Ella akzeptiert Rosa und die anderen ziehen mit. Endlich darf sie es sagen: »Italien ist schön.«

Hermann Kurz
Die beiden Tubus

Es war ein wunderschöner Aprilmorgen.
Kein Wölkchen ließ sich am ultramarinblauen Himmel blicken. Ein leichter frischer Morgenwind hauchte zephirisch am Gebirge hin, und die erwachende Natur dehnte gleichsam alle Glieder aus, um neubelebt und gestärkt an ihr Tagwerk zu gehen.

Die beneidenswerte Mission, diese heitere Stimmung in einem Morgenliede auszusprechen, war auf dem Schauplatze, den wir nun sogleich eröffnen werden, einem kleinen Naturdichter zugefallen, nämlich einer frühen Lerche, die sich aus der Ebene einige tausend Fuß hoch eigens zu der Bergplatte in der Region des Steingerölls heraufbemüht hatte, um dem Pfarrer von A...berg eine musikalische Matinee zu geben.

Dieser jedoch, obwohl die freundlichste Menschenseele von der Welt, hatte diesmal für seinen Lieblingssänger, seinen Haus- und Hoflyriker, kein Ohr. Und doch stand er am Fenster, und die arme Lerche, das genus irritabile vatum repräsentierend, schrie ihm in ihrem durch Empfindlichkeit gesteigerten Eifer beide Ohren so voll, dass er hätte taub werden sollen. Allein dieses war er bereits, nicht im buchstäblichen Sinn des Wortes, sondern im uneigentlichen. Er gab sich nämlich, gleichfalls in großem Eifer, einer Beschäftigung hin, die ihn ganz Auge sein ließ, so dass er vor lauter Sehen gar nicht zum Hören kam.

Die Beschäftigung des Pfarrers von A...berg war die gewohnte, wir möchten sagen obligate, der er seit zwanzig Jahren jeden Morgen oblag. Er sah nämlich spazieren, indem er einen langen Tubus vor das Auge hielt und über die Ferne hin und her bewegte. Derselbe war weder ein Dollond noch ein Frauenhofer, sondern ein selbstverfertigtes Rohr aus steifem Papier, worin er die teleskopischen Gläser nach freundschaftlicher Anleitung des berühmten Mechanikus Butzengeiger in T..., der sein Vetter war, eingesetzt hatte. Dieses Sparfernrohr bildete neben seinem Sohne Wilhelm, von dessen Entwicklung er sich Wunderdinge versprach, seinen größten Stolz und, wie schon gesagt, seine tägliche Morgenergötzlichkeit. Es trug wohl zwanzig Stunden weit und ließ in der Landschaft die wellenförmigen Hügelreihen, die dichtgesäeten Dörfer mit den blinkenden Kirchentürmen, in den Bergen aber, die sich links und rechts in langer Front an den hohen Standpunkt unseres Beobachters anschlossen, die verstecktesten Taleinschnitte, die abgelegensten Felsenzacken und die verborgensten Ruinen sehr deutlich vor das Auge treten.

Um das Bild, das wir dem Leser aufgerollt haben, flüchtig zu ergänzen, fügen wir nur noch bei, dass das Gebirgsdörfchen, dessen Pfarrer wir mit dem Tubus in den Händen am Fenster erblicken, ebenso reich an landschaftlichen Schönheiten als arm an den materiellen Erfordernissen des Lebens ist. Beide Ausstattungen ergeben sich jedoch nach ihren verschiedenen Seiten hin aus der bereits angedeuteten Lage dieses ländlichen Hochsitzes von selbst, daher wir auf ihre umständlichere Ausmalung verzichten zu können glauben. Doch wird der wasserkarge Ziehbrunnen unter dem Fenster festzuhalten sein, benebst dem bäuerlichen Liebespaare, das, im Schöpfen begriffen, unter höhnisch verneinendem Wortwechsel eine rauhe Werbung und ein noch abstoßender eingekleidetes Ja verhandelt. Zwar bedürfen wir des Brunnens in der Folge nicht weiter, und »Bub« und »Mädle« sind uns noch überflüssiger, weil der kleine Roman, den wir hier beginnen, ausschließlich in den »besseren Klassen« spielt; wir wissen aber, was wir einem gebildeten Publikum der Gegenwart schuldig sind, und haben es daher nur um so mehr für unsere Pflicht erachtet, wenigstens den Anfang unseres Gemäldes mit eigenen volkstümlichen Pinselstrichen abzurunden.

Was jedoch das bewegte Auge des Pfarrers von A...berg so gänzlich gefangen nahm und ihn selbst gleichsam zur Statue entgeisterte, war nicht der längst gewohnte Anblick der Morgenlandschaft, obwohl er sich demselben stets mit Liebe hinzugeben pflegte. Es war etwas Neues, Überraschendes und, wie wir wohl vorausschicken mögen, eine verhängnisvolle Epoche in seinem Leben heraufzuführen Bestimmtes.

Während er nämlich von Morgen gegen Abend gerichtet zwischen den am Fuße des Gebirges nach dem unteren Lande hinziehenden Hügeln, die schon vom jungen Grün des Lenzes überflogen glänzten, ein sonderbar schiefes Türmchen aufsuchte, nach welchem er jeden Morgen teilnehmend sah, ob es noch nicht eingefallen sei, trat eine Erscheinung in sein Sehfeld, die ihn beinahe erschreckt hätte, bald aber mit einer fast närrischen Freude erfüllte.

Er hatte bei seinen bisherigen Beobachtungen ein kleines Haus übersehen, dessen Oberteil in einiger Entfernung von dem wehmütig geneigten Türmchen über eine von Bäumen halb versteckte Mauer hervorragte. Erst heute machte er dessen Entdeckung. Aber eine noch größere war ihm vorbehalten: er entdeckte nämlich am Fenster des Häuschens einen Mann, der genau wie er selbst ein Fernrohr handhabte und, so schien es ihm wenigstens, gerade jetzt seine eigene Person rekognoszierte. Er glaubte in einen entfernten Spiegel zu blicken oder gar einen Doppelgänger wahrzunehmen. Bei näherer Untersuchung jedoch fand er, dass dieses »zweite Gesicht«, das ihm aufgestoßen, in Wirklichkeit ein zweites war, das heißt ein anderes. Wenn ihn nämlich sein Butzengeiger, wie er das Instrument zu nennen pflegte, nicht trog, so erkannte er ziemlich deutlich eine schwärzliche Komplexion und einen eckigen Knochenbau mit harten düsteren Zügen, während er selbst blond und glatt wie Hamlet, dabei aber freundlich und gemütlich wie der liebe Vollmond aussah.

Kein Zweifel, das Wunder löste sich in Natur, der Doppelgänger sich in einen Kunst- oder vielmehr Liebhabereigenossen auf. Und dennoch blieb es wunderbar, dass diese verwandten Seelen, wer weiß nach wie langem unbewussten Umhersuchen, sich in so seltener, vielleicht noch nie dagewesener Weise begegnen und eine optische Schäferstunde feiern sollten! Indessen verschob der Pfarrer von A…berg das Nachdenken auf eine gelegenere Minute, da es ihm für den Augenblick vor allem darum zu tun sein musste, die so unerwartet gefundene teleskopische Freundschaft hand- oder, wenn man will, augenfest zu machen und sich ihrer dauernd zu versichern. Er holte daher, den schwerfälligen Tubus für eine Weile einhändig regierend und vor Mühe keuchend, sein Taschentuch aus dem Schlafrock hervor und schwenkte es wiederholt, wobei es ihm nicht wenig Schweiß kostete, den Gegenstand seiner Beobachtung vor dem Glase zu behalten oder, wenn er ihn von Zeit zu Zeit verlor, schnell wieder vor dasselbe zurückzuführen.

Doch aller seiner Bemühungen schien ein neidisches Geschick spotten zu wollen, der Unbekannte gab kein Zeichen der Erkennung, obgleich in seiner Stellung und der Richtung seines Fernrohrs keine Veränderung sichtbar geworden war. Sein Entdecker kniete auf den Boden, legte die angeschlagene Augenwaffe auf das Fenstergesims und begann das Taschentuch mit Macht zu schwingen; da er aber bedachte, dass durch dieses Verfahren gerade das breiteste Objekt des Gesehenwerdenkönnens, nämlich sein wohlgerundetes Selbst, dem Bereiche einer gegenseitigen Wiederentdeckung entrückt sei, so band er mit ebensoviel Kunst als Anstrengung die Signalflagge um den unausgesetzt in Arbeit begriffenen Tubus fest, ließ das freie Ende flattern und nahm seinen früheren Standpunkt in dem Fenster, das er vollkommen ausfüllte, wieder ein.

Das Fernrohr jetzt mit beiden Händen, wie vorher, zu bequemeren Evolutionen beherrschend, schüttelte er es von Zeit zu Zeit, um die daran befestigte Flagge tanzen zu lassen. Allein dies war gleichfalls ein missliches Manöver, worin er jeden Augenblick innehalten musste, um den durch Schwankungen gestörten Gesichtswinkel herzustellen, ehe die in demselben befindliche Erscheinung unwiederbringlich verschwinden konnte. Da kam ihm endlich der steifer werdende Morgenwind zu Hilfe und blähte das Taschentuch auf, so dass es lustig zu wehen und ordentlich zu rauschen begann. Der Pfarrer beugte sich jetzt mit dem beflaggten Tubus weit aus dem Fenster, um sich so bemerklich als möglich zu machen, und suchte seinen Doppelgänger gleichfalls im Geist auf die Nase zu stoßen, die, weil dessen Sehrohr in die Höhe gerichtet war, ganz merklich unter demselben zum Vorschein kam.

Vergebens jedoch! Der andere rührte sich nicht, und er hielt ihn nachgerade für einen Gliedermann, den irgendein Spaßvogel aus unbekannter Absicht dort ans Fenster gestellt habe. Etwa gar um ihn selbst und seine unschuldige Liebhaberei, die man dort bemerkt haben mochte, zu parodieren? Dieser Gedanke, der nahezu an eine Regung von bösem Gewissen hinstreifte, fuhr unserem Beobachter einen Augenblick durch den Kopf; aber der Gedanke war zu wenig wahrscheinlich und der Pfarrer zu gutmütig, als dass er bei ihm verweilt hätte. Auch unterbrach ihn ein plötzlicher Szenenwechsel auf dem Schauplatze seiner Forschungen; der Doppelgänger setzte sein Fernrohr ab, zog sich zurück, und gleich darauf war das Fenster geschlossen. Er war also kein Gliedermann gewesen. Dafür war er aber jetzt weg, vielleicht auf Nimmerwiedersehen und der Pfarrer von A...berg hatte Zeit und Mühe umsonst verschwendet. (…)

Will man sich hier im Vorübergehen einen allgemeinen Begriff von den Zuständen des Pfarrhauses in A...berg bilden, so versetze man sich einfach in die Geschichte des Landpredigers von Wakefield, nur dass man sich allerlei wegzudenken hat, zum Beispiel die beiden Mädchen mit ihren Liebhabern, den pedantischen Nestkegel, sowie auch den wackeren musikalischen Vagabunden nebst seiner musterhaften Liebe, vor allem aber den theologischen Traktat. Von Arbeiten letzterer Art war unser Pfarrer nun ganz und gar kein Freund, und schon bei der Wahl seiner mageren Pfarrstelle hatte ihn neben dem Wunsche, die Erkorene seines Herzens schnell heiraten zu können, der weitere Lebensplan bestimmt, auf dem ersten besten Anfangsdienste das Ziel seiner Tage heranzusitzen und jedem Beförderungsanspruch zu entsagen, der ihn nur genötigt haben würde, seine dogmatischen Bücher abzustäuben und sich als alter Knabe noch einmal zum Examen zu melden.

Dieser Lebensplan beruhte auf der breiten Grundlage eines ganz stattlichen Vermögens, das beide Eheleute zusammengebracht hatten, und das ihnen ihr Gericht Kraut nicht bloß mit Liebe, sondern mit jedem beliebigen Genuss des Lebens zu würzen gestattete. Und zu all dem Behagen kam noch, dass der gefürchtete Ökonomiebeamte des Bezirks, der Kameralverwalter, der die Aufsicht über die öffentlichen Gebäude zu führen hatte, mit dem Pfarrer im dritten und mit der Pfarrerin sogar im zweiten Grade verwandt war, welches Verhältnis die angenehme Folge hatte, dass das Pfarrhaus von A...berg nicht nur unter den Pfarrhäusern des Landes als eines der schönsten gepriesen wurde, sondern auch mit Recht ein allerliebstes Häuschen hieß, in der dürftigsten Umgebung der artigste und komfortabelste Felsensitz für ein wohlhäbiges Paar, das Hände genug zur Verfügung hatte, um sich die Nützlichkeiten und Süßigkeiten einer wohlbestellten Haushaltung von allen Seiten die schroffen Bergwege herauftragen zu lassen.

August Lämmle
Der Amtsschreiber von Blaubeuren und sein Star

Wenn Grobheit ein Zeichen von Aufrichtigkeit ist, so war der Amtsschreiber von Blaubeuren einer der ehrlichsten Männer im Herzogtum Wirtemberg. Und er konnte es in dieser löblichen Tugend mit jeder bockslendernen Hose aufnehmen, die auf der steinigen Alb herumlief, aber nicht mit seinem Herrn, dem Herzog Karl.

Es war aber die Grobheit von alters her und auch später gewissermaßen in der sparsamen Verwaltung des Landes verordnet und allgemeiner Dienstgebrauch geworden, indem sie dazu angetan war, bei dem ganz respektlosen schwäbischen Bauern- und Bürgervolke auch gegenüber dem schlechtestbesoldeten Beamtentum a priori jene Untertänigkeit zu bewirken, ohne welche eine geregelte und vor allem rasche Amtshandlung nicht denkbar gewesen wäre.

Was ist die Macht, wenn man sie nicht braucht? Es ist, als hätt' man sie nicht! Und wie soll man die Albbauern regieren, die so harmlos tun und so hintergründig sind? Wie will einer diese Köpfe zwingen? Der Amtsschreiber hatte die Gewohnheit angenommen, sie bei den Gerichtstagen vier oder fünf Stunden warten zu lassen, namentlich im Heuet und in der Ernte, und sie zu demütigen mit höhnischen Reden.

Hat aber ein Amtsschreiber Gewohnheiten, so hat sie ein Herzog erst recht. Es war aber darin ein Unterschied: hatte jener seinen Spaß mit den Bauern, so hat dieser seinen Spaß mit den Amtsschreibern.

Berg und Tal kommen nicht zusammen, aber die Leut'. Der Herzog besah einmal sein Land, und an einem Tag, da die Morgensonne gar wundersame Sprünge machte, kam er nach einem scharfen Frühritt von Urach her nach Blaubeuren, sah die Gruppe wartender Bauern und stellte sich unerkannt mitten unter sie.

Es wurde an diesem Morgen zu Blaubeuren ein grobes Tuch gewoben und gleich gewalkt! Darauf gab der Amtsschreiber ein feierliches Gelöbnis von sich, künftig die Bauern ohne Verzug vorzulassen und mit ihren Anliegen schnellstens zu absolvieren.

Nun war aber der Amtsschreiber in des Dienstes Gewohnheit grau geworden, und es war ihm seither gelungen, die Amtsführung in den von ihm gesteckten Grenzen zu halten: wenn die Bauern aufs Amt kamen und, mit der Kappe in der Hand, schüchtern an die Amtsstubentür klopften, so pflegte sie der Gefürchtete mit den Worten zu empfangen: »Was will der Bauer?! Häberle! Häberle!« – so hieß der Amtswaibel – »Häberle, sperr Er den Sakermenter ins Loch!«

Das musste nun aufhören. Und er sah schon in Gedanken ganze Geschwader von Bauern die Albsteigen herabfahren, von Asch, von Berghülen, von Seißen, von Suppingen und Wenenden und aus allen Höfen, und ihm mit Steuerbeschwerden, Fronklagen, Wildschaden, Pfarr- und Dorfschultheißenhändeln, Gesuchen um Befreiung von konskribierten Söhnen Molesten über Molesten machen, wenn einmal bekannt sei, dass ihn der Herzog habe unter Kuratel gestellt!

Aber es ist immer etwas, was den Himmel hebt, sonst wäre er längst eingefallen.

Der Amtsschreiber hatte seit einiger Zeit einen jungen Staren, den ihm ein Bekannter aus dem Unterland geschenkt hatte. Die Staren kannte man damals in Blaubeuren und auf der Alb noch nicht; fast hundert Jahr stand es noch an, bis diese Vögel auch auf den rauheren Bergen, wo der Frühling später und der Spätling früher kommt als im Unterland, nisteten.

Der Vogel war auf der Reise verunglückt und flügellahm, und er durfte drum frei in der Amtstube umherhupfen. Der »Jakob« war ein drolliger Kerl und ganz ohne Scheu. Er setzte sich auf das Tintenfass, fuhr mit dem Schnabel in die Tinte und verspritzte und verkritzelte Bücher und Bogen, so dass die Schreiber die Arbeit, zum Ergötzen des Amtsschreibers noch einmal machen mussten. Oder er ahmte naturgetreu das Kratzen der Schreibfedern und das Knarren der Türen nach oder das trockene Hüsteln des alten Häberle.

Wiederholt war der Star auch Zeuge gewesen, wie sein Herr einen Bauern abgefertigt hatte. Und nicht lange stand es an, so sprach der Vogel auch die Worte: »Was will der Bauer? Häberle! Häberle! Sperr Er den Sakermenter ins Loch!!« Und er traf Stimme und Tonfall so täuschend, dass eines Tages, als in Abwesenheit des Amtsschreibers der Nagelschmied von Asch auf die Amtsstube kam und der Vogel, der auf seines Herrn Stuhl saß, seinen Spruch losließ, der Nagelschmied vor Schreck auf und davon lief. Als er aber dann auf der Sonderbucher Staige dem Amtsschreiber in menschlicher Gestalt begegnete, ging er ihm in weitem Bogen aus dem Weg, und aus Erzählen und Weitererzählen entstanden richtige Zaubergeschichten!

Dem Jakob war der gebrochene Flügel wieder geheilt. Und als einmal im Maien die Sonne so warm und verlockend in die Stube hereinschien und draußen die Vogelkameraden ihre Frühlingsfreude in allerlei lustiger Pfeiferei und eifrigem Gezwitscher und Gerätsch hinausduderten, da probierte es der kluge Jakob: er stelzte durchs offene Fenster auf den Simsen, huppdich! hupfte er von da auf einen kecken Ast vom Geißhirtlesbirnbaum, wetzte den Schnabel an den schwellenden Zweigen, stellte den Schwanz, regte die Schwingen und flatterte auf und davon – vom Baum aufs Nachbarhaus, von da auf die Klosterkirche und dann in seiner Sehnsucht nach

Wolken und Lüften in kühnem Flug davon über Stadt und Bleiche, Wiesen und Bach hinaus in die Welt, bis er müde von der Reise und mit zitterndem Vogelherz auf einem Strohdach in Gerhausen landete.

Da saß er nun auf dem moosigen Polster und sah verwundert hinunter in das Treiben der Dorfstraße, wo die Kinder in frohem Ringelreihen in ihrer Art das Kommen des Frühlings feierten.

Das Haus war einem Schuster, der nicht gern beim Leisten blieb. Er hatte im Garten seinen Schusterstuhl aufgeschlagen, der Frühling hatte ihn herausgelockt.

Sogleich fiel ihm der fremde Vogel in die Augen. Es ließ ihm keine Ruhe, er legte Ahle und Knieriemen beiseite, holte die Leiter vom Nachbarhof, legte sie an das Strohdach und kletterte hinauf, erst auf der Leiter, dann auf dem Dach, von hinten und sacht, um den Vogel zu fangen. Kinder und Alte, die vorübergingen, blieben stehen und sahen dem Vogelfang zu.

Der Jakob saß ruhig, drehte den Kopf bald rechts, bald links und ließ den Schuster herankommen. Als dieser aber die Hand ausstreckte, den Vogel zu schnappen, da wandte der den Kopf herum und schnarrte den Schuster an: »Was will der Bauer? Häberle! Häberle! Sperr Er den Sakermenter ins Loch!!«

Der Schuster fiel vor Schrecken schier vom Dach! So schnell er konnte zog er sich in respektvolle Entfernung zurück und sagte erschrocken: »Verzeihung Euer Gnaden Herr Amtsschreiber, ich hab Euch nicht erkannt!«

Den klugen Jakob hat auf seiner ferneren Reise in die Welt die Katz geholt, die in ihrer grässlichen Respektlosigkeit den Staren-Amtsschreiber fraß wie ein gewöhnliches Stück Fleisch.

Im Blaubeurer Amt aber wusste es nun jedermann, der Amtsschreiber sei ein Hexenmeister, der sich in einen schwarzen Vogel verwandeln könne. Mied das Volk vorher seine Amtsstube wegen seiner Grobheit, so tat sie es jetzt aus abergläubischer Scheu, und der Gestrenge hatte gute Tage trotz des herzoglichen Dekrets.

Josef Weinberg
Wassernot

Während der Einführungsworte des Schultheißen war der Baurat aufgestanden, hatte seinen eckigen Bart zurechtgestrichen und präsentierte nun seine markante Person den Zuhörern. Zunächst rief er den Anwesenden in kurzen Sätzen, von denen jeder traf, die Schattenseiten der jetzigen Wassernot ins Gedächtnis. Dann fuhr er fort:

»*Jahrelang habe ich und mit mir die Königliche Regierung nachgesonnen, dieser Not in vielen Gemeinden ein Ende zu machen.*« (…)

»*Es musste also heuer bereits mehr als das Vierfache aufgewendet werden, um für zwei Monate Wasser zu bekommen. Bleiben zehn Monate des Jahres übrig! Was ist in den zehn Monaten? Da gibt's für das Vieh den Hülendreck, einmal widerlich warm, dass es nicht zum Durstlöschen taugt, das andere Mal muss man's unter dem Eis herausholen, dass es die Kutteln zerschneidet. Immer aber stinkt's, dass man wirklich nicht weiß, ist das Wasser, wie man's großspurig nennt, schon einmal gesoffen gewesen oder nicht. Oder hat das Vieh am Ende aus der Mistlache gesoffen?!*«

Da und dort flackerte kurzes Gelächter auf. Der Baurat schmunzelte. Der Kramerbeni meinte, das Lachen beziehe sich auf seine schweißtreibende Rechenarbeit und knurrte.

»*Und das Wasser aus den Brunnen schaut aus, als käme es aus dem Kaffeehafen. Wenn man sich damit wäscht, dann ist man am End dreckiger, als man vorher war. Und wenn ein Handwerksmann, als ein Sattler oder Gerber oder Schuster oder Maler Wasser braucht, dann muss er's sündteuer kaufen und das verteuert wieder die Arbeit, die trotzdem schlechter wird als anderwärts. Ist's nicht so?*«

Viel gebadet wurde nicht auf der Alb. Aber jeder Handwerker kannte die Wassernot zweimal: Einmal vom Haushalten her und zum andern aus seiner Arbeit. In der Ecke am Burschentisch fühlte sich einer also begeistert; dass er zu singen anhub:

»*Droben auf der rauhen Alb – Wie machen's da die Sattler all? – Will der Mann das Leder weichen – muss das Weib in Kübel s ... –*«

Der Reim ging im brüllenden Gelächter unter. Es war eines der vielen Trutzliedlein, die man im Unterland den Älblern sang.

»*In diesen zehn Monaten also gibt's ein Wasser, das kein richtiges Wasser ist. So, und jetzt schauen wir uns die Sache im ganzen an: Derzeit kostet die Wasserversorgung mehr als das Vierfache von dem, was sie kosten wird, wenn das Werk gebaut ist.*«

Richard Weitbrecht
Bohlinger Leute

Kurz vor Ostern kam ein Brief ihres Vaters: die Mutter sei seit einiger Zeit nicht wohl und schon acht Tage bettlägerig; Christine solle heimkommen über die Feiertage, an dem und dem Tag soll sie aufbrechen. Sogar die Stunde war angegeben; ebenso der Tag ihrer Ankunft in Bohlingen. Bis Notzingen könne sie allein gehen; von dort ab werde sie Christoph Keller bis übers Filstal hinaus begleiten, vielleicht auch weiter. Ob sie wieder fortgehe oder ganz dableibe, das hänge von allerlei Umständen ab.

Gehorsam dem väterlichen Befehl machte sich denn Christine an einem prächtigen Frühlingsmorgen in aller Frühe auf und wanderte das Neidlinger Tal hinunter, das in voller Blütenpracht stand. Vor dem Zehnuhrvesper war sie im Kellerschen Hause in Notzingen, wo sie Christoph schon reisefertig traf. Nach einem Imbiss und herzlichem Abschied von den Geschwistern zogen sie miteinander ab. Christoph nahm ihr trotz ihrer Weigerung ihr Bündel ab, aber erst, wie das Dorf hinter ihnen lag. Man hätte ja sonst etwas denken können.

Als sie auf die Höhe über Notzingen an die Stelle kamen, wo Christine zum erstenmal die Alb gesehen hatte, blieb sie stehen und wandte sich um. Noch viel schöner als damals im Nebel lag die Alb da. Vor ihnen eine frühlingsgrüne, schöngeformte Mulde, durch die sich das Dorf mit seinem dicken achteckigen Kirchenturm hinstreckte. Und überall, links und rechts vom Dorf, die weißschimmernde Blütenpracht zwischen dem frischen Grün der Bäume. Über der Mulde aber, lang hingezogen, ein Waldstreifen im ersten lichten Frühlingsgrün; dahinter etwas höher fast gleichlaufend ein schön blau schimmernder Höhenrücken, und über dem im hellen Blau der Ferne die Teck und ihre Gesellen. Wolkenschatten und Sonnenstreifen liefen in raschem Wechsel über die Berge und drangen in die Täler, und bald leuchtete diese, bald jene Höhe auf: alles Starre war aufgelöst in Bewegung, und doch war eine große Ruhe in dem Bilde.

Christine sah hin und faltete unwillkürlich die Hände. Verwundert schaute sie Christoph an und sagte: »Was guckst?«

»Ha, – wie schön das ist«, antwortete Christine.

»Schön ist anderst«, sagte Christoph, »ein Acker ist schön, wenn er eben liegt und recht Mist hat und treibt. An den Bergen dort wächst ja kein Korn.« Christine schwieg und sah immer auf die Berge.

»Wie lang guckst noch?« fragte Christoph.

»Das kann man ja gar nicht ausgucken«, sagte Christine. »Aber wenn meinst, 's sei Zeit, weiter zu gehen, ha, dann gehen wir halt.«

»Ha ja, also hü!« sagte Christoph und drehte sich um. Schweigend gingen sie weiter. Nach einer Weile begann Christoph: »Du, Christine, wenn dir die Berge so gefallen, wir haben hier oben, auf der Mosing heißt man's, ein großes Baumstück und am Haureisig auch eines, da kannst du auf die andere Seite nübergucken, dem Neckartal zu – tät dir das gfallen, wenn das allweil könntest?«

»Was weiß ich!« sagte Christine.

»Oder tätest lieber in Bohlingen bleiben!« fuhr Christoph fort. »Mir ist's so wie so.«

»Mir auch«, warf Christine verloren hin.

»Drum sind wir Gschwistrich selb fünft, und da würd's ein bissle eng im Haus. Aber du bist die einzige in deinem Vater seinem Haus. Ein schöner Hof, ich muss sagen, und Platz genug.«

»Bist du in Bohlingen gewesen!«

»Natürlich! Und es hat mir recht gut gefallen, dort ... wiewohl die Heimat ist die Heimat.«

»Ja, dann bleib halt in der Heimat. Und ich bleib in der meinen. Daheim ist's allweil am schönsten, man braucht nicht einmal selbander zu sein.«

»Möchtest selbander sein?« sagte Christoph.

»Ihr seid ja selb fünft«, antwortete Christine ausweichend.

»Das schon.«

»Und arg zusammenbachen, des hab ich wohl gmerkt.«

»Wie sich's für Geschwister gehört«, sagte Christoph und schwieg. Christine schwieg ebenfalls, und schweigend wanderten sie weiter in den Frühlingstag hinein.

Als sie aus dem Wald über Hochdorf herauskamen, stieg eine Lerche jubelnd in die Höhe. Christine sagte: »Mitsingen möcht man, wenn man könnte.«

»Hast keine Stimme?« fragte Christoph.

»Auf die Stimme kommt's nicht an.«

»Auf was denn?«

»Aufs Herz. Wenn man nicht mitsingen kann, hilft alle Stimme nicht, und wenn man dem Schulmeister seine hat.«

»Hat der eurige eine? Der unsere brummt.«

»So?«

Das Gespräch verstummte wieder. Jetzt waren sie auf der Höhe über Reichenbach angekommen: gegenüber erhoben sich die lichtgrünen Wälder des Schurwaldes, drunten zog der Schienenstrang hin, und ein paar Rauchwölkchen, die um die Hügel im Osten flackerten, verrieten den eben vorbeigefahrenen Zug. Christine sah den Wölkchen nach, wie sie sich allmählich auflösten, und so wurde ihr Blick auf einen schön geschwungenen kahlen Bergrücken gelenkt. »Du, Christoph«, begann sie. »Wenn das nicht der Hohenstaufen ist!«

»An was willst du den kennen? Des wird halt auch so ein

Berg sein, wie's gnug gibt. Und nicht einmal ein Mäuerle ist drauf zu billigen Steinen.«

»Grad solche Berge gibt's nicht gnug. Das ist der Hohenstaufen, wo die Kaiser herkommen, von denen wir in der Schule gelernt haben. Guck, wie der Schulmeister einem das hat beschreiben können, dass man's gleich merkt!«

»Mir hat der meinige nie so was beschrieben«, sagte Christoph; »aber gehört hab ich auch schon einmal von den Hohenstaufen. Anno achtundvierzig ist allerlei Altes lebendig geworden.«

»Soll ich dir von ihnen erzählen?« fragte Christine, der ein Gesprächsstoff willkommen war.

»Ha ja, wenn willst«, sagte Christoph.

Christine erzählte, was ihr selbst von der Schule geblieben war, und Christoph hörte aufmerksam zu. Am meisten interessierte ihn die Geschichte vom Kyffhäuser und den Raben, doch konnte er sich nicht enthalten, dazu zu bemerken:

»Christine, das sind Märlein. Und eigentlich sollte man nur von dem reden, was Wahrheit ist wie Gottes Wort.«

»Freilich schon, aber das andere ist halt auch da.«

Sie waren am Bahnübergang angekommen, und Christine schritt jetzt ohne Furcht darüber. Da hielt Christoph an und sagte: »Bist auch schon einmal Eisenbahn gefahren?«

»Noch nie. Tät mich auch nicht trauen. Da wird einem ja schwindlich, wenn man nur zuguckt. Und wenn man erst drin sitzt!«

»Ganz kommod sitzt drin, und merkst gar nicht, wie schnell's geht, wenn nicht grad die Telegraphenmasten zählen willst.«

»Ha, das wär was, wenn ich zu Haus erzählen könnt, dass ich Eisenbahn gefahren bin! Aber wie täten wir denn fahren, 's Tal nauf oder nunter, wenn's Bohlingen zugeht?«

»Da, das weiß ich selber nicht. Man könnt ja einmal fragen.«

Er ging an den Schalter und sah hinein, ob jemand komme, hinter ihm stand Christine neugierig. Als niemand erschien, klopfte er. Der Beamte kam aus dem Nebenraum und fragte mürrisch, was er wolle.

Wie man nach Bohlingen fahre? fragte Christoph. Bohlingen? wo denn das Nest liege, sagte der Beamte. Da drehte sich Christoph um und fragte Christine. Sie nannte das Oberamt, aber der Beamte sagte, in die Gegend könne man nicht mit der Eisenbahn fahren. Schon in Plochingen oder Uhingen müssten sie aussteigen, und zudem in fünf Stunden gehe erst wieder ein Zug.

»Dann lassen wir's bleiben«, sagte Christine, der es bei dem Gedanken, in die Eisenbahn sitzen zu müssen, wieder bange wurde. »Komm, Christoph, wir gehen weiter.«

Der Beamte ließ das Schalterfenster herunter und ging in das Zimmer zurück, und Christoph und Christine nahmen den Weg unter die Füße und wanderten weiter. Sie mussten sich sputen, um rechtzeitig das Ziel des ersten Tages zu erreichen. Auf schönen Straßen ging es lang durch Wälder, die von Wiesengründen unterbrochen waren, bis sie an das dritte Dorf kamen, wo sie bei den Brüdern einkehren und nächtigen wollten. Ehe sie das Dorf betraten, blieb Christine stehen und sagte: »Jetzt Christoph, wenn die Brüder fragen, was mit mir ist, kann sein sie wissen es schon, im Herweg haben wir ja auch bei ihnen Einkehr gehalten, nicht dass sie etwas falsches denken. Also guck, Christoph, mir wär's schon lieber, wenn du morgen wieder umkehren tätest. Nach Bohlingen tät ich an deiner Stelle nicht mitgehen. Zwingen kann mich der Vater doch nicht, und – und du tätest ja auch kein Weib wollen, das einen anderen mag.«

»Das hört auf, wenn der andere ein Weib hat«, sagte Christoph.

»So, hört auf?« sagte Christine.

»Ja, wenn das Mädle eine Christin ist und das sechste und zehnte Gebot kennt.«

»Also gut, Christoph, ich sehe, dass du weißt, wie's steht, und wenn der Feigerjakob, jetzt schwätz ich von der Leber weg, Hochzeit gehabt hat« – ihre Brust atmete schwer und ihre Stimme zitterte, und Christoph sah sie verwundert an.

»Ja, was dann?« sagte er.

»Gibst mir noch ein halbes Jahr zu, Christoph? Gelt, du gibst? Also ein halbes Jahr drauf, da tu ich dir Botschaft.«

»Aber was für eine?« fragte Christoph.

»Wenn ich das selber wüsst!« antwortete Christine mit einem Seufzer. »Also gehst morgen wieder heim?«

»Es soll gelten«, er streckte ihr die Hand hin, und Christine schlug ein. Als er aber ihre Hand in der seinigen hielt und fest drückte, da sagte er: »Jetzt tät ich entweder doch lieber mit nach Bohlingen gehen oder aber gleich heim.«

Christine zog ihre Hand langsam und sachte aus der seinigen, warf den Kopf zurück und sagte wieder mit munterer Stimme: »Keines von beiden, Christoph. Also, was gesprochen ist, ist gesprochen. Komm, der Ständerling ist lang genug gewesen, 's könnt uns jemand gesehen haben.«

Sie nahm ihm ihren Bündel aus der Hand und schritt dem Dorfe zu.

Am anderen Morgen war Christoph in der Frühe weg, ehe noch Christine aufgestanden war. Ein Bruder aus Waldweil geleitete sie bis an die Grenze ihres Oberamtes: hier hörte die Fremde auf, von hier aus fand sie den Weg selbst, und im eigenen Oberamt stieß einem doch nichts zu, da konnte man ruhig allein gehen.

Hellmut G. Haasis
Georg Elsers Herkunft

Die kriminellen Grundlagen von Hitlergegnern wie von allgemeinen Gesetzesbrechern glaubte die Kriminalpolizei ab 1936 in der Vererbung finden zu können. Biologische Untersuchungsverfahren standen ihr aber nicht zur Verfügung. Als Ersatz stellte die Polizei »Sippschaftsbogen« mit Familiengeschichten zusammen. Elsers Bogen fiel interessanter aus als jede Notariatsakte, denn darin bekommen wir Einblick in familiäre Konflikte und zugleich in die Beschränktheit der Polizei.

Es wäre zu schön gewesen, Elsers Tat als Folge einer Erbanlage nachzuweisen, wie wenn sich die Bereitschaft zum Attentat vererben ließe – ausgerechnet in Deutschland, dem klassischen Land des Untertanengehorsams. Georg Elser erwies sich dabei als Spielverderber. Als der Stuttgarter Kriminalsekretär Otto Kessler ab November 1939 in Königsbronn Elsers Lebensspuren ermittelte, verfolgte er jede Kleinigkeit. Ein Königsbronner spottete nach dem Krieg, bloß die Hebamme hätten sie nicht ausgequetscht, aber bis zu den Kinderspielen im Sandkasten hätten sie bei Elser gefährliche Neigungen gesucht.

Die Gestapo fand nichts, was eine Disposition zum Attentäter hätte nahe legen können. Er soff nicht wie die braune Herrenrasse, im Bürgerbräukeller fiel er auf, weil er nur ein Bier trank – fast eine Provokation. Er prügelte Frauen nicht, wodurch er sich vom autoritären Männertypus abhob. Er hatte sich keine Geschlechtskrankheit geholt, stand nicht mit Juden in Verbindung, kannte weder Freimaurer noch Engländer und in der Verwandtschaft ließen sich keine Geistlichen finden.

Der biologistische Ansatz konnte mehrdeutig ausfallen, wohl deshalb wurde er bei Elser auch nicht konsequent verfolgt. Des Vaters Brutalität und Trunksucht zeigten ja eher Nähe zum NS-Männertypus. Die entsprechenden Passagen im Protokoll der Gestapo klingen wie unfreiwillige Parodien auf den geläufigen Männertypus. Die biografischen Nachforschungen sollten bei Elser den Charakter eines »Asozialen« herausarbeiten, was zu Elsers Begabung, Berufsfleiß, Umgänglichkeit, Musikalität, Charme und Menschenliebe einfach nicht passen wollte.

Was heute auffallen mag, war für die Nazis ohne Bedeutung. Unter Elsers Vorfahren wimmelte es von unehelichen Kindern. Das war üblich, denn man konnte nicht so bald heiraten, wie der Geschlechtstrieb sich regte. Verhütungsmittel waren auf dem Land und für ärmere Leute unerreichbar. Die christliche Moral tat ihr Bestes, gegen den vorehelichen Geschlechtsverkehr anzupredigen, vergeblich. Also gab's halt reichlich Kinder, geheiratet wurde später, wenn Wohnung und Aussteuer da waren. Georg Elser tanzte mit seinem unehelichen Sohn Manfred nicht aus der Reihe. Seine Mutter, ein wenig bigott, brach mit dieser Linie und warf ihren Sohn aus dem Haus wegen der Liebe zu Elsa Härlen (geb. 15. August 1911 in Göppingen-Jebenhausen), der gequälten Ehefrau eines Faulenzers und Trinkers.

Auch die Großmutter mütterlicherseits, Karolina Müller, war unehelich. (…) Am 29. Dezember 1879 gebar sie in Heidelberg ihre Tochter Maria, Georgs Mutter, neun Tage danach verschwand sie aus dem Wochenbett. Ihr Kind ließ sie dem Vater zurück, niemand hat je wieder von ihr gehört. Vater Müller brachte seine Tochter zunächst in ein Kinderheim und nahm sie später zu sich, als er in eine Wagnerei in Hermaringen einheiratete, einem Ort südlich von Heidenheim.

Unehelich war auch Großvater Elser. Er übernahm den elterlichen Hof in Ochsenberg bei Königsbronn, war fleißig und genoss einen guten Ruf. Bei einer Rauferei auf einer Hochzeitsfeier warf er einem Gast einen Maßkrug an den Kopf. Dafür gab's zwei Monate Gefängnis – als erbliche Belastung Georgs für ein Sprengstoffattentat nicht der Rede wert. Am Ende starb dieser Großvater an einer Wurstvergiftung: ein echter Schwabe, der eine verdorbene Wurst nicht wegwerfen konnte.

Georgs Vater Ludwig Elser kam 1872 in Ochsenberg auf die Welt, hatte 18 Geschwister und lernte gut in der Volksschule. Als Vater und Mutter Elser 1902 Georg, ihren Ältesten, zeugten, war der Vater als Fuhrmann in einer Hermaringer Mühle beschäftigt. Die Mutter arbeitete im selben Ort in der elterlichen Landwirtschaft und im Haushalt mit. Georg kam am 4. Januar 1903 in Hermaringen auf die Welt. Sein Geburtshaus wurde 1985 abgerissen, dort steht heute eine Tankstelle.

Nach der Heirat zogen die Eltern 1904 nach Königsbronn, eine Gemeinde nördlich von Heidenheim. Der Vater betrieb einen Holzhandel und ein Fuhrunternehmen mit zwei, später mit vier Pferden. Durch eine Erbschaft konnte er sich eine Landwirtschaft aufbauen, die freilich seine Frau mit den kleinen Kindern zu betreiben hatte, er selbst kümmerte sich darum nicht. Georg musste schon als Kind für ihn einspringen und ständig schwer arbeiten.

Der Vater stellte für Georg eine schwere Belastung dar, doch das interessierte die Gestapo nicht, standen doch Brutalität und Jähzorn bei ihr hoch im Kurs. Georgs tief verwurzelte Abneigung gegen Nazis gründete in den Erfahrungen mit dem Vater. Im Berliner Gestapoverhör wurde er ausführlich nach dem Vater befragt; hier, wie an den meisten Stellen des Protokolls, musste der Text durch zahlreiche Zwischenfragen zusammengeflickt werden. Elser selbst wollte gegen seinen Vater nicht vom Leder ziehen. Die Fragen berührten einen wunden Punkt seines Inneren, das deprimierende Familienleben, dem er durch Musik, Tanzen, Wandern, Experimentieren, kostenlose Mithilfe beim Bauen anderer, durch Schreinerarbeiten und vor allem durch die Liebe zu Elsa zu entfliehen suchte. Seine geringe Beredsamkeit dürfte auf das traumatische Familienleben zurückgehen. Als Ältester bekam Georg am stärksten den Unterwerfungsdruck des Vaters zu spüren, ein traditionelles Unglück für die Erstgeborenen, die sich schwerer verbal behaupten können und eher in Schweigsamkeit abtauchen. Seine Schwestern hatten es leichter.

Nach einem Familienstreit, bei dem Georg um sein Wohn- und Besitzrecht im 1937 gekauften Haus in der Wiesenstraße betrogen wurde, zerfiel er mit der Mutter und fast allen Geschwistern, die sich der dominierenden Mutter anschlossen. Mit der Schwester Friederike kam er auseinander wegen eines Schrankes. Beide hatten mit ihrem Geld einen Schrank gekauft, den Friederike bei ihrer Eheschließung einfach mitnahm, ohne Georg zu fragen oder zu entschädigen. Bei solcher Ungerechtigkeit war Elser empfindlich und nachtragend. Auch aus solchen vertuschten Konflikten speiste sich die Legende vom Sonderling Georg Elser.

Jetzt, nach dem Hinausdrängen aus dem Haus, kam er mit dem Vater besser aus, der draußen im Gartenhaus am Flachsberg oberhalb Königsbronns wohnte, gesundheitlich schwer angeschlagen, wie die Gestapo im Sippschaftsbogen festhielt: »Durch jahrelange rheumatische Krankheit sind seine beiden Beine fast gelähmt, er macht einen schwer leidenden Eindruck und kann sich nur in knapper Not mit zwei Stöcken fortbewegen.«

Im Gestapoverhör suchte Elser anfangs, das familiäre Drama und dessen Ursachen herunterzuspielen. Erst zähes Nachfragen der Kriminalkommissare förderte die bösen Erinnerungen zutage. Wir müssen uns nach jeder bruchstückhaften Aussage Elsers ein, zwei oder mehr Fragen der Kommissare hinzudenken. Ohne ständiges Nachbohren verharrte Elser in Schweigen. Und im Nichtreden war er schwer zu schlagen – seine Stärke im Verhör.

»Nicht jeden Tag, aber oft kam mein Vater sehr spät nach Hause. Soviel ich weiß, war er oft im Wirtshaus. Meine Mutter hat uns Kindern erzählt, dass sie vom Vater oft geschlagen werde. Gesehen habe ich es allerdings nicht. Ob mein Vater die Mutter nur mit der Hand oder mit einem Stuhl, einer Laterne oder mit sonst etwas geschlagen hat, weiß ich nicht. Es kam vor, dass wir vom Vater, wenn er nachts nach Hause kam, noch zu irgend etwas, z.B. Stiefelausziehen, aus dem Bett geholt wurden. Ich kann mich aber nicht erinnern, und ich glaube es auch nicht, dass er uns nachts im Rausch einmal geschlagen hätte. Von meinem Vater habe ich überhaupt nur Schläge bekommen und dies oft, wenn ich etwas angestellt hatte. Auch von meiner Mutter habe ich gelegentlich, nicht oft, Schläge bekommen.«

Das Protokoll kommt nebenbei auf die Ängste der Kinder zu sprechen, wenn der Vater nachts besoffen ins Haus polterte. Die prägende Erfahrung der Kinder von Trinkern.

»Aufgewacht sind wir nachts immer, wenn mein Vater nachts im Rausch nach Hause kam. Beim Betreten des Hauses hat er immer schon geschimpft. Es war nicht nur so, dass mein Vater etwa nur samstags betrunken war, es kam auch wochentags, ganz unterschiedlich, vor. Soviel ich weiß, hat er lediglich Bier und Wein getrunken. Schnaps glaube ich wenig. Dass mein Vater meiner Mutter mal versprochen hätte, nicht mehr zu trinken, kann ich mich nicht erinnern, gehört zu haben.«

Ein Foto um 1920 zeigt den Vater auf seinem Holzplatz in Königsbronn. Vor dem hoch aufgeschichteten Holz steht ein kleiner, gedrungener Mann. Alle Elsers waren so klein. Von den Nazis bekamen sie zu hören, rassisch entsprächen sie nicht den richtigen Deutschen, sondern dem ostischen Typ. Diese Herabwürdigung immunisierte sie gegen die NS-Rassenideologie. Im Münchener Personalbogen Elsers fehlt folgerichtig die sonst bei Deutschen übliche Bezeichnung »deutschblütig«. Die Elsers standen für die Rassenideologie außerhalb der Deutschen.

Sieben Holzstöße sind auf dem Foto hinter dem Vater zu sehen. Der Händler steht grimmig davor, wie ein Opfer der übermächtigen Holzmasse. Auch zu dieser Zeit musste Georg ständig seinem Vater helfen, der keine glückliche Hand beim Holzhandel hatte. Der Vater war auffahrend, verletzend, jähzornig, ehrsüchtig und leicht zu provozieren. Bei Holzversteigerungen kam er schon mit ein paar Bier hinter der Binde an und konnte nicht mehr mit kühlem Verstand der Versteigerung folgen. So wurde er leicht das Opfer von Konkurrenten, die seine Gebote zum Spaß oder aus Berechnung höher trieben, als er es sich wirtschaftlich leisten konnte. Am Ende saß der sture Holzhändler zwar oft als Sieger da, machte aber beim Verkauf meistens Verluste, die an die Substanz des Familienbesitzes gingen, an die Äcker. Nachts kam der Trinker spät und schimpfend nach Hause und ließ seine Wut vor allem seine Frau spüren. Eine weitere Familienerfahrung, die bei Georg Elser die Herausbildung eines nichtautoritären Charakters förderte.

Im Jahr 1910, als Georg sieben Jahre alt war, hatte die Mutter genug von diesem Mann und zog mit den Kindern zu ihren Eltern nach Hermaringen. Schon eine Woche später gelang einer Schwester des Vaters die Aussöhnung, Mutter und Kinder kehrten zurück. Aber es änderte sich nicht viel. In den trostlosen Familienerfahrungen dürfte Georgs starkes Gerechtigkeitsempfinden gründen: das tragende Motiv seiner antinazistischen Einstellung.

Als der Älteste wurde Georg in jeder Hinsicht am schwersten hergenommen, von beiden Eltern: bei der Unterordnung, den Prügeln und der Arbeit. Als Einziger musste er hart im Holzhandel des Vaters arbeiten – die nächsten Geschwister waren Mädchen und wurden da verschont – und in der Landwirtschaft der Mutter. Dafür bekam er nicht einmal ein Taschengeld, während der Vater das Geld in die Wirtshäuser trug. Dank erntete Georg sein Leben lang nicht.

Von der Mutter wird Georg Zähigkeit und ein hohes Arbeitsethos gelernt haben, ein säkularisiertes Erbe des württembergischen Pietismus. Als sie 1950 bei der Kripo über ihren toten Erstgeborenen sprach, streifte die herbe Frau nur einmal ein klein wenig Wärme und Freude. »Mein Mann ist im Jahre 1942 verstorben. Ich beziehe eine monatliche Rente in Höhe von DM 50,- und gehe nebenher noch zum Arbeiten in die Landwirtschaft. Ich bin von klein auf das Arbeiten in der Landwirtschaft gewöhnt und verrichte diese Arbeiten gerne, ohne Arbeit könnte ich gar nicht sein.«

Georg Elser schlug nicht aus der Art. Während andere seines Jahrganges hinter Mädchen her waren oder ihre Freizeit mit anderen Vergnügungen verbrachten, kannte er nichts als Basteln in einer Werkstatt, Experimentieren und Erfinden. Häufig arbeitete er am Wochenende für sich.

In jungen Jahren hatte Georg neben der Schule und der Feldarbeit auch noch »Kindsmagd« zu sein, er musste auf die kleineren Geschwister aufpassen. Wie bei bäuerlichen Familien üblich, hatte Georg nach der Schule zuerst in der Landwirtschaft mitzuarbeiten, erst danach kamen die Hausaufgaben an die Reihe. Die Eltern interessierten sich nicht für seine Schulleistungen, sie fragten nicht nach seinen Zeugnissen. Noch beim Berliner Verhör erinnerte sich Georg, dass ihm das Lernen »ziemlich erschwert« wurde. Seine Talente konnte er nur auf autodidaktischem Weg entwickeln. So brachte er für die Vorbereitungen zum Attentat gerade als Autodidakt die besten Voraussetzungen mit und stellte für die Polizei eine schwer zu begreifende Überraschung dar.

Die Mutter ging nie aus, so etwas gehörte sich nicht. Ihre einzige Abwechslung und ihr Trost bestanden darin, am Sonntagnachmittag die Bibelstunde zu besuchen, eine Veranstaltung der evangelischen Kirche und ein Erbe des württembergischen Pietismus, dennoch keine pietistische »Stunde«. Bemerkenswert: Als Elser in München während der Attentatsvorbereitung immer nervöser wird, findet er seine einzige Beruhigung darin, eine stille Kirche zu besuchen, wohl eine katholische, und dort das Vaterunser zu beten. Ein anderes Gebet kannte er nicht, und er brauchte es auch nicht. Der Konfessionsunterschied spielte für ihn keine Rolle. Im Übrigen lag seine Freude im handwerklichen Experimentieren, in der Musik, im Tanz, in der Liebe.

Dass die Ehe der Eltern eine Qual war, wusste man im Ort. Als 1959 ein Journalist Elsers Königsbronner Spuren nachging, traf er auf Anton Egetemaier, der in den Dreißigerjahren mit Elser im Zitherklub gespielt hatte und Schneider und Briefträger gewesen war. Nach Egetemaier war der Vater Elser »äußerst jähzornig, rücksichtslos und brutal«. »Bei der geringsten Kleinigkeit konnte er in einen unbändigen Zorn geraten, den nächst- besten Knüppel greifen und wahllos auf seine Familie einschlagen. Er verprügelte dann auch sehr wohl seine Frau.«

Für Georg Elsers Kindheitstrauma zeigte seine Freundin Elsa Härlen Verständnis. Sie litt in einer ähnlichen Ehe wie Elsers Mutter: ihr Mann Hermann ein Trinker, der nur ab und zu arbeitete und das Geld versoff. Elsa nannte ihre Ehe »ein Martyrium«. Georg konnte am besten ihr sein Herz ausschütten, wie Elsa sich noch zwanzig Jahre später erinnerte: Er besaß nie ein richtiges Elternhaus, sein Vater vertrank den

Verdienst, Georg hatte als der Älteste für seine Mutter und Geschwister zu sorgen. »Er muss eine sehr schlechte Kindheit gehabt haben«, folgerte Elsa. Sie selbst backte gerne Kuchen, die Georg mit besonderem Vergnügen aß, er hatte so etwas zu Hause nie erlebt. »Meine Mutter hatte nicht einmal das Geld, mal ein halbes Pfund Zucker zu kaufen«, so erklärte er seiner Elsa. (...)

Wenigstens in der Schule ging es nicht ganz so hart her wie in der Familie. Gerne hatte Georg nur die Fächer Schönschreiben, Rechnen und Zeichnen. An Schlägen gab's keinen Mangel, nur fiel Georg das nicht weiter auf, er war mehr gewohnt. »Schläge bekam ich nicht mehr als die anderen und immer nur dann, wenn ich meine Hausaufgaben nicht richtig gelernt hatte.« Da er in der Landwirtschaft mitarbeiten musste, war dies nicht selten der Fall. Die meisten Lehrer, so erinnerte sich Elser, waren gerecht, für ihn ein entscheidender Gesichtspunkt der Menschenbeurteilung. Im Berliner Verhör urteilte er treuherzig über seinen ersten Lehrer Böhmler: »Schläge gab es, soweit ich glaube, immer nur dann, wenn es notwendig war.« (...)

Zum Beginn des Ersten Weltkriegs wurde der Vater nach Ulm dienstverpflichtet, als Fuhrmann in der Reichsfestung. Am Ende jedes Kriegsjahres herrschte bei den Elsers Hunger, sie mussten eine bestimmte Menge landwirtschaftlicher Produkte abliefern und durften nur wenig behalten, womit sie im nächsten Jahr auskommen mussten. Den Krieg empfand Georg Elser als tiefen, unheilvollen Einschnitt, auch wenn er selbst nicht eingezogen wurde. Die Gestapo konnte sich später nicht vorstellen, dass ein Nichtsoldat wie Elser eine so starke Abneigung gegen den Krieg hatte.

Unlängst kam die Behauptung auf: »Der Erste Weltkrieg brachte für die Familie Elser zwar Einschränkungen mit sich, bedeutete aber keinen grundlegenden Einschnitt.« Aus den Zwangsabgaben der Ernte schlossen die Autoren nur: Lebensmittel waren bei den Elsers »ein knappes Gut«. Der Kripodirektor Arthur Nebe erzählte seinem Freund Hans Bernd Gisevius um Weihnachten 1939 von Gesprächen mit Elser. Mit Einfühlungsvermögen in Georgs Familiensituation lässt sich ahnen, dass Elser unter einschneidenden negativen Kriegserinnerungen litt: Elser »legte mir leidenschaftlich und mit simplen Sätzen dar, Krieg bedeute für die Massen aller Länder Hunger, Elend und millionenfachen Tod«. Elser, der große Schweiger, entwickelte beim Kripochef Nebe auf einmal eine bei ihm bisher nicht erlebte Leidenschaft, in einer Umgebung, in der er schon oft gefoltert worden war. Die Schrecken des Krieges übertönten in ihm alles. Elser hatte als Kind nicht das Trommelfeuer in den Schützengräben erlebt, statt dessen ständigen Hunger, dazu einen über den Kriegsdienst frustrierten, wütenden Vater, dessen Transportgeschäft geschädigt worden war.

Warum spricht darüber nicht das Verhörprotokoll? Ganz einfach deshalb, weil die Gestapo danach nicht fragen mochte. Sie wollte Elser keine Chance geben, seine Friedenssehnsucht auszubreiten. (...)

Wegen seiner Familie, die sich in Königsbronn am sozialen Rand befand, und wegen seines gedrückten Lebens stand Elser nicht im Zentrum jugendlicher Freundschaften. Aber sein bester Freund, Eugen Rau, saß mit ihm vom ersten Schuljahr an auf der Schulbank, er war entscheidend bei der ersten Berufswahl und wohnte neben ihm in der Wiesenstraße, wo das zweite Haus der Familie lag. Im Berliner Verhör, bei dem Elser möglichst alle, die ihn kannten, aus dem Verdacht der Gestapo herauszuhalten suchte, gelangen Elser viele glückliche Streiche. Die Freundschaft mit Eugen Rau stufte er als nicht mehr besonders eng herunter. Als Freund nannte er schlitzohrig nur noch Hans Scheerer, der nach Amerika ausgewandert und dort verschollen sei. Andere Freunde wie den Kommunisten Josef Schurr konnte er erfolgreich verschweigen, ebenso die vielen guten Bekannten im Ort, in den Betrieben und Musikvereinen. Keinen einzigen hat Elser in sein Unglück mit hineingezogen. Hier halfen seine besten Waffen: Schweigen und Harmlosigkeit bis zur Begriffsstutzigkeit. Diese selbstlose Leistung kann man ihm nicht hoch genug anrechnen.

Im Jahr 1917 beendete er die siebenjährige Volksschule. Bis er im Herbst eine Lehrstelle antreten konnte, arbeitete er weiter im Holzhandel des Vaters und in der Landwirtschaft der Mutter, erhielt dafür Essen und Kleidung, aber keinen Lohn. (...)

Auf den Rat seines Freundes Eugen Rau hin begann Elser im Herbst 1917 eine Lehre als Eisendreher in den Hüttenwerken Königsbronn, einem der ältesten Industriebetriebe Württembergs. Den Ausschlag für diese Berufswahl gegen den Willen des Vaters gab, dass Eugen Rau im selben Betrieb arbeitete. Elser hielt bei der Gestapo für erwähnenswert, dass er für diese Berufswahl vom Vater keine Schläge bezog. Offenbar eine Überraschung und selten. Der Vater riet ab, die Mutter jedoch hielt wenigstens hier zum Sohn. Der Vater wollte, dass der Junge weiterhin zu Hause mitarbeite, kostenlos. Er setzte auch durch, dass Georg seinen Lehrlingslohn abgeben musste. Wenn Georg etwas Bestimmtes kaufen wollte, bekam er den genauen Betrag ausgehändigt.

In der Heidenheimer Gewerbeschule entwickelte sich Elser erfolgreich, von drei Belobigungen in seiner Klasse entfiel eine auf ihn. Ohne Zweifel besaß er technisches Talent. Den Grund für seinen Berufsstolz, den er noch in der Gestapozentrale, in der Prinz-Albrecht-Straße, zäh verteidigte, legte er in diesen Anfängen. Er erwarb Grundfertigkeiten in der Metallverarbeitung, die ihm beim Bau des Sprengapparats zugute kamen.

In der Eisendreherei litt Elser bald an Fieber und Kopfschmerzen, die schmutzige Arbeit mit dem unbemerkten Einatmen winziger Metallsplitter schadete seiner Gesundheit. Nach anderthalb Jahren musste er aufhören und einen neuen Lehrberuf suchen. Nun folgte er seiner Neigung zur Schreinerei. Diesen Beruf hatte er in der Nachbarschaft kennengelernt. Wenn er nach Feierabend für den elterlichen Hof Sägemehl und Hobelspäne holte, sah er in der Schreinerei bei der Arbeit zu, die ihm immer besser gefiel. Am 15. März 1919 trat er als Lehrling beim Schreinermeister Robert Sapper ein. Ein Kleinbetrieb, in dem neben dem Chef, dem Meister, noch ein Geselle und drei Lehrlinge arbeiteten.

Als Elser von der Gestapo nach seiner Schreinerlehre gefragt wurde, lief ihm das Mundwerk besser. Das war seine Welt, nicht die Parteiideologie. In der Ausbildung machte er anfangs einfache Dinge, stellte Kisten, Schemel und Hocker her, schnitt das Holz zu, hobelte und baute es zusammen. Schon diese Arbeiten sagten ihm zu, und er erwies sich als sehr geschickt. Die Aufgaben wurden schwieriger. Am Ende seiner Lehrzeit konnte er große Möbel alleine anfertigen. Nebenher arbeitete er gelegentlich in der Bauschreinerei mit, einem meist schmutzigen, groben und unpräzisen Geschäft, das er nicht mochte. Seine Vorliebe galt der anspruchsvolleren Möbelschreinerei, er nannte sich später am liebsten »Kunstschreiner«. Als Wochenlohn erhielt er im ersten Lehrjahr eine Mark, im zweiten zwei Mark, im dritten drei oder vier. Damit durfte er sich Kleidung kaufen und Werkzeuge für seine Bastelarbeiten. An seiner Werkzeugsammlung hing sein Herzblut, was seiner Schwester Maria Hirth in Stuttgart im November 1939 zum Verhängnis werden sollte, als die Gestapo bei ihr Georgs Werkzeuge fand. Auch zu Hause bewies Elser Talent und Fleiß. Er baute einen Keller zum Wohnraum um, es war sein erstes eigenes Zimmer.

Die Heidenheimer Gewerbeschule absolvierte er als Bester seines Jahrgangs. Endlich waren die Eltern mit ihm zufrieden. Da er im Lehrbetrieb Robert Sapper zu wenig verdiente, kündigte er, um in Aalen in der Möbelfabrik Rieder (heute City Hotel Antik, Stuttgarter Straße 45-47) zu arbeiten. Sein Chef Sapper nahm die Kündigung nicht an, dieser geschickte Geselle war unersetzlich. Schon als Lehrling hatte Elser auch mal über die Zeit hinaus gearbeitet, wenn es Not tat. Nach der zweiten Kündigung ging er einfach nicht mehr zur Arbeit. Selbstständigkeit und Entschiedenheit zeichneten ihn sein Leben lang aus. Nicht lange schwätzen, sondern handeln.

Bis Herbst 1923 arbeitete Elser in Aalen. Die galoppierende Inflation stürzte ihn in die erste Krise seines Berufslebens. Der rasante Geldverfall entwertete seinen Lohn wöchentlich, am Ende täglich. Was heute in der Lohntüte steckte, mit dem konnte man morgen gerade noch einen Laib Brot kaufen. So zog es Elser vor zu kündigen, er kehrte in die alten Verhältnisse zurück: Mitarbeit im Holzhandel des Vaters und in der Landwirtschaft der Mutter gegen Kost und Logis und erneut ohne Taschengeld.

Im Sommer 1924 fand Elser eine neue Stelle in der Heidenheimer Möbelschreinerei Matthias Müller. Auch dies ein kleiner Betrieb mit vier bis fünf Gesellen und ein bis zwei Lehrlingen. Die Firma fertigte auf Kundenbestellung Wohnungseinrichtungen an; Elser baute vorwiegend Küchen- und Kleiderschränke – völlig selbstständig, was ihm wichtig war. Diese Selbstständigkeit, sein Stolz, wurde durch moderne Möbelfabriken mit Massenfertigung ausgehebelt, sie hielt sich vor allem noch im ländlichen Bereich, dank kürzerer Wege zu den Kunden und geringerer Löhne.

Bei seinem Entschluss zum Attentat und der Vorbereitung war es gerade die Selbstverantwortung im Planen und Handeln, die ihn von großen Teilen des Widerstands gegen

Hitler unterschied. Auf eigene Faust Hitler zu beseitigen und das Blutvergießen zu stoppen, kam für die Männer des militärischen Widerstandes nicht in Frage.

Anfang des Jahres 1925 kündigte Elser, auch Matthias Müller wollte ihn nicht gehen lassen. Elser blieb wieder ohne Zustimmung fern und arbeitete zu Hause mit wie gewohnt. Auf die Dauer hielt es ihn jedoch immer weniger daheim: »Ich hatte ein Verlangen, in die Fremde zu gehen, um mich in meinem Beruf weiter auszubilden.« (...)

Georg Elser ging es um mehr. Er wollte weg vom Elend der zerstrittenen Eltern, von der ständigen Aufsicht über sein Leben und seinen Lohn und vom Zwang, als der Älteste zu Hause immer zur Verfügung stehen zu müssen. »Auch von den Mädchen wollte Georg, solange er hier in Königsbronn war, nichts wissen«, berichtete seine Mutter, aber erst nach dem Krieg, und traf damit einen neuralgischen Punkt ihres Sohnes. Der 22-Jährige empfand sicher, dass sich das ändern müsse, und er sah keine Chance, angesichts seiner aufmerksamen Mutter erste Liebeserfahrungen zu machen. Als er sieben Jahre später aus Konstanz zurückkehrte, sich in eine gleich seiner Mutter gequälte, aber noch verheiratete Frau verliebte, sie mit auf sein Zimmer nahm und sie glücklich machte, wie Elsa nach dem Krieg erzählte, warf ihn seine Mutter einfach aus dem Haus. Und er ließ sich hinausschmeißen, mit der durchbräunten Heimat hatte er schon lange gebrochen. Er wollte nur noch in die Schweiz auswandern, in ein Land ohne Nationalsozialisten und ohne Kriegsgefahren.

Nach dem Verhör verfolgte die Gestapo über das Auswärtige Amt eine Spur in den Vereinigten Staaten von Amerika. Das Ministerium forschte in Philadelphia nach Elsers ehemaligem Arbeitskollegen Otto Britsch, der dort Chauffeur war, schon lange eingebürgert. Das deutsche Generalkonsulat in New York schrieb am 9. Januar 1940 dem Auswärtigen

Amt in Berlin, diese Antwort ging erst am 15. Februar 1940 ein. Es scheinen viele Augen ausgiebig mitgelesen zu haben, dass es so lange brauchte. Britsch sagte bereitwillig aus, er habe mit Elser nie mehr Kontakt gehabt. Nach seiner Erinnerung sei Elser ruhig und von schwacher Gesundheit gewesen.

Sebastian Blau
Dr Schäfer

En schwaarze' Schäferskittel a',
e' Schipp, dass r sich hebe' ka',

en Schlapphut uf, en Reng em Aohr,
de' Messergriff em Stiefelraohr –

so stoht r onter seine Schof
ond regt se et, ma' moa't, r schlof.

r naget a' me' Grashalm ond
pfeift dronternei' emol seim Hond.

So still isch, wenn dersell et bellt,
as sei sust neamed uf dr Welt,

nao ear, dr Schäfer, ganz alloa'
mit Wolke', Schof ond Gras ond Stoa'…

Wilhelm König
Landschaft 2

Descht a Landschaft
wiadese moogscht
haet gescht ond morga
Hae Feldhittana ond Beem
ällas dreet sich
om d Sonn

do ischt äbbas
uff waade nagugga kooscht
ond äbbas zo damde
naufgugga muascht

ets brauchsch blooß no
a Schtickle laofa
no hosch ällas hentrdr
ond beim Nägschtamool
wiidr vordr

wia dia Leit
sich aabloogat mitm
Säa ond Äarnda

i dädn no hälfa
abr so lang willme
haet et aufhalta

s langatmr ao waase gsäa hao
do setzatse oe Haus
nochm andra end Gäarda

obads lantse
hentanaus d Liachtr brenna
vor Angscht

Max Eyth
Vater Berblinger in Ochsenwang

Hinter dem Schulhaus zu Ochsenwang auf der Rauhen Alb, das früher eine Scheuer des herzoglich württembergischen Kammerschreibereiamts Neidlingen gewesen war, hatte der Schulmeister Berblinger in einem Bretterschuppen, der noch vor wenigen Jahren als Holzstall gedient hatte, sein Allerheiligstes eingerichtet. Das Holz lag jetzt sorgfältig aufgebeigt unter dem vorstehenden Strohdach der nicht unfreundlichen, wenn auch halb zerfallenen Wohnung, welche in dem Hauptraum der Scheuer die etwas düstere Schulstube barg. Schule und Schulmeister auf der Rauhen Alb hausten in der zweiten Hälfte des achtzehnten Jahrhunderts nicht in Palästen, und die pausbackigen, strohköpfigen Buben und Mädchen, die dem Jahrhundert der Aufklärung ihr Dasein und ihr Wissen verdankten, hatten sich mit einer Kubikmenge Luft zu begnügen, in der ein Fisch unserer Tage aus Sauerstoffmangel eingegangen wäre. Sie hielten's aus; aber ein Wunder war es nicht, dass sich Berblinger in seinen Schuppen flüchtete, sobald die Schulstunden vorüber waren, um dort in einer andern Luft und in einer andern Welt weiterzuleben.

Selbst für eine solche sah es hier wunderlich genug aus. Luft drang allerdings genügend durch die Spalten der halbverfaulten Bretterwände, und die Nachmittagssonne eines milden Frühlings schien warm genug durch zwei Fensteröffnungen, welche die fehlenden Glasscheiben kaum vermissen ließen. Aber an Raum war auch hier kein Überfluss. In der Mitte des Gemaches stand eine alte, übel zugerichtete Hobelbank, in einer Ecke eine halbfertige Drehbank, die sichtlich der Schulmeister selbst zu bauen versucht hatte. An den Wänden waren in Tischhöhe schmale ungehobelte

Bretter angebracht, auf welchen ein erschreckendes Gewirr von Werkzeugen, Nägeln, Stanzen und Brettchen lag, zwischen denen sich Papierrollen und drei oder vier Bücher umhertrieben. Eines war aufgeschlagen: ein lateinischer Aufsatz von Leibniz in einem Band der fast hundert Jahre alten Zeitschrift der Acta eruditorum. Neben demselben stand ein kleines, aufgespanntes Reißbrett, das die ziemlich rohe und völlig unverständliche Zeichnung einer Maschine zeigte, vor der, den Kopf in beiden Händen, das spärliche, wirre Haar von Zeit zu Zeit nach oben streichend, der Schulmeister auf einem Kistchen saß.

Tina Stroheker

Gustav Mesmers Flugrad

Ein Radler
beflügelt
talwärts.
An der Kuppe
hebt er dann ab.

Er braucht dazu nichts
als sein altes Rad und
die Luft und
das ganze Leben
einen Nebenweg.

Er hat Skizzenbücher
die Werkstatt
den herrlichen Kruscht.

Er hat nichts zu beweisen.

Wir sehen ihm nach
etwas ist schwer an uns
wir atmen tief durch
wir könnten glauben
an Flügel.

Petra Zwerenz
Wo?

Das Gebäude steht mitten in der Landschaft und ist weiß.
Flach. Flach wie ein Wagenschuppen. Blinde Scheiben. Kalkschlieren an den Fenstern.
Kein Baum, der sich anlehnt, kein Fliederstrauch, kein Holunder.
Keine Brombeeren. Kein Bienengesums.
Nichts, was rankt.
Nur das verwitterte Holz der Haustür, das erinnert.
An was?

Ich klopfe. Warte. Niemand, der »herein« ruft. Es kommt keine Antwort.
Eigentlich habe ich es mir gedacht.
An so einem Ort erwartet man keine Antwort.

Ich sehe, dass es das Tal ist, wo ich jeden Tag durchkomme, auf dem Weg zur Arbeit. Sehe aber auch, dass das Tal anders ist als an anderen Tagen. Ich sehe, dass es unbewohnt ist. Unbewohnt wie sonst auch. Und unbewohnter als sonst.

Die Gerstenfelder, noch grün, noch silbrig, sehe ich auch. Sehe, wie der Wind darübergeht. Wie die Halme sich beugen. Wie das ganze Feld sich verbeugt, wie der Wind wie eine Welle Wasser durch das Gerstenfeld läuft.

Das Bild würde stimmiger mit Holunder, der sich ans Haus anlehnt. Man käme der Erinnerung ein Stückchen näher dadurch. Als ob man ein Zipfelchen von etwas erhascht, was man lange gesucht hat. Von etwas, das nach Sommer riecht, so wie der Sommer einmal roch, früher. Nach Brombeeren, Mädesüß. Nach Heu, nach Gewitterregen. Nach Hecken. Wildrosen. Bienengesums. Honig.

Ich drücke die Klinke.
Trete ein.
Es ist kühl.
Es ist staubig.
Dämmrig.
Mit Sonnenfäden.

Lehmboden?
Estrich?

Jedenfalls, der alte Wagen ist da.
Zugedeckt mit allerhand Zeug.
Plastikplanen. Segeltuch. Einer alten Pferdedecke.
Eine Matratze, dreiteilig, liegt darin.
Ein Heuballen noch, von damals.
Es riecht modrig. Riecht nach Keller.

Der Alte sitzt am Tisch.
Der Tisch steht mitten im Raum. Petroleumlämpchen. Zugestaubt. Suppenschüssel. Ein Brotkorb. Die Weinflasche. Im Hintergrund ein Kanonenofen.

Er bleibt sitzen, als sei nichts.
Ich bleibe stehen, wo ich bin. Mitten im Raum. Erstarrt wäre zuviel gesagt.

»Ich habe ...« geklopft, wollte ich sagen. Ich sage es nicht. »Ich fahre diese Strecke jeden Tag«, sage ich, »diesen Schuppen habe ich noch nie gesehen. Er hat mich erinnert«, sage ich, »an was, weiß ich nicht.«

Er bleibt sitzen.
Schaut auf seinen Teller, der längst leer ist.
Hebt den Kopf nicht.
Hebt die Augen nicht.
Hebt auch nicht die Hand.

Jetzt könnte ich ihm erzählen, dass ich meinen Platz suche, Bildern nachlaufe, die in meinem Kopf aufblitzen wie ein Sonnenstrahl, wenn er aus schwarzen Regenwolken
fällt, und dann, wenn man glaubt zu wissen, zu verstehen, wieder weg sind.

Ich tue es nicht.
Stattdessen schaue ich.

Der Tisch, klobig, schwer, ist voller Kerben, als hätte einer die zerrinnenden Jahre festhalten wollen, oder die Monate, Wochen, Tage, Stunden. Die Heuernten, die vergangen sind, die Regentage, die Tage, an denen Schnee lag, an denen kein Schnee lag, obwohl es Winter war, was weiß ich. Weißt du noch. Erinnerst du dich. Damals, als der Stall abbrannte. Damals, als die Scheune abgerissen werden musste.

Ich weiß jetzt wieder, weshalb ich hier bin. Trete näher zum Tisch hin.

»Dieses Haus«, höre ich mich sagen, »dieser Schuppen, seit wann gibt es ihn schon?« Keine Antwort.

»Ich suche«, sage ich, komme ins Stocken.

»Ich suche«, sage ich noch einmal, hebe die Achseln, lasse sie fallen, »ich weiß nicht, was.«

Jetzt hebt er den Kopf.
Man sieht schmutzige ungewaschene Haut.
Die hellen Streifen, da, wo normalerweise die Runzeln sind, die sehe ich auch, als er die Stirn hochzieht.
Seine Augen blutunterlaufen.
Tränensäcke.
Und ich sehe auch die Weinflasche. Leer.

Ich verstehe.
Er macht eine müde Handbewegung. Hin zum Wagen mit den Speichenrädern, hin zur Suppenschüssel, der leeren, hin zu dem leeren Teller mit den eingetrockneten grünen Suppenresten, der Staubschicht. Nur eine Handbewegung. Keine Worte.

Dann greift er nach der leeren Weinflasche, setzt sie an den Mund, als müsse er die letzten Tropfen heraussaugen, setzt sie ab, als nichts mehr kommt.
Schlägt mit der Faust auf den Tisch. Einmal, zweimal. Dann wütender, entschlossener, noch einmal. Stützt den Kopf in die Hände. Schiebt die Unterlippe vor.

Ich versuche es noch einmal.
»Das Haus«, sage ich, »das Haus, der Stall, die Scheune, wo sind sie hin? Wo ist der Holunderstrauch? Sie müssen sich doch erinnern. Sie haben doch nicht Ihr ganzes Leben lang in einem Schuppen gelebt. Sie müssen doch wissen, was passiert ist.«

Er schweigt. Schaukelt mit dem Oberkörper. So, als wiegte er ein kleines Kind. So, als sei er ein kleines Kind und werde gewiegt. Vor und zurück. Vor. Zurück. Vor. Zurück. Vor.

»Bring Wein«, stößt er auf einmal hervor. Seine Stimme klingt heiser. Sein schmutziger Zeigefinger zeigt auf die Flasche. »Leer!«

Ich wende mich ab. Ich verstehe.

In den Staub auf dem Fensterbrett schreibe ich: Wo?
Dann trete ich ins Freie hinaus. Die Tür hinter mir schließe ich leise.

Morgen, wenn ich die Strecke wieder fahren werde, auf dem Weg zur Arbeit, wird von dem weißen, niedrigen Gebäude nicht die Spur zu sehen sein und von dem Gerstenfeld auch nicht. Das Tal wird wieder weit sein, der Wald wird weiter weg sein, und nichts wird an diesen Platz erinnern, wo fast ein verloren geglaubtes Bild auferstanden wäre, fast ein Zuhause sich hätte finden lassen in all dem Wirrwarr von Gärten, Wegen, Bäumen, Zäunen, die alle viel versprachen und dann doch nichts hielten.

Und so wird mir nichts übrig bleiben, als weiter zu hoffen, dass sich die Tür eines Tages einen Spalt breit öffnet und mich eintreten lässt in den Raum, an dem Ort, dem Platz, von dem ich sagen kann: Hier gehöre ich her.

Eberhard Neubronner
Frühe Zeit, karge Zeit

Hörschwag/Stetten im Herbst. Warmes Wetter, bedeckter Himmel. Klara Walz trägt einen Blaumann als *Häs*, ein Hemd ohne Kragen und derbe Schuhe. Ihre Wangen sind rosig, die Blicke sind wach, der Mund verrät Energie. Unter dem Kopftuch guckt weißes Haar hervor. Klaras Stimme tönt hell und zeigt, dass sie zu kommandieren versteht. Marie Walz lächelt, wenn Klara redet. Beide Hände der Schwester liegen im Schoß. Maries Gesicht wirkt wie ein Feld am Ende des Sommers: nicht leer, sondern aufgeräumt. (…)

Marie schaut zurück. Sie berichtet vom Großvater Friedrich und dessen Sohn Konstantin Walz, ihrem eigenen Vater. Kinderreich war die Familie der Eltern. Nachdem Konstantin 1911 eine gewisse Klara Heinzelmann aus Hörschwag geheiratet hatte, wurden Mädchen und Buben in Folge geboren: »Mir warat acht Gschwischter. Zwoi send kloi gschtorba. Zwoi send em Krieg blieba, ond zwoi Schweschtra send furt. Dr Großvadder hot die Mühle achtzeahhondertdreiadachtzg kauft, ond noch hot se dr Vadder übernomma. Seither semmer do.«

Frühe Zeit, karge Zeit. Wie lebte man zwischen dem Ersten und Zweiten Weltkrieg im Laucherttal?

»Ma derf zfrieda sei«, sagt Klara Walz. »Ma hots aushalta kenna. Mei Muader hot gsait, wenn ma hot ozfrieda sei wella: ›Send froh, dass-r grade Glieder haud ond da Verschtand.‹« Die Mutter, so viel stehe fest, sei bei aller Liebe sehr konsequent gewesen. Bei sechs Minderjährigen um sich herum habe sie gar keine andere Wahl gehabt: »D'Muader war guat. Aber schtreng war se schau. Mit sechs Kender muaß ma halt … woisch, ma dät au versuacha, sich auf d'Seit z'drucka ond et mithelfa! Wenn-e Wasser gholt han mit-ma kloina Oimerle, hots glei ghoißa: ›Du kaasch Hobelholz nehma oder a Büschale, kaasch Säagmeahl seiha für da Schtall – leer lauft ma et rauf.‹«

Bis 1925, Marie Walz war damals knapp zehn und Klara ein Jahr alt, lief das Leben der Müllersleute im Takt des Gewohnten.

Dann kam die Wende.

Maries Blick fasst einen fernen Punkt, den nur sie sehen kann. Klaras Erinnerung reicht nicht so weit. Wir hören, dass Vater Konstantin am Freitag vor Pfingsten Brennholz schnitt. Obwohl Großvater Friedrich gewarnt hatte, mit der alten Säge zu werkeln sei »no amol sei Daud«.

Sein Tod? Walz senior behielt Recht:

»Am Vadder«, sagt Klara, »hots a Scheitle aus de Fenger gschlaga ond direkt uff d'Leaber. Am Abend hot ma'n mitam Gaul ge Tübinga dau, do isch-er dann operiert wora. Noch hot d'Leaber an zeah Zentimeter langa Riss gheet. Ond do hot-er sich verbluata mießa mit neinadreißg Johr middags om drui bei vollem Bewusstsei.«

Mit dem Pferdefuhrwerk von der Lauchert nach Tübingen! Fatal. Man kann sich vorstellen, wie schnell der Mann per Hubschrauber transportiert worden wäre, wenn … Doch dieser Leberriss? Heute würden Chirurgen die Chance auf einen operativen Erfolg äußerst hoch einschätzen, das Leben von Konstantin Walz aber galt anno fünfundzwanzig nichts mehr. Vier Tage Qual – vorbei. Seine Witwe litt schwer am Verlust, denn sie war zum siebten Mal schwanger und trug Zwillinge aus. Ein Mädchen, Berta, war schon wenige Wochen nach der Geburt an Diphtherie gestorben.

Klara Walz ging ihr Los zunächst nicht oder nur indirekt nah. »Weil i ja no z'jong war mit dreizeah Monat. I be so a henterleidigs Kend gsei. Et sitza kenna, et laufa kenna ond no koin Zah em Maul. Hau emmer brocha, isch nix bei mr blieba. Doch ma sait et omasuscht *Speikinder, Gedeihkinder.* Schpäter han-e da ganza Karra ghebt!« Der Schmerz traf statt des zahnlosen Säuglings die anderen: Agatha, Joseph, Marie und das Wilhelminchen als Ältere mussten schon arbeiten und ihrer Mutter Tag für Tag beistehen.

Genug. Marie kommt im Heute an und spricht vom Füttern der Hühner, Klara stiefelt zum nahen Wehr. Wo die Lauchert abgeteilt ist und bei Bedarf das Mühlrad treibt, öffnet sie hölzerne Fallen. Wasser schäumt. Langsam regt sich etwas, nimmt Fahrt auf, wird schneller. (…)

Klara zeigt uns die Säge, ein Modell mit dem Typenschild »Ad. Linck Maschinenfabrik, Oberkirch/Baden. Nr. 636«. »Neizeahhondertdreißg hot ma se eibaut. Gebraucht, für tausendfeifhondert Mark, an Vollgatter aus-am Schwarzwald. Wo ma d' Mühle vo Meahl uff Holz omgschtellt hot. Der schafft heit no!« Und schon fängt sie Feuer, schildert Punkt für Punkt ihre Arbeit vom Auflegen der Baumstämme über das Kurbeln am Wehr bis zum Vorschnitt. Acht geben muss man, sagt Klara Walz, dass der gut hundert Jahre alte Veteran nicht zu schnell oder gar leer läuft. (…)

Ob es nicht manchmal doch ein Problem gäbe, fragen wir, etwas Ernstes?

Mit Ruhe säge man sauber, antwortet Klara. »Da Verschtand walta lau ond a Mensch sei.«

Draußen ruft Marie ihre Hennen: »Koomm, wiwiwi! Koomm wiwiwi!«

Was sonst noch?

»Muasch halt vorsichtig sei en manche Sacha. Dass da et scharf neilaufa looscht.« Also die Stämme langsam gegen den Gatter schieben? »Ha jo. Suscht kaa dees ganze Deng gschwend hacka, ond no isch aus. I kenn älle Kniff… I hau en dr Kendheit oft meine Fenger en d'Maschee brocht. Deshalb woiß i, wo ma nalanga derf.«

Eine Existenz ohne Bauholz ist für Klara Walz kein Thema. Fern der Mühle in einem Pflegeheim leben und auf den Tod warten? »So äbbas kaa i mir gar et vorschtella.« Dann jedoch, nach kurzem Zögern, folgt die Erkenntnis: »Dees kaa sei, 's wär schau a Schlag. Weil i dussa aufgwachsa be.« Weil sie zum Land gehört: »Vo Jugend auf. Do isch oim nix fremd, ma hot au a Liebe zu älligam. Ond dees hält mi no. I derf gar et dra denka, wenn i amol schnell aufgea miaßt. Dass ma gar neamd mai isch. Do kommat jetz schau Träna. Ond noch schtoht ällas leer. Wer übernimmts dann, wer duats? Wo ma sich so lang aagmiaht hot ond ällas erhalta. Ma kaa dren leaba ond wohna, ma braucht et da ganza Komfoor hau ...«

Aufgeben? Undenkbar. Wer sich jahrzehntelang abgeplagt hat, möchte auch wissen, was aus der Albmühle wird.

Das bleibt verborgen. Zunächst.

Klara sagt: »Do will ma no gar et dra denka. Über Nacht kaa ällas anderschter sei, wenn amol oine von ons ausfällt. Nomol fuffzg Johr gohts etta.«

Martin Schleker
Der Gabelspitzer

In den 5oer-Jahren war Hochkonjunktur. Da haben die Unternehmer gar nicht genug Arbeiter bekommen können. Man hat Gastarbeiter aus Italien geholt. Da hats sogar Jobs gegeben für so unpraktische Leute wie mich.
(...)
In der WMF. Die WMF hatte eine Filiale aufgemacht. Weil die Fabrik in Geislingen nicht mehr genug Arbeiter bekommen hat und weil die, die arbeiten konnten, nicht in die Stadt wollten, zog die Fabrik eben aufs Land zu den Arbeitern. Die brauchten kein Auto, um zur Arbeit zu kommen, keine Eisenbahn und keine Straßenbahn, die konnten zu Fuß in ihren Betrieb gehen, konnten zum Mittagessen sogar bequem nach Hause.

Und sie hatten ihren Feierabend und ein Wochenende! Das war für die Bauernbevölkerung was ganz Neues. Ein Bauer hat nie Feierabend oder Wochenende. Das hatte man als Arbeiter. Und sogar Urlaub! Und einen Haufen Geld. Urlaubsanspruch hatte ich zwar nicht als Schüler, als Ferienarbeiter, aber gutes Geld, gute D-Mark bekam ich in der WMF, in der Württembergischen Metallwarenfabrik.

Messerhefte abschneiden, das ging noch. Das war so was wie eine Kreissäge, da hat man die Messerhefte hingehalten wie eine Reitelstange beim Holzsägen. Das ging gut, das ging schnell. Wir waren guten Mutes, wir Messerheftabschneider. Aber nicht lange.

Die Leute schafften alle im Akkord. Ich natürlich nicht. Im Akkord kam es auf die Stückzahl an, die sie am Tag fertigbrachten. Bei mir nur auf die Stundenzahl.

Es kam Unruhe auf. Die gute Laune war weg. Die Messerheftschneiderinnen und -schneider riefen nach Material. Wie sollten sie auf ihren Akkord kommen, wenn keine Messerhefte aus der Schweißerhalle nachkamen? Ich habe zwar meine geschnittenen Messer den Akkordarbeiterinnen zugeschmuggelt, weil es bei mir ja nicht auf die Zahl ankam, aber das half auch nicht viel. Bei den Schweißern haperte es. Da brauchte man Leute. Der Fabrikleiter erließ einen Aufruf nach dem andern in der Zeitung: Arbeiter gesucht! Urlaubsanspruch! Es nützte alles nichts. Die Messerheftschneider kamen nicht mehr auf ihren Akkord. Es gab zu wenig Schweißer.

Zugutereletzt steckte man mich sogar noch zu den Schweißern. Da musste man zwei Messerhefthälften zusammenschweißen. Der Schweißapparat war nicht so eine Art Flammenpistole, wie ich es schon beim Schmied oder Flaschner gesehn hatte. Man saß da vor einem Tischchen. Aus dem Tischchen ragte ein Metallstab mit einem Rädchen, so hoch, wie das Messerheft dick war. Man legte die zwei Messerhefthälften aufeinander und drückte sie dann an das Rädchen. Das Rädchen schweißte die Hälften zusammen. Es sah hopfenleicht aus. Die Schweißer fuhren mit den Messerhälften an dem Rädchen entlang und schon war eine Seite zugeschweißt. Schon konnte das Messerheft nicht mehr auseinanderfallen. Die andere Seite zuschweißen konnte man dann im Schlaf. Bis hin zum Ende des Heftes, da wars ein bisschen schwierig, da musste man um die Kurve, um das Messerheft hinten zusammenzuschweißen. Da gab es manchmal Funken und das Messerheft hatte ein Loch. Dann musste der Schweißer dieses Heft zur Seite legen. Das Loch musste er nachher an einem Flickapparat wieder zuschweißen. Bei den ausgefuchsten Schweißern kam das selten vor. Da hörte man dann jedes Mal einen fluchen, wenn Funken stoben. Bei mir gab es überhaupt nur Funken, überhaupt nur Löcher! Einer, der einen guten Akkord hatte, bei dem es praktisch nie Funken gab, zeigte es mir immer wieder: Du musst die zwei Messerhefthälften an den Schweißkopf anlegen und ganz leicht andrücken und dann gleichmäßig, langsam am Schweißkopf entlang schieben. Das Messerheft muss immer dran bleiben am Schweißkopf. Wenn du nachlässt mit dem Druck und das Messerheft kommt kurz weg vom Schweißkopf und du drückst es wieder dran, dann hast du ein Loch. Also andrücken und zügig durchziehn bis ans Ende und da ohne Anhalten um die Kurve im selben Tempo wie vorher auf der Geraden. Wenn du anhältst, hast du ein Loch. Und weg war er wieder, der Meister, bei seinem Akkord.

Und bei mir gab es nur Löcher. Nur Löcher! Schon beim Ansatz. Und wenn ich den mal geschafft hatte, dann gings meistens ganz gut auf der Geraden, aber spätestens in der Kurve funkte es wieder. Loch! Wegschmeißen in die Kiste. Nachher flicken.

Der Fillialleiter, früher selbst ein guter Schweißer, kam öfter mal in die Schweißerhalle. Er sah mich kämpfen. Ich sagte, das hat doch keinen Zweck, ich mache ja alles kaputt. Das wird schon, sagte er. Macht gar nichts, wenn ein paar Hefte kaputtgehn. Wir verkaufen auch zweite Wahl.

Und da saß ich dann weiter da und ließ weiter die Funken stieben. Das heißt, inzwischen stand ich meistens am Flickapparat. Ich hab den Schweißern angeboten, ihre verunglückten Hefte zu flicken, damit ich wenigstens ein bisschen einen Wert hatte und ein bisschen ein besseres Gefühl.

Immer wieder ist ein Mädchen aus der Messerheftabschneidehalle gekommen, hat sich neben mich gestellt und gesagt: Du wirst das nicht lange machen hier, du kannst was Besseres, du wirst weggehn in die Stadt und du nimmst mich mit. Du nimmst mich mit, gell!

Sie hat drüben, wo ich ja früher war, im Akkord gearbeitet, konnte es sich also leisten, mal herüberzukommen. Das ging ja von ihrer Zeit ab, konnte keiner schimpfen. Aber sie musste trotzdem den Schein wahren. Sie brachte immer ein paar Messerhefte mit und tat so, als seien die nicht in Ordnung und sie müsse sie flicken, sonst müsse sie dem Schweißer, der sie so fehlerhaft in die Messerschneidehalle geliefert habe, die Messerhefte hinlegen. Dann käme der nicht mehr auf seinen Akkord.

Und du nimmst mich mit, hat sie wieder geflüstert.

Und du spinnst, hab ich gesagt. Ich hab nichts mit dir und ich will nichts von dir.

Du hast mich mal in den Arm genommen. Du willst schon was von mir. Und du nimmst mich mit in die Stadt!

Nein. Ich will hier in den Ferien nur ein bisschen Geld verdienen.

Und sie: Ich will hier raus!

Und ich: Ich nicht. Aber ich flieg raus, wenn du dauernd bei mir rumstehst und mich nicht arbeiten lässt.

Ich wäre nicht rausgeflogen. Aber ich habs nicht mehr ausgehalten, dass ich alles bloß kaputt machte. Man hat mich noch eine andere Arbeit versuchen lassen: Gabeln spitzen. Das war ein Apparat, wie eine Bandsägemaschine beim Wagner oder Küfer. Da lief ein Sandpapierband. Die Gabeln waren gestanzte Rohlinge. Da musste man die Zinken anspitzen. Man hielt die Rohlinge an das rotierende Sandpapierband und spitzte die Zinken an. Die mussten gleichmäßig angespitzt werden. Wenn ich zu fest andrückte, dann glühte das Metall sofort. Ich zog die Gabel schnell zurück, der Zinken war schwarz und blau und war krumm. Ich hielt ihn nochmal ans Band, um das auszugleichen, es glühte wieder und der Zinken war kürzer als die andern, die Gabel war hin. Wenn die Zinken ein bisschen unregelmäßig gespitzt waren, dann ging das noch: zweite Wahl eben, aber ein Zinken dünner und gar noch kürzer als die andern, nein, das ging nicht mehr. Ab in die Abfallkiste. Noch heute schaue ich bei jeder Gabel, ob sie nicht von mir sein könnte. Wenn ich mal in einem Lokal eine mit ein bisschen abweichenden Zinken sehe, bin ich ganz gerührt.

Karl-Heinz Ott
Der Welt entrückt

Erstaunlich, dass die beiden schon so lange zusammen sind, Uli und Franziska, zwei Altfreaks, denen man das Freakige kaum mehr ansieht. Wahrscheinlich kiffen sie nach wie vor, sicherlich weniger als früher und trotzdem so oft, dass die Welt ihnen nie zu schwer wird. Früher, als sie noch Kinder waren, machten Papa und Mama Sonntagsausflüge mit ihnen in diese Gegend hinauf, zur Wimsener Höhle, in die man mit einem Boot fährt, mit eingezogenen Köpfen, oder in die Bärenhöhle mit ihren bizarren Tropfsteingebilden, oder in die Nebelhöhle gleich um die Ecke bei Schloss Lichtenstein, das schlank und märchenhaft über einem waldigen Fels aufragt. Mutter hatte dabei immer ihr Geschichtswissen ausgebreitet, obwohl dieses Schloss so gut wie keine Geschichte besitzt und bloß aus einer romantischen Laune heraus erbaut worden ist, um die dortige Wald- und Wieseneinsamkeit mit einem niedlichen Neuschwanstein zu schmücken. Nach solchen Besichtigungen kehrte man vor der Heimfahrt noch in einer jener Dorfwirtschaften ein, wo die Schweineschmalzgerüche seit Ewigkeiten in den Tapeten sitzen und die Leute spätestens abends um sechs essen gehen, damit sie um sieben wieder zu Hause sind. Danach wirken die Dörfer mit ihren verschlossenen Fensterläden und heruntergelassenen Jalousien wie leer gefegt, und zwar bis heute.

Dort oben leben die beiden, zwischen steinigen Äckern und Heidelandschaften, der Welt entrückt, trotz Auto und Internet, in einem Hexenhäuschen mit knarrenden Dielen und abgebeizten Türen, das sie bis in die letzten Winkel ausgebaut haben, mit einem halben Dutzend enger Kammern und einer Küche, in der man das ganze Jahr über Erntedankfest zu feiern scheint, so üppig wie von der Decke herab Zwiebel- und

Knoblauchzöpfe hängen und Körbe voller Obst, Gemüse und Kräuter herumstehen, ganz zu schweigen von den zwei Dutzend Gläsern mit Dinkel, Hirse, Nüssen und Korinthen, Haferflocken, Körnern und Gewürzen, bis hin zum Caro- und Kathreiner-Kaffee aus Omas Zeiten, nebst getrockneten Herbstblumen, die hundert Jahre und älter zu sein scheinen und jahrein, jahraus die Wände schmücken, mitsamt einem lachenden Buddha auf dem verschnörkelten Küchenregal, das neben Hesse, Castaneda und Thoreau, die nach wie vor zu Ulis Klassikern gehören, Garten- und Kochbücher beherbergt. (…)
Die beiden haben sich ein Idyll erschaffen, zu dem eine Wiese gehört mit Apfel- und Birnbäumen, Schaukeln und Hängematten nebst einem halben Dutzend ellenlanger Beete, in denen Salat und Rüben, Gurken und Zwiebeln, Erbsen und Erdbeeren wachsen, was vor allem bedeutet, dass dieses einfache Leben viel Arbeit macht. Morgens werkelt Uli in der Waldorfschule mit den Kindern, nachmittags im Garten. Als sie frisch dort wohnten, hatte Franziska den Leuten im Dorf vorgeschlagen, das alte Backhaus neu einzuweihen, damit die Frauen – oder auch Männer – sich einmal pro Woche austauschen können, solange der Teig im Ofen steckt. Später erfuhr sie, was die Dörfler darüber dachten. Nicht dass sie etwas gegens Schwätzen und Tratschen gehabt hätten, doch was diese hochdeutsch redende Reingeschmeckte vorschlug, klang nach Problemen, die es nicht gab, von ihr aber offensichtlich trotzdem besprochen werden wollten. So etwas ist, dachte man im Dorf, typisch für Leute, die in Häusern groß geworden sind, wo man alles hat, und die dann in Landkommunen ziehen, um auch noch das Echte und Ursprüngliche zu erleben, wogegen Jugendliche, die mit Misthaufengerüchen aufwachsen, so schnell wie möglich abhauen, weil sie bis heute eine ziemlich klare Vorstellung davon haben, was der Satz bedeutet: Stadtluft macht frei.

Friedrich Hölderlin
An meine Schwester

Übernacht' ich im Dorf

Albluft

Straße hinunter

Haus   Wiedersehn.   Sonne der Heimath

Kahnfahrt,
Freunde   Männer und Mutter.
Schlummer.

Wilhelm Hauff
Ein herrliches Land ...

Der junge Mann ergab sich in sein Schicksal und suchte Zerstreuung in der lieblichen Aussicht, die sich noch bei weitem herrlicher seinen Augen öffnete, als ihn der Bauer etwa fünfzig Schritte höher geführt hatte. Sie standen auf einer Felsecke, die einen schönen Ausläufer der Schwäbischen Alb begrenzte. Ein ungeheures Panorama breitete sich vor den erstaunten Blicken Georgs aus, so überraschend, von so lieblichem Schmelz der Farben, von so erhabener Schönheit, dass seine Blicke eine geraume Zeit wie entzückt an ihnen hingen. Und wirklich, wer je mit reinem Sinn für Schönheiten der Natur, ohne himmelhohe Alpen, ohne Täler wie das Rheingau zu suchen, die Schwäbische Alb bestiegen hat, dem wird die Erinnerung eines solchen Anblickes unter die lieblichsten der Erde gehören.

Man denke sich eine Kette von Gebirgen, die von der weitesten Entfernung, dem Auge kaum erreichbar, durch alle Farben einer herrlichen Beleuchtung von sanftem Grau, durch alle Nüancen von Blau, am Horizont sich herzieht, bis das dunkle Grün der näher liegenden Berge mit seinem sanften Schmelz die Kette schließt. Auf diesen Gipfeln eines langen Gebirgsrückens erkennt das Auge Schlösser und Burgen ohne Zahl, die wie Wächter auf diese Höhen sich lagern und über das Land hinschauen. Jetzt sind ihre Türme zerfallen, ihre stattlichen Tore sind gebrochen, den tiefen Burggraben füllen Trümmer und Moos, und die Hallen, in welchen sonst laute Freude erscholl, sind verstummt, aber damals, als Georg auf dem Felsen von Beuren stand, ragten sie noch fest und herrlich; sie breiteten sich wie eine undurchbrochene Schar gewaltiger Männer zwischen den Heldengestalten von Staufen und Hohenzollern aus.

»Ein herrliches Land dieses Württemberg«, rief Georg, indem sein Auge von Hügel zu Hügel schweifte; »wie kühn, wie erhaben diese Gipfel und Bergwände, diese Felsen und ihre Burgen; und wenn ich mich dorthin wende gegen die Täler des Neckars, wie lieblich jene sanften Hügel, jene Berge mit Obst und Wein besetzt, jene fruchtbaren Täler mit schönen Bächen und Flüssen, dazu ein milder Himmel und ein guter, kräftiger Schlag von Menschen.«

»Ja«, fiel der Bauer ein, »es ist ein schönes Land; doch hier oben will es noch nicht viel sagen, aber was so unter Stuttgart ist, das wahre Unterland, Herr! da ist es eine Freude im Sommer oder Herbst, am Neckar hinabzuwandeln; wie da die Felder so schön und reich stehen, wie der Weinstock so dicht und grün die Berge überzieht, und wie Nachen und Flöße den Neckar hinauf- und hinabfahren, wie die Leute so fröhlich an der Arbeit sind, und die schönen Mädchen singen wie die jungen Lerchen!«

»Wohl sind jene Täler an der Rems und dem Neckar schöner«, entgegnete Georg, »aber auch dieses Tal zu unseren Füßen, auch diese Höhen um uns her haben eigenen, stillen Reiz; wie heißen jene Burgen auf den Hügeln? sage, wie heißen jene fernen Berge?«

Der Bauer überblickte sinnend die Gegend, und zeigte auf die hinterste Bergwand, die dem Auge noch sichtbar aus den Nebeln ragte. »Dort hinten zwischen Morgen und Mittag ist der Rossberg, in gleicher Richtung herwärts, jene vielen Felsenzacken sind die Höhen von Urach. Dort, mehr gegen Abend ist Achalm, nicht weit davon, doch könnt Ihr ihn hier nicht sehen, liegt der Felsen von Lichtenstein.«

»Dort also«, sagte Georg stille vor sich hin, und sein Auge tauchte tief in die Nebel des Abends, »dort wo jenes Wölkchen in der Abendröte schwebt, dort schlägt ein treues Herz für mich; jetzt auch steht sie vielleicht auf der Zinne ihres Felsens und sieht herüber in diese Welt von Bergen, vielleicht nach diesem Felsen hin. O dass die Abendlüfte dir meine Grüße brächten, und jene rosigen Wolken dir meine Nähe verkündeten!«

»Weiter hin, Ihr sehet doch jene scharfe Ecke, das ist die Teck; unsere Herzoge nennen sich Herzoge von Teck, es ist eine gute feste Burg; wendet Eure Blicke hier zur Rechten, jener hohe, steile Berg war einst die Wohnung berühmter Kaiser, es ist Hohenstaufen.«

»Aber wie heißt jene Burg, die hier zunächst aus der Tiefe emporsteigt«, fragte der junge Mann; »sieh nur, wie sich die Sonne an ihren hellen weißen Wänden spiegelt, wie ihre Zinnen in goldenen Duft zu tauchen scheinen, wie ihre Türme in rötlichem Lichte erglänzen.«

»Das ist Neuffen, Herr! auch eine starke Feste, die dem Bunde zu schaffen machen wird.«

Die Sonne des kurzen, schönen Märztages begann während diesem Zwiegespräch der Wanderer hinabzusinken. Die Schatten des Abends rollten dunkle Schleier über das Gebirge, und verhüllten dem Auge die ferneren Gipfel und Höhen. Der Mond kam bleich herauf, und überschaute sein nächtliches Gebiet. Nur die hohen Mauern und Türme von Neuffen rötete die Sonne noch mit ihren letzten Strahlen, als sei dieser Felsen ihr Liebling, von welchem sie ungern scheide. Sie sank, auch diese Mauern hüllten sich in Dunkel, und durch die Wälder zog die Nachtluft, geheimnisvolle Grüße flüsternd dem heller strahlenden Mond entgegen.

»Jetzt ist die wahre Tageszeit für Diebe und für flüchtige Reisende wie wir«, sagte der Bauer, als er des Junkers Pferd aufzäumte; »sei es noch um eine Stunde, so ist die Nacht kohlschwarz, und dann soll uns, bis die Sonne wieder aufgeht, kein bündischer Ritter ausspüren!«

Gustav Schwab
Urach

Das Tal, das alle Schönheiten der Albnatur in größter Vollständigkeit und Fülle in sich vereinigt, ist das Uracher Tal. Die Zierde dieser Gebirgsabhänge, die reichen Buchenwälder, bekleiden seine Berge vom Gipfel bis an den untersten Saum der Wiesen, die den ebenen Grund des Tals bilden und einen zweiten Wald der mannigfaltigsten Obstbäume beherbergen, die im Frühling mit ihren Blüten die Tiefe, über der in den dürren Wäldern noch der Winter raschelt, zu einem Paradiesgarten umschaffen. Doch ist der Sommer die schönste Jahreszeit für dieses waldige Felstal, dessen eigentlich malerischer Teil mit dem in einem lieblichen Obstwald ganz versteckten großen Pfarrdorf Dettingen beginnt, wo es nicht mehr viel über eine Viertelstunde breit ist und die Felsen so nahe rücken, dass das Tal ganz geschlossen scheint. Zur Linken fließt dem Wanderer die Erms, das klare, muntere Waldwasser, das die schmackhaftesten Forellen beherbergt. Zu beiden Seiten der Heerstraße vereinigen sich Kirschen-, Zwetschgen-, Birn-, Apfel- und Nussbäume auch zur Sommerszeit, wenn die Blüte längst vorüber ist, zu einem freundlichen Gemisch von mannigfaltigem Hellgrün, während die abwechselnden Formen des hier ebenfalls in verschiedenen Gestalten sich gefallenden Gebirges in das undurchdringliche, saftige Dunkel der Buchen gehüllt sind und im heißesten Sommer durch ihren bloßen Anblick ein Ahnungsgefühl der Kühle erwecken. Auch in stille, schattige Seitentäler tut das Auge von Zeit zu Zeit einen erfrischenden Blick. Das schönste derselben, östlich von der Feste Hohenurach, der Brühl genannt, ist die abgeschiedenste Waldgegend, nach allen Seiten von den höchsten Bergen eingeschlossen, mit immergrünem, bewässertem Wasen bedeckt. Von der südwestlichen Gebirgswand rauscht uns der dreifache Wasserfall des Brühlbachs entgegen, der sich hier die ganze Albhöhe herab über eine Tuffsteinmasse fast senkrecht ergießt, und auf den die Felsen und Wälder der Albhöhe niederschauen. Gegen Mittag schlingen sich bei günstiger Sonne, wenn man den Fällen ganz nahe getreten ist, durch den Wasserstaub die Edelsteine eines oft wiederholten Regenbogens. Ein wildes Gehölz umgibt den Schauplatz der Szene; eine köstliche Gruppe überhängender Bäume spiegelt sich oben am Rande in dem hervorspringenden Wasserbogen, dessen Fall gegen 80 Fuß betragen mag. Der Platz oberhalb des Wasserfalls, auf der sogenannten »Schönen Wiese«, übertrifft an düsterer Abgeschiedenheit alles, was man in diesen stillen Bergen findet; und doch ist der Hinunterblick auf den ruhigen Grund, in das jungfräuliche, unbewohnte Tal, unaussprechlich befriedend. Man freut sich der ungestörtesten Einsamkeit, und nur der Blick auf die Burgtrümmer Hohenurachs im Hintergrund mahnt an das Leben vergangener Geschlechter. (...)

Aus des Gebirges Kerkern
Schaut Urach ernst herab,
Mit morschen Turmerkern,
Mit seines Dichters Grab.

Dieser Dichter ist Nikodemus Frischlin, der von »den Hofteufeln«, dem Adel, eifersüchtigen Mitlehrern und endlich von den Fürstendienern, die »der Könige lange Hand gebrauchten«, verfolgt wurde, seines Lehrersitzes in Tübingen verlustig ging, auf der Flucht, aus der er Libellen geschleudert hatte, ergriffen, auf dieser Bergfeste eingekerkert ward und freiheitsuchend an den Felsen zerschellte (1590).

Christian Wagner
Auf der Burgruine

In dem Neste
Droben auf dem Fels ein Sänger lag,
Eingekerkert dort schon Jahr und Tag
Auf der Veste.

Aus dem Kerker
Brach er einst bei mitternächtger Weil,
Wollt herab sich lassen an dem Seil
Von dem Erker.

Doch zerschmettert
Fanden ihn die Wächter morgens schon;
's war im Spätherbst, als der Buchen Kron
Laubentblättert. –

Aus den welken
Grauen Flechten die sein Blut benetzt,
Sind nun aufgesprosst und blühen jetzt
Felsennelken.

Aus den Moosen
Aus den Steinen die sein Blut bespritzt,
Sind nun aufgesprosst und blühen itzt
Skabiosen.

Augenspiegel
Schweben um die Nelk und Skabios,
Um die weiß und rote Waldesros
Auf dem Hügel.

Augenspiegel
Schweben hier im blauen Freiheitssaal
Blutge Tröpflein wie ein blutges Mal
Auf dem Flügel.

Lass das Trauern!
Von des Leibes Banden ausgeschirrt,
Seine Seele nun als Falter irrt
Ob den Mauern.

Ernst Salzmann
Absturz

In der Nacht vor dem festgesetzten Tage konnte ich vor Aufregung lange nicht einschlafen, war ich mir doch bewusst, dass das Unternehmen durchaus nicht gefahrlos war, und als ich endlich im fieberhaften Schlaf mich wälzte, da hatte ich ein schreckliches Traumgesicht. Es war mir, als stünde ich am Ufer eines großen brausenden Stromes. Plötzlich sah ich am andern Ufer Rudolf stehen, der mir mit flehender Gebärde zuwinkte und mit angstvoller Stimme, welche das Rauschen des Stromes übertönte, zurief, ich solle doch kommen und ihm helfen. Ich rang meine Hände und brach in Tränen aus, konnte ich doch den Strom nicht überschreiten. Auf einmal sah ich, wie sich ein Abgrund vor Rudolf auftat; noch einmal streckte er seine Hand gegen mich aus, dann war er verschwunden.

Ich erwachte in Schweiß gebadet. Ein schmutzig trübes Morgenrot, das bald in gleichförmigem Grau sich verlor, blickte zum Fenster herein, und gleichmäßig rauschte der Regen hernieder. Da atmete ich fröhlich auf, schien es doch, als ob der Himmel selbst unser waghalsiges Vorhaben verbiete, und als ich den Freund beim Frühstück traf, da wies ich, ohne ein Wort zu sagen, hinaus auf das graue Landschaftsbild. »Nun, was solls«, sagte er, »'s wird ja nicht ewig regnen, und gegen Mittag hat sich sicherlich der Himmel aufgehellt.«

Da nahm ich Rudolf bei Seite und erzählte ihm meinen schrecklichen Traum, ohne einen andern Erfolg damit zu erzielen, als dass er lachte wie toll und mich einen Gespensterseher nannte. In der Tat ließ gegen Mittag der Regen etwas nach, und das blasse Bild der Sonne durchdrang die dünnere

Wolkenschichte. Ohne irgend jemanden etwas von unserer Absicht zu sagen, machten wir uns auf den Weg, erstiegen den Berg und hatten in kürzester Frist die abschüssige, mit schmalen Grasbändern besetzte Geröllhalde über der Felswand erreicht. Eine unheimliche, drückende Schwüle erschwerte das Atmen und graugelbe Wölkchen hingen tief herab. Das kurze Gras war infolge des Regens unangenehm glatt und schlüpferig geworden.

Da das Felsentor von hier aus ebenso wenig sichtbar war, wie dicht unter der Wand, so mussten wir zuerst die Lage desselben zu erforschen suchen. Wir warfen uns zu dem Behuf platt auf den stark geneigten Boden und krochen, uns an den spärlichen Grasbüscheln haltend, langsam dem Rande des Abgrundes zu. Rudolf war, vor Entdeckungseifer glühend, mir eine beträchtliche Strecke voraus. Obwohl ich ihm ängstlich zurief, auf mich zu warten und doch ja vorsichtig zu sein, schien er im Gegenteil seine Bewegung noch zu beschleunigen, und wie ein Blitz durchzuckte mich die entsetzliche Wahrheit, dass er am Ende auf der steilen Halde ins Gleiten gekommen sei und willenlos dem Abgrund zurutsche. »Rudolf«, schrie ich, »nur einen Augenblick halte Dich fest.« Er krallte seine Hände krampfhaft in den Boden ein und suchte sich an dem glatten Grase anzuklammern, aber umsonst. Rascher glitt er dem Abgrund zu, und ehe ich noch die ganze Größe der Gefahr mir klar machen, ehe ich nur den geringsten Versuch machen konnte, Hilfe zu bringen, war das Entsetzliche geschehen.

Ein Schrei gellte, so grässlich, dass ich ihn in stillen Nächten immer noch höre, sein Todesschrei. Eine Schar Dohlen flog kreischend auf, ein dumpfes Aufprallen in der Tiefe, noch einmal, und noch einmal jenes furchtbare Aufschlagen auf hartem Gestein, dann Krachen wie von brechenden Ästen, ein Rieseln und Rollen tief, tief unten, und nun Todesstille.

Das Blut stockte mir, einer Ohnmacht nahe lag ich auf dem abschüssigen Boden und mit magischer Gewalt fühlte ich mich zu dem verhängnisvollen Rande gezogen; ein unnennbares Entsetzen lähmte meine Glieder.

Rudolf wollte ich rufen, aber ich brachte kein Wort hervor, nur dumpfe, keuchende Laute. Noch einmal versuchte ich, einen Ton auszustoßen; ich schrie laut, »Rudolf, Rudolf«, und erschrak vor meiner eigenen Stimme, die wie aus fremdem Mund die stillen Waldungen durchdrang. Noch lauter und gellender ertönte mein Jammergeschrei: »Hilfe, Hilfe«, nur das Echo gab mir dumpfe Antwort.

Da fuhr ein heftiger Windstoß durch die Bäume, das Sonnenlicht erlosch, und dunkel war es um mich her. Mit gewaltiger Willensanstrengung gelang es mir endlich, den grässlichen Alp, der meine Brust drückte, zu brechen. Ich kroch den Abhang wieder aufwärts, dem niederen Wacholdergestrüpp zu, und dann eilte ich seitwärts von der verhängnisvollen Wand eine steile mit verkrüppelten Föhren und Tannengebüsch bewachsene Halde hinunter, immer wieder Hilferufe ausstoßend. Inzwischen war es beinahe finster geworden, und schweres Gewölk hing in Fetzen um die Felswand, welche seitwärts durch den Baumbestand schimmerte. Unaufhaltsam stürzte ich weiter vor, nicht achtend der Zweige, die mir ins Gesicht schlugen; möglichst schnell den Fuß des Felsens zu gewinnen, war mein einziger Gedanke; dort musste ich ihn finden, meinen Freund, meinen herrlichen Freund. Vielleicht war er noch zu retten, vielleicht war ein Wunder geschehen. Obwohl meine Stimme ganz tonlos geworden war, rief ich doch unaufhörlich: »Rudolf! Hilfe, Hilfe!«

Da strauchelte ich an einer Baumwurzel und fiel zu Boden; einige Augenblicke schwanden mir die Sinne. Sanft fühlte ich mich wieder aufgerichtet und sah einen Mann in Jägerskleidung über mich gebeugt, der mich fragte, was denn geschehen sei. Ich ergriff ihn an der Hand und riss ihn mit mir fort; »da, da an der Wand, mein Freund, er ist hinuntergestürzt, nur schnell, nur schnell«.

Wir eilten vorwärts, die Schutthalde lag vor uns, und dort auf halber Höhe, beinahe vergraben unter Rollsteinen, erblickten wir einen menschlichen Körper. Ich eilte das Steingeröll hinauf, der Jägersmann ebenso rasch hinter mir drein, und bald war die Unglücksstelle erreicht. In Steinen eingebettet lag Rudolf da, mit dem Gesicht aufwärts gekehrt, das weit offene Auge mit gläsernem Ausdruck auf mich gerichtet. Ich warf mich nieder, rüttelte den noch warmen Körper, ich rief ihn mit den zärtlichsten Namen, doch alles umsonst. Das Gestein ringsum war mit Blut befleckt, das dunkel aus dem zerrissenen Rockärmel hervorquoll, und als der Jäger den Körper sachte emporhob, wurde eine tief klaffende Wunde am Hinterhaupt sichtbar. Die Legföhre, an der wir einige Tage zuvor versucht hatten unser Seil zu befestigen, war aus dem Gestein herausgerissen, und lag, ebenfalls mit Blut bespritzt, entwurzelt neben dem toten Freunde.

Ich warf mich laut weinend an die Brust des fremden Mannes, klagte mich als den Mörder meines Freundes an und verwünschte den Tag meiner Geburt.

Da fuhr ein scharfer, schneidender Sturmwind die starre Felswand hernieder, ein greller Blitz zerriss das Gewölk, und der Donner schmetterte mit lang nachtönendem Echo. Ganz dunkel wars, wie wenn die ewige Nacht hereinbrechen wollte, und in diesem Dunkel zuckten die bläulichen Blitze, das weiße Gesicht des Toten auf Sekunden geisterhaft erleuchtend. Unaufhörlich rollten die Donnerschläge; die ganze Natur war in Aufruhr, die Erde bebte, und die Felswand schien zu wanken, der Sturmwind toste, und die Eichen zu unseren Füßen krachten und warfen die Zweige wild in die Luft.

Jetzt öffnete der Himmel seine Schleusen, in Strömen rann das Wasser von unserem triefenden Haar und den schwer anliegenden Kleidern. Ach, wie wohltätig war für mich dieser Aufruhr in der Natur, entsprach er doch dem Aufruhr in meinem Herzen, es war mir wie eine Erlösung; der Sturmwind, welcher sich immer heftiger erhob, zerfetzte die Wetterwolken, und bald schaute der blaue Himmel hernieder, kalt, mitleidslos auf meine Pein.

Der Jäger erbot sich, in die Stadt zu eilen, um einen Arzt zu holen, da vielleicht doch nicht alle Hoffnung verloren sei; aber ich wollte selber gehen; ich wäre wahnsinnig geworden in dieser Waldeinsamkeit, allein mit dem Toten, angesichts der starren Wand. Und so flog ich die Landstraße entlang, ohne auf die erstaunten Gesichter der mir Begegnenden zu achten, eilte in die Stadt und stracks auf das Haus des Distriktsarztes zu, wo ich mit dem Ruf: »Hilfe, ein Unglück ist geschehen!« todesmatt auf die Schwelle niedersank. Julie, des Arztes einzige Tochter, als Freundin meiner Klara längst von mir geschätzt, vernahm meinen Ruf und führte mich, sorgsam mich stützend, in das Wohnzimmer. Dort wurde ich auf das Sofa niedergelassen und mir Wein eingeflößt, während die Magd ging, den Arzt aufzusuchen. Erst konnte ich nicht sprechen, ein krampfhaftes Schluchzen verzerrte mein Gesicht; allmählich wurde ich ruhiger und berichtete in abgerissenen Worten das Entsetzliche.

Eduard Mörike
Besuch in Urach

Nur fast so wie im Traum ist mir's geschehen,
Dass ich in dies geliebte Tal verirrt.
Kein Wunder ist, was meine Augen sehen,
Doch schwankt der Boden, Luft und Staude schwirrt,
Aus tausend grünen Spiegeln scheint zu gehen
Vergangne Zeit, die lächelnd mich verwirrt;
Die Wahrheit selber wird hier zum Gedichte,
Mein eigen Bild ein fremd und hold Gesichte!

Da seid ihr alle wieder aufgerichtet,
Besonnte Felsen, alte Wolkenstühle!
Auf Wäldern schwer, wo kaum der Mittag lichtet
Und Schatten mischt mit balsamreicher Schwüle.
Kennt ihr mich noch, der sonst hieher geflüchtet,
Im Moose bei süß-schläferndem Gefühle,
Der Mücke Sumsen hier ein Ohr geliehen,
Ach, kennt ihr mich und wollt nicht vor mir fliehen?

Hier wird ein Strauch, ein jeder Halm zur Schlinge,
Die mich in liebliche Betrachtung fängt;
Kein Mäuerchen, kein Holz ist so geringe,
Dass nicht mein Blick voll Wehmut an ihm hängt:
Ein jedes spricht mir halbvergessne Dinge;
Ich fühle, wie von Schmerz und Lust gedrängt,
Die Träne stockt, indes ich ohne Weile,
Unschlüssig, satt und durstig, weiter eile.

Hinweg! und leite mich, du Schar von Quellen,
Die ihr durchspielt der Matten grünes Gold!

Zeigt mir die urbemoosten Wasserzellen,
Aus denen euer ewig's Leben rollt,
Im kühnsten Walde die verwachsnen Schwellen,
Wo eurer Mutter Kraft im Berge grollt,
Bis sie im breiten Schwung an Felsenwänden
Herabstürzt, euch im Tale zu versenden.

O, hier ist's, wo Natur den Schleier reißt!
Sie bricht einmal ihr übermenschlich Schweigen;
Laut mit sich selber redend, will ihr Geist,
Sich selbst vernehmend, sich ihm selber zeigen.
– Doch ach, sie bleibt, mehr als der Mensch, verwaist,
Darf nicht aus ihrem eignen Rätsel steigen!
Dir biet'ich denn, begier'ge Wassersäule,
Die nackte Brust, ach, ob sie dir sich teile!

Vergebens! und dein kühles Element
Tropft an mir ab, im Grase zu versinken.
Was ist's, das deine Seele von mir trennt?
Sie flieht, und möcht'ich auch in dir ertrinken!
Dich kränkt's nicht, wie mein Herz um dich entbrennt,
Küssest im Sturz nur diese schroffen Zinken;
Du bleibest, was du warst seit Tag und Jahren,
Ohn'ein'gen Schmerz der Zeiten zu erfahren.

Hinweg aus diesem üpp'gen Schattengrund
Voll großer Pracht, die drückend mich erschüttert!
Bald grüßt beruhigt mein verstummter Mund
Den schlichten Winkel, wo sonst halb verwittert
Die kleine Bank und wo das Hüttchen stund;
Erinnrung reicht mit Lächeln die verbittert
Bis zur Betäubung süßen Zauberschalen;
So trink'ich gierig die entzückten Qualen.

Hier schlang sich tausendmal ein junger Arm
Um meinen Hals mit inn'gem Wohlgefallen.
O säh' ich mich, als Knaben sonder Harm,
Wie einst mit Necken durch die Haine wallen!
Ihr Hügel, von der alten Sonne warm,
Erscheint mir denn auf keinem von euch allen
Mein Ebenbild, in jugendlicher Frische
Hervorgesprungen aus dem Waldgebüsche?

O komm, enthülle dich! dann sollst du mir
Mit Freundlichkeit ins dunkle Auge schauen!
Noch immer, guter Knabe, gleich' ich dir,
Uns beiden wird nicht voreinander grauen!
So komm und lass mich unaufhaltsam hier
Mich deinem reinen Busen anvertrauen! –
Umsonst, dass ich die Arme nach dir strecke,
Den Boden, wo du gingst, mit Küssen decke!

Hier will ich denn laut schluchzend liegen bleiben,
Fühllos, und alles habe seinen Lauf! –
Mein Finger, matt, ins Gras beginnt zu schreiben:
»Hin ist die Lust! hab' alles seinen Lauf!«
Da, plötzlich, hör' ich's durch die Lüfte treiben,
Und ein entfernter Donner schreckt mich auf;
Elastisch angespannt mein ganzes Wesen
Ist von Gewitterluft wie neu genesen.

Sieh! wie die Wolken finstre Ballen schließen
Um den ehrwürd'gen Trotz der Burgruine!
Von weitem schon hört man den alten Riesen,
Stumm harrt das Tal mit ungewisser Miene,
Der Kuckuck nur ruft sein einförmig Grüßen
Versteckt aus unerforschter Wildnis Grüne, –

Jetzt kracht die Wölbung und verhallet lange,
Das wundervolle Schauspiel ist im Gange!

Ja nun, indes mit hoher Feuerhelle
Der Blitz die Stirn und Wange mir verklärt,
Ruf' ich den lauten Segen in die grelle
Musik des Donners, die mein Wort bewährt:
O Tal! du meines Lebens andre Schwelle!
Du meiner tiefsten Kräfte stiller Herd!
Du meiner Liebe Wundernest! ich scheide,
Leb wohl! – und sei dein Engel mein Geleite!

Christine Langer
Jungmoos ...

Jungmoos, Ostergras, Braungoldgestrüpp: im Wacholderholz
Regt sichs gewaltig, dieses rhythmische Singen und Klopfen
Des Märzengefieders, Mücken tanzen in der vögelvollen
             Stille,
Stunde der Abendsonne, Halbschatten, Wegrandgefährten
Neben jedem Schritt: Weißbirkenrinden, Dunkeltannengrün,
Samtpalmkätzchen, ich seh ihr Versteck an Ort und Stelle,
Von oben herab sinken Blau, warme Grade. Schließt man
           die Augen,
Tritt man in Schlaglöcher, Pfützen, Pferdeäpfel, der Boden
             ist weich,
Vereinzelt Schnee auf Plätzen im Dauerschatten die gestern
Ihre Größe noch um ein Dreifaches überragten, es riecht
            nach Dünger,
Kindheit, oder ists altes Laub. Ein alter Stacheldrahtzaun
              hält ab
Das Revier der Rehe zu betreten, den Garten dieses
           schönscheuen Wilds;
Hier werden Bärlauch wachsen, Knollenblätterpilze,
              Giftbeeren;
Alles was sich tummelt durchwuchs dieses milde Grün –

Volker Demuth
Späte Bebilderung eines Tags

Gegen Mittag gerinnt
in der bitteren Molke
die Gegend.

Pünktlich wie auf Befehl
feuert die Kirchenuhr
leichte Salven in die Luft.

Regloser liegt
der Parkplatz, die Steine
zucken nicht.

Früh legt sich
das Dorf die Bleiweste
der Dunkelheit an.

Uwe Zellmer
Herbsttag

An einem ersten Herbsttag zum Beispiel bin ich zum Kornbühl rübergelaufen, gelbe, rötliche, bräunliche Blätter in den Wiesen, am Kreuzweg rauf, zu beiden Seiten des Wegs Kornblumen, Heide hagebuttenrot. Am Parkplatz, am Morgen ein Auto aus Köln, Touristen-Frühstück, Campingstühle vor hochgeklapptem Heck.

Links am Wegrand, im Gras verloren, wie aus der Zeit gefallen, das bleiche Schild: Landschaftsschutzgebiet. Beim Eingang zum Kreuzweg, zur rechten Seite hin steht nun ein blitzneues Ding, *Naturschutzgebiet* liest man drauf und ein blauer Vogel fliegt über die wohlangebrachten Buchstaben: Sie betreten ein Gebiet von besonderer Eigenart und Schönheit. Das Regierungspräsidium. Yes.

Von halber Höhe aus, Albrand zu, Traktor mit Bauer, Bäuerin mit weißem Kopftuch, Heu gabelnd. Ein schottischer Reisebus, zwei Stockwerke hoch, fährt langsam, landschaftsforschend vorbei: Panorama to the left. Panorama to the right. Ebereschen, Kiefernwäldle, Birken, Blaubeersträucher an schlanken Buchen.

An der fünften Station *Simon hilft* siehst du, wenn du verweilst, voller Geheimnisse in den Hügeln, den Pavillon liegen, und hast darüber die drei Windräder auf dem Himmelberg, wolkenwärts wie Kraniche, Silberstriche im blauen Land.

Erstmal weiter, auf neunhundert Meter raufsteigen, schwäbisch Golgatha mit gewaltigen Kreuzen, Kapelle blitzsauber geweißelt, wie's Pflicht isch, 1968/69, liest du, ist hier alles grundlegend erneuert worden. Da unten schwarz-gelbgrüne Fleckenteppiche, Hügelland, Fichtenwälder im Dunst, südlich die Zollernburg, nördlich Hochhäuser der Universitätsstadt

Tübingen. Auf der anderen Seite des Kegels wieder hinab, Albrand zu, ich lauf die Landterrasse hinaus übers Heufeld, der Himmel nicht mehr so blass. Hinter dem Heufeld Wald, der Wanderer erreicht den HW1, Schwäbische Alb-Nordrandweg, danach Albvereinshütte, Feuerstelle, Holztische, Bänke, den Dreifürstenstein mit Aussichtsplatte. Schilder wieder: Nimm die Erinnerung mit und den Abfall. Jetzt, wo der Dunst sich vollends verflüchtigt, gut sichtbar, nah dran, jenseits vom Tal, alles Schwarzwald.

The famous Black Forest, selbstverständlich auch bekannt im fernen Big Sur, USA, Californien, Highway Number One, Pazifik-Küste. So selbstverständlich etwa wie Daimler oder BMW. Schwäbisch, badisch oder bayerisch unterscheidet man in Big Sur nicht, noch weniger Black Forest von Swabian Alb. Am Dreifürstenstein, am Südwesthang, an der Lichtung am HW1 neben den Pfeilen Bodensee, Lake Constance, Fernsehturm Stuttgart der Hinweis Burg Schelmen 7,5 km.

Die Burg, der halb zerfallene Turm wie ein einsamer Wanderer über dem Wald, wegweisend in die Seitentäler des Neckars. Und nun da, gleich bei Siebentälern, neben der Burg Schelmen, sperrig in der Albvorebene zwischen dem Kirchle, wie man hier die Friedhofskapelle nennt, dem wuchtigen Kirchturm in der Mitte des Ortes und der eher kleinstädtischen Neubausiedlung auf dem Nikolausberg, da zwischen Gestern und Heute liegt das Dorf Schelmen. Auch der Fluss, der durchs sattgrüne Tal zwischen Fels und Wiese dem Neckar zufließt, heißt Schelmen.

Susanne Hinkelbein
Ödenturm

Der Wasserpegel sinkt. Eine Turmruine taucht aus der Flut auf.
Peter: Was ist das?
Konrad: Der Neuffen? Die Teck?
Peter: Die Alb! Die Alb taucht wieder auf! Konrad, setz alle Segel, und dann ans Ruder! Nix wie weg, bevor mir hier strandat!
Konrad: Hano! Seit Monaten hältsch du Ausschau, ob die Alb net wieder auftaucht. Und jetzt?
Peter: Die Alb? Ein Albtraum! *(beginnt zu zittern)*. Allein die Kälte! Da verfrierst noch im Juni.
Konrad: Hättsch ja wegzieha könna. Runter von der Alb. Warum net?

Die Turmruine wird größer und höher.
Peter: Da war ich festgefrora, ah, des wird mir jetzt erst klar. Festg'frora war ich auf der Alb! Und wovon willst hier eigentlich leba. Guck dir doch den karga Boda an. Da wächst doch nix außer Stein. Aber die sprießat dafür aus am Boda wie anderswo der Kohl.
Konrad: Ha, also a bissle wächst scho ebbes.

Peter beginnt wie wild, von der Turmruine wegzurudern.
Peter: Baar dürre Gräsla. Ganz zu schweiga vom Wacholder! Der stichelt und kratzt dir 's Fleisch von de Rippa. Dann hat der Wind vollends leichtes Spiel. Der bläst dir durch dein vom Wacholder blankg'nagtes Knochag'stell bis ins innerste Mark und singt dir das Lied von der Trostlosigkeit!
Konrad: Musch halt nostao.

Die Turmruine wird kleiner.
Peter: Gar nicht zu reda vom Untergrund. Äußerst unstabil, äußerst unstabil. Von Höhla durchlöchert, Karst und Korrosion. Da hat überhaupt noch keiner die Statik überprüft.
Konrad: Ha, bisher isch no koin Mensch versickrat auf der Alb.
Peter: Das ist ein Wunder! Und dann die Konturenlosigkeit. Der Mensch braucht doch ein' Halt in der Landschaft. Aber die Alb, da zerfließt man so in die Weite, fast könntest meina, es schwemmt dich über den Horizont.
Konrad: Du wirsch gwieß net über dein kleina Tellerrand fließa.
Peter: Die Alb – Katastrophe! Katastrophe, nächste Strophe! Katatatatatatata... *(hört plötzlich auf zu rudern)* Haaaalt! Kurswechsel! Konrad, das ist der Ödenturm! Hin! Der Ödenturm, das ist meine Rettung!

Peter rudert jetzt in Richtung Ruine.
Konrad: Ja, willsch denn jetzt hin oder weg?
Peter: Hin. Zu der Ruine. Nur in ra Burgruine lässt sich die Alb überleba. Da hab ich endlich feste Konturen um mich rum. Und windg'schützt ist auch. Da kann ich endlich wieder ruhig schnaufa!

Die Turmruine wird wieder größer und höher.
Konrad: Was willsch denn von ra Ruine?
Peter: Die kann mir niemand mehr zerstöra, die ist schon kaputt.

Die Arche hat die Ruine erreicht. Peter klettert durch die obere Turmöffnung in die Tiefe der Ruine.
Peter: Die ganze Stufen hier, die raustehenden Quader, die schlag i als erstes ab!
Konrad: Wie willsch denn jemals wieder rauskomma, wenn du die Stufa rausschlägsch?

Peter: Wenn ich nimmer rauskomm, dann kommt mir auch keiner rein.
Konrad: Und wie willsch du wieder auf's Schiff komma, wenn mich der Wind wegtreibt?
Peter: Ich will nimmer auf dein Schiff! Ich bleib hier! Hier hab ich Sicherheit.
Konrad: Ja, merksch denn net, dass du eig'mauert bisch?
Peter: Gut erkannt! Gut erkannt! Ah, hier drinnen ziehts einem so richtig 's Herz zamma auf a praktikable Größe. Doch, so geht's, so geht's!
Konrad: Willsch denn zum Ruinagoischt werda? Ganz alloi?
Peter: Genau, ganz allein! Wenn's mir jeder nachmacha tät, dann wär Ruh und Frieden. Jeder hätt seine eigene Ruine und fertig.

Die Arche treibt allmählich von der Ruine ab (Ruine wird kleiner).
Konrad: Peter! Hasch denn überhaupt an Himmel?
Peter: Endlich überschaubar! So groß wie ein Meisaring!
Konrad: Wie willsch dich denn orientiera? Basst denn in dein kloina Himmel überhaupt a Sternbild?
Peter: Wozu mich orientiera? Ich bleib da!
Konrad: Und dein Horizont?
Peter: Hat endlich abg'nomma! Die alten Ritter wussten schon, was sie tun, die haben sich g'sagt: Auf der Alb wollen wir überleba. Da ist eine gewisse Horizontverengung a Überlebensfrage.

Die Burg verschwindet allmählich in der Ferne.

David Friedrich Weinland
Flucht in die Staffahöhle

Der Berg, an dessen nördlichem Abhang die Tulkahöhle lag, lief nach Südwest in ein schroffes Vorgebirge aus, das mit einer mächtigen Felswand schloss. Himmelhoch, kahl, senkrecht abfallend ragte diese weit vor in das Armital. Mitten in der breiten Felsenstirn, gerade nach Süden, sah man vom Tal aus, schon aus weiter Ferne, einen rundlichen schwarzen Fleck im grauen Gestein.

Dies war der Eingang zur Staffahöhle, nur dem Kundigen erkennbar, denn uralte, dicke Waldreben waren in den Klüften und Spalten des Gesteins hinaufgekrochen, sie hatten den Eingang überwachsen und fast unsichtbar gemacht. Auch der Fuß der Felswand war mit Wald verhüllt und schien unnahbar. Nur die Tulkas kannten jenen geheimen, steilen, mit Gebüsch verdeckten Pfad, der von einem der Ränke des Brunnenwegs nach dem schmalen Rasengürtel hinüberführte, der dem Felsen entlang lief. Von hier aus konnte man mittels eines angelegten Baums oder einer Leiter zur Staffa hinaufsteigen.

Ein Uhupaar hatte seinen Horst dort aufgeschlagen, denn seit Jahrzehnten hatte kein menschlicher Fuß die Höhle betreten. Nur einmal, seit die alte Parre in der Tulka lebte, war sie als Zufluchtsort benutzt worden, bei einer schrecklichen Wassersnot, als – wohl durch den plötzlichen Einbruch und die Entleerung eines größeren Wasserbeckens im Gestein über dem Dach der Höhle –, wie dies hin und wieder in unseren Albhöhlen der Fall, mit einemmal die ganze Tulka mehrere Fuß hoch überschwemmt wurde, so dass die Flut vorn zur Höhle herausstürzte. Das geschah im Frühjahr; zum Glück erfolgte der Einbruch der Wasser bei Tage, und alle Bewohner waren draußen. Damals flüchteten die Tulkas in die sichere Staffa, bis der Strom sich verlaufen hatte, kehrten aber so bald als möglich zur Tulka zurück, weil der Eingang zur Staffa so schwierig war, und der für sie so nötige Platz vor der Höhle fehlte.

Diese Höhle, darin hatte die Alte recht, konnte nie von den Kalats entdeckt werden, außer durch Verrat, und solchen brauchten sie nicht zu befürchten. Im übrigen war sie ein wohnlicher Aufenthalt. Zwar von dem schmalen Eingang aus, durch den ein Mann eben aufrecht hineinschlüpfen konnte, führte nur ein enger, unbequemer Gang auf glattem Fels steil abwärts, wie in einen düsteren Schacht hinunter. War man aber einmal unten angekommen, so trat man in eine schöne große trockene Felsenhalle, hochgewölbt wie die Spitzkuppel eines gotischen Domes. Diese Halle war dem Eingang so nah, dass sie noch etwas Licht erhielt, und das dämmrige Halbdunkel, das hier herrschte, genügte unseren Aimats vollkommen ohne weitere Beleuchtung. Das bot einen großen Vorteil bezüglich der Sicherheit, denn Rauch, aus dem Felsen emporsteigend, hätte die Flüchtlinge leicht verraten.

In dieses treffliche Versteck waren die alte Parre und Rulaman schon am Morgen nach dem Belenfest gebracht worden. Mit Lebensgefahr hatten Obu und der andere Tulkamann dies ausgeführt. Sowohl die Alte als Rulaman mussten getragen werden, denn noch immer war dieser bewusstlos. Überdies hatte es zunächst einen gefährlichen Kampf mit den starken Uhus gekostet, die ihren Horst mit Todesmut verteidigten, weil sie gerade Junge hatten, und Obu musste das allein ausfechten, da nur für einen Mann im Felsspalt Raum war zum Stehen.

Mit rührender Zärtlichkeit versorgte Ara die Urahne mit allem, was sie nur wünschen konnte. Eine Menge Speisevorräte, ja sogar die Kostbarkeiten, die ihr teuer waren, schaffte man hinüber. Jeden Abend, wenn es dunkel geworden war, klopfte es leise unten am Felsen, und bald darauf erschien das mutige Mädchen bei der Alten wie ein guter Engel, brachte ihr Wasser, setzte sich zu ihr und klagte mit ihr über das jammervolle Geschick, das die Aimats betroffen hatte, und über Rulaman, der bleich und leblos vor ihnen lag und, wie es schien, allmählich in den Todesschlaf hinüberschlummerte.

Die Tulkas hatten indes nichts weiter von den Kalats erfahren. Obu hatte sich, wie Ara erzählte, schon öfters nach den Hulabfelsen geschlichen und hinuntergesehen ins Nufatal und hinüber nach der Feste. Das Dorf schien wie ausgestorben. Auch auf der Burgsteige sah er nur selten Leute wandern. Alle Arbeit war dort aufgegeben, aber oben im Wald an der Burg, wahrscheinlich auf dem Festplatz, rauchten beständig Leichenbrände. Auch die Huhka- und die Nallihöhle hatte er aufgesucht. Auch dort fand er nur Reste der Bewohner, einige Männer, die dem Blutbad auf dem Nufa entronnen waren, einige alte Frauen und viele Kinder, die an dem Burgfest nicht teilgenommen hatten; alle in Verzweiflung und beständiger Todesangst ohne die gewohnten, allsorgenden Häuptlinge, untätig, stumm ergeben ihrem weiteren Schicksal entgegensehend.

Wohl fragte Ara die erfahrene Ahne, was sie in ihrer Not weiter beginnen, ob vielleicht die Reste der Bewohner aller drei Höhlen zusammenziehen sollten? Aber in welche Höhle? Oder sollten sie zu den See-Aimats flüchten? Es waren so wenig Männer übrig und dagegen so viele alte Leute und kleine Kinder, dass auch dieser Plan unausführbar schien.

Die Alte wusste keinen Rat mehr. Seit sie Rulaman verloren gab, schien alle Geisteskraft, alle Sicherheit, alle Hoffnung von ihr gewichen, denn er war ja das Licht ihrer Augen und, wie sie immer geglaubt hatte, der vorausbestimmte Retter und Rächer ihres Volkes.

Eine Woche nach dem Belenfest war so verflossen, da glaubte die alte Parre einmal mitten in der Nacht, nicht lange nachdem Ara sie verlassen hatte, Kriegsgeschrei und Jammerrufe aus der Richtung der Tulka zu vernehmen. Mit Anstrengung ihrer letzten Kräfte kroch sie mittels einer Stange den steilen Schacht hinauf zu dem Eingang ihrer Höhle. Die Nacht war finster und stürmisch; sie hörte und sah nichts mehr. Sie blieb am Eingang sitzen und harrte dem Tag entgegen. Es musste ja ein Bote kommen, wenn ein weiteres Unglück geschehen war. Die Sonne erschien, noch saß sie regungslos in dem Felsspalt. Beim geringsten Geräusch bog sie die Waldreben auseinander, der alte weiße Kopf erschien draußen und horchte und spähte. Umsonst, sie blieb allein mit ihrer Angst. Sie wollte nicht wieder hinunterkriechen in die Höhle, sie saß wie gebannt, bis es Abend wurde. Wenn Ara noch am Leben war, so musste sie jetzt kommen. Aber die Nacht sank herab, kein menschlicher Fußtritt ließ sich vernehmen, kein Klopfen ertönte unten am Fels.

So saß die alte Parre bis zum Morgen und wieder bis zum Abend. Da erhob sie sich und kroch hinunter in die Halle. Ihr Entschluss war gefasst. Keine Nahrung sollte ihr trostloses Leben weiter verlängern. Sie setzte sich nieder neben Rulaman, um mit ihm zu sterben. Sie schlummerte eine Weile. Als sie wieder erwachte, dämmerte der Morgen. Ein matter Schein beleuchtete die Züge ihres Lieblings. Noch einmal beugte sie sich über ihn, drückte ihre gefurchte Stirn auf seine kalten Wangen, und in einem schweren Aufschrei entlud sich der so lang gewaltsam zurückgepresste Seelenschmerz des einsamen Aimatweibes, den die Arme nie durch Tränen zu lindern vermocht hatte, denn weinen konnte sie schon lange nicht mehr.

Aber was war das? Hatte sich nicht der leblose Jüngling bewegt? Hatte nicht seine Hand ihren Kopf berührt, als wollte er sie leise wegdrücken? Die Alte fuhr auf. Hoffnung kehrte wieder und mit ihr die alte Geisteskraft. Sie fasste den

Kopf Rulamans mit beiden Händen, dann seine Schultern, schüttelte sie und schrie, so laut sie konnte, seinen Namen.

Und wirklich! Er lebte. Er schlug die Augen auf. Wahnsinnig vor Freude brach die Alte in ein gellendes Gelächter aus. Sie ergriff seine Hände und suchte ihn aufzurichten. Es gelang ihr. Rulaman, ihr Augapfel, saß wieder aufrecht, lebendig vor ihr. Er sah sich befremdet um, verlangte nach Wasser, das einzige, was ihm die gute Ahne nicht bieten konnte, denn kein Tropfen Wasser tropfte in dieser Höhle, und Ara brachte ja keins mehr. Sie reichte ihm getrocknete Beeren zur Erfrischung. Er suchte sich zu erheben. Die Wunde im Rücken schmerzte. Doch schien ihn der lange Schlaf gestärkt zu haben.

»Wo sind wir denn?« fragte er.

»In der Staffa«, antwortete die Alte. »Du kennst sie ja, das Uhunest vorn am breiten Tulkafelsen.«

»Wo sind Obu und Ara?«

Sie berichtete ihm alles, berichtete ihm auch von dem Geheul in jener schrecklichen Nacht und was sie vermutete, weil Ara seitdem nicht wieder gekommen war.

»Wo sind meine Waffen?«

Die Alte deutete in eine Ecke. Dort lag sein Steinbeil, sein guter Bogen, den er einst mit Obu ausgetauscht, auch das schöne Kupferschwert, das ihm sein sterbender Vater hinterlassen hatte.

»Ich muss herüber zur Tulka!« rief er und wollte hineilen zu seinem Bogen und seinem Beil. Aber die Kräfte versagten ihm.

»Deine Beine sind schwach geworden«, sagte die Alte, freundlich lächelnd, »aber die meinen wieder stark, und du sollst mir auch wieder stark werden.«

Sofort, als wäre sie mit Rulaman zu neuem Leben erwacht, erhob sie sich, holte Fleisch herbei, machte ein Feuer an, was sie seit Jahrzehnten nicht mehr getan hatte, und beide stillten den neuerwachten Hunger.

Als Rulaman gekräftigt vor ihr saß, erleuchtete ein Strahl der Freude die Züge der Alten. Sie wollte jetzt seine Wunde untersuchen, aber Rulaman ließ es nicht zu.

»Der Stoß des Kalats war nicht stark genug für einen Aimat« sagte er; »aber Wasser, Wasser, ich habe Durst!«

Die Alte seufzte schwer bekümmert. Doch in Rulaman war die ganze Naturkraft der Jugend wieder erstanden. Trotz der schmerzenden Wunde erhob er sich, holte Bogen, Pfeile und Steinbeil; die Alte wies ihm den Weg, und schon war er oben im Felsspalt. Eine Taube lag hier, eben getötet, Rulaman warf sie hinunter in die Höhle und rief hinein: »Die Uhus bringen uns noch Fleisch!«

So war es in der Tat. Das Uhupaar wollte offenbar wieder in seinen Horst einziehen und hatte Beute herbeigeschleppt.

Mit Mühe kletterte der Jüngling, nachdem er sich vorsichtig umgesehen und gehorcht hatte, an dem angelehnten Baumstamm hinunter, schlich behutsam hinüber zur Quelle und trank in gierigen Zügen. Dann eilte er weiter zur Tulka.

Oben am Waldesrand über derselben, auf der Wiese, wo sie dereinst die Pferde getummelt hatten, hielt er einen Augenblick an. Das Gehen war ihm sauer geworden. Die Wunde schmerzte. Er atmete schwer. Er horchte hinunter nach dem Waldabhang. Hier musste er Menschenstimmen hören, wenn jemand in der Tulka lebte. Er vernahm keinen Laut. Mit beflügelten Schritten eilte er den wohlbekannten Pfad hinab. Er bog um den letzten kleinen Fels und blickte auf den sonst so freundlichen Platz vor der Höhle. Totenstille überall. Die Eibe und die Eiche waren verstümmelt, verbrannt bis auf die verkohlten Stämme und einige Hauptäste, die schwarz und tot in die Luft starrten. Große dunkle Blutlachen waren halb eingetrocknet da und dort am Boden. Abgebrochene Speere, einige Steinbeile, eine Menge Pfeile, Stücke von Fell- und Kalatkleidern lagen umher. Ein heißer blutiger Kampf hatte hier gewütet.

Leises Krächzen lenkte Rulamans Auge nach dem Baumstrunk über der Höhle, früher die Zielscheibe für die Knabenspiele. Dort saß der alte Tulkarabe. Auch er hatte Rulaman erkannt. Unter lautem Freudengeschrei umkreiste er ihn, setzte sich auf seine Schulter, flatterte mit den Flügeln und rieb seinen Schnabel an Rulamans Kopf, hauchte und gilfte, als wollte er ihm die schauerliche Mär erzählen, von der ihm sonst niemand mehr Kunde bringen konnte.

Jetzt fiel Rulamans Blick auf den Herd. Da lagen menschliche Gebeine, halb verkohlt, wie angebraten, große und kleine, von Erwachsenen und Kindern.

Hatten die Kalats hier ein Kannibalenmahl gehalten?

Wenn sie Knaben schlachteten beim Belenfest und ihr Blut tranken, dachte Rulaman, so konnten sie auch Menschenfleisch verzehren.

Was hatte der mächtige Scheiterhaufen vorn im Eingang der Höhle zu bedeuten? Er war nur halb niedergebrannt; viele frische Baumzweige mit Laub sahen daraus hervor. Noch rauchte und glimmte es in der Asche. War das eine teuflische Kriegslist der verräterischen Kalats?

Er zündete einen Holzspan an und schritt mit Mühe über den Scheiterhaufen weg in die Höhle hinein.

Diese war noch immer mit Rauch gefüllt. Er konnte kaum atmen, und sein Span wollte nicht brennen.

Jetzt wurde ihm klar, was geschehen war. Die rachedürstenden Weißen, die nicht gewagt, mit den Waffen in der Hand in die Höhle einzudringen, hatten die Aimats feigerweise wie Füchse und Hyänen ausgeräuchert. Sie hatten die Armen, die in der Verzweiflung herausstürzten, niedergemacht, am Feuer gebraten und verzehrt.

Mit Grausen und Zorn drang er vorwärts. Er wollte all das Entsetzliche mit eigenen Augen sehen, um es zu glauben.

Kurz ehe er in die große Halle kam, strauchelte sein Fuß an einer Leiche. Da lag ein Weib mit einem Kind im Arm, ganz unversehrt, offenbar erstickt.

In der hohen Wohnhalle hatte sich der Rauch nach oben verzogen. Rulaman atmete hier leichter; sein Span brannte hell.

Hier hatte er die meisten Leichen erwartet. Aber er fand wieder nur eine Frau, die sich vor dem erstickenden Rauche halb unter die Bärenfelle verkrochen hatte. Sofort erkannte er sie, es war Obus Mutter. Sie war alt und überdies krank gewesen und zu schwach zu einem Fluchtversuch.

Aber wo waren die anderen alle und die Kinder? Hinausgerannt, den Feinden in die Arme, oder weiter in die Höhle hinein, um dem Rauch zu entgehen?

Er suchte weiter. In der Vorratsgrotte fand er wieder drei Weiber mit kleinen Kindern. Endlich gelangte er in die Brunnenkammer. Sie war zur Leichenkammer geworden. Hierher, wohin der Rauch zuletzt gedrungen war, hatten sich die halberwachsenen Kinder geflüchtet und lagen zusammengedrängt beieinander, der Tulkabär daneben. Einige Knaben hingen oben auf den Felssprüngen. In ihrer Todesangst waren sie an den Wänden hinaufgeklettert.

Nur die Kleider, die Gerätschaften, die Waffen, die Werkzeuge, die Vorräte hingen und standen an ihren gewohnten Plätzen an den Wänden herum und in den Felsnischen, unversehrt und unberührt. Offenbar waren die Kalats gar nicht in die Höhle eingedrungen.

Bei einer Leiche nach der anderen versuchte Rulaman, ob kein Leben mehr vorhanden sei, ob kein Herzschlag mehr zu spüren sei. Welche Freude wäre es ihm gewesen, auch nur noch ein Kind seines Tulkastammes mit in die Staffa zu bringen. Es war alles umsonst. Die Rache der Weißen war eine vollständige.

»Das hat der Druide so angeordnet«, flüsterte er vor sich hin.

Endlich kam er wieder aus der Höhle auf den freien Platz.

Wo war Ara? Wo waren die beiden Männer? Er hatte keine Spur von ihnen in der Höhle gefunden. Waren sie im Kampf vor der Höhle gefallen, das mutige Nallimädchen mit ihnen? Waren jene angebrannten Gebeine die ihren?

Er suchte weiter im nahen Wald um die Höhle herum. Blutspuren führten zu einer Föhre, an deren Fuß ihm schon von weitem ein Wolfspelz auffiel. Er eilte hin.

Ein grauenhafter Anblick bot sich ihm. Er sah vor sich die Leiche eines Aimatmannes, von einer Menge von Pfeilen durchbohrt, umgekehrt, den Kopf nach unten, an den Baum gebunden. Es war Obu.

»Wie haben sie dich so binden können, armer Freund?« rief er zornentbrannt. »Aber du warst tot, ehe sie dir diesen Schimpf angetan, das weiß ich. Und nach dem Tode musstest du den Feiglingen noch als Zielscheibe dienen. So bitter hassten sie dich. Sie hatten wohl Grund dazu.«

Er zerschnitt die Bande und trug die Leiche in die Höhle zu den anderen.

Dann wälzte er Felsstücke und große Steine vor den Eingang der Tulka, trug Baumäste zusammen und verrammelte sie, so gut er vermochte. Kein Bär, keine Hyäne, kein Wolf sollte die teuren Toten berühren. Die Tulka sollte fortan ihr Grab sein.

Hierauf steckte er drei Speere, die er mit aus der Höhle genommen hatte, in einem Dreieck vor dem Eingang in die Erde, ein Zeichen für die Kalats, dass sie sich nicht nahen sollten, dass noch ein Rächer lebe für den braven Tulkastamm.

Dann nahm er ein Tongefäß vom Herd und verließ, den treuen Raben auf der Schulter, den Ort des Schreckens, der einst seine glückliche Heimat gewesen war.

Furchtlos und stolz schritt er den Pfad hinauf; ja, mit Lust hätte er jetzt gekämpft, wären ihm Kalats begegnet. Er schöpfte Wasser an der Quelle und kehrte zurück zur Staffa, um der Ahne Kunde zu bringen.

Was sollen wir weiter sagen von dem einsamen Leben der beiden dort oben in dem Schuhuhorst? Gleichförmig und ruhig flossen ihre Tage dahin. Es war leicht für Rulaman, die wenige Nahrung zu beschaffen, der sie bedurften. Er machte nur kleine Jagdausflüge, um die Ahne nie lange allein zu lassen.

Ob wohl die Kalats ahnten, dass noch ein Tulkamann lebte? Ob sie ihn nicht vermisst hatten unter den Toten? So oft er hinüberging zur Tulka, immer standen die drei Speere aufrecht vor der Höhle. Vielleicht mieden die Kalats den unheimlichen Ort, der wohl auch manchen von ihnen das Leben gekostet hatte, denn Obu und Ara und der andere Tulkamann waren sicher nicht ohne furchtbare Gegenwehr gefallen.

Schon nach wenigen Wochen war Rulaman wieder vollkommen erstarkt. Täglich kochte ihm die Alte eine Kraftbrühe, wie sie es nannte, aus Vipern, die sie lebendig in strudelndes Wasser warf. Die Vipern musste ihr Rulaman fangen. Es gab damals genug giftige Schlangen auf der Alb, wie noch heute in einzelnen ihrer Täler. Träge, im Halbschlaf, pflegten sie im Sommer stundenlang vor ihren Fels- oder Baumlöchern zu liegen, um sich zu sonnen; den Körper in eine Spirale aufgerollt, den Kopf in der Mitte etwas aufgerichtet, beim geringsten Geräusch ein wenig zuckend, wie um zu horchen und vor Aufregung züngelnd, bereit zum verderbenbringenden Biss. Wo immer Rulaman auf seinen Jagdgängen eine liegen sah, drückte er sie mit seinem Speerschaft nieder. Die

Viper schnellte auf und biss wütend in das Holz, dass die gelben Gifttropfen darauf standen. Doch bald war ihre Kraft erschöpft. Dann hielt er ihren Kopf mit dem Schaft auf dem Boden fest, fasste sie mit den Fingern am Hals, hart hinter dem Kopf, und warf sie in seinen Köcher. So hatte es ihn die Ahne gelehrt, und nie wurde er gebissen.

Einfacher und mit wunderbarer Ruhe und Sicherheit behandelte die Alte die Schlangen zu Hause. Sie schüttelte sie aus dem Köcher auf den Boden, packte sie rasch an der Schwanzspitze und ließ sie in einen ihrer Töpfe hineinkriechen, deren sie eine Reihe sorgfältig zugedeckt in einer Felsennische stehen hatte.

Die Alte liebte das Viperngericht, dessen Wunderkraft sie jetzt die Wiederherstellung Rulamans zuschrieb. Auch sie selbst schien wieder aufzuleben, ja fast sich zu verjüngen. Das stille Zusammensein mit ihrem Liebling behagte ihr.

War Rulaman auf der Jagd, so spielte sie wie ein Kind mit dem Raben. Mit ihm saß sie gewöhnlich den Tag über oben im Felsspalt, sonnte sich und freute sich, wie der zahme Vogel ab- und zuflog, wie er mutig auf die Raubvögel losstürzte, die in der Nähe vorüberflogen, ja sogar auf die Uhus, wenn sie hin und wieder abends erschienen, um nach ihrem verlorenen Horst zu spähen, noch mehr aber, wenn er durch Krächzen die Ankunft Rulamans verkündigte, wie er es immer tat.

Hatte sie den Schmerz um den Untergang ihres Stammes vergessen, oder waren ihre Gefühle stumpf geworden im Übermaß des Jammers? Oder war sie ruhig, weil alles eingetroffen, wie sie es vorhergesagt, vorhergewusst, und weil sie die Schrecken und den Ursprung ihres Volkes schon im Geist durchgekämpft hatte? So schien es. Denn als ihr Rulaman die erste Kunde brachte von all dem Grässlichen, was er vor und in der Tulka gesehen, seufzte sie zwar schwer, forschte aber nicht weiter nach. Auch als er ihr später von der Huhka- und von der Nallihöhle, die er aufgesucht hatte, dasselbe schreckliche Ende schilderte, wie die Kalats auch dort die letzten Aimatreste mit Schwert und Feuer vertilgt, blieb sie scheinbar unbewegt.

Nur ein Gedanke machte sie oft schwermütig: was aus Rulaman werden sollte nach ihrem Tod. Doch dieser tröstete sie dann liebevoll: »Ich bleibe bei dir bis zu deinem Ende, ich begrabe dich bei den anderen in der Tulka und lebe und sterbe hier als der letzte Aimat.«

Die Alte aber schüttelte den Kopf und meinte: »Das Gesicht, das ich gesehen, wird mich nicht täuschen. So gewiss dich die alte Parre wieder aus dem Tode zum Leben gerufen, so gewiss wird dir widerfahren, was dein Vater Rul und deine Ahne vorhergesagt haben.«

Felix Fabri
Blautopf

Rings um den Blautopf sieht man an den Hängen der Berge schaurige Wohnungen von Nymphen. Wer muss nicht staunen, wenn er die Hänge emporsteigt und in die Dunkelheit eindringt und in die dichten Brombeergesträuche? Und wenn er, wie benommen vor Ergriffenheit, die Grotten und Höhlen sieht, die großartigen Felsenspalten, die engen und breiten Klüfte in den Felsen?

Aus all dem schließe ich, dass die Quelle bei Blaubeuren mit ihren Bergen, Tälern, Wäldern einst den Göttern geweiht oder jedenfalls göttlicher Verehrung würdig gewesen ist.

(um 1500)

Eduard Mörike
Historie von der schönen Lau

Der Blautopf ist der große runde Kessel eines wundersamen Quells bei einer jähen Felsenwand gleich hinter dem Kloster. Gen Morgen sendet er ein Flüsschen aus, die Blau, welche der Donau zufällt. Dieser Teich ist einwärts wie ein tiefer Trichter, sein Wasser von Farbe ganz blau, sehr herrlich, mit Worten nicht wohl zu beschreiben; wenn man es aber schöpft, sieht es ganz hell in dem Gefäß.

Zu unterst auf dem Grund saß ehmals eine Wasserfrau mit langen fließenden Haaren. Ihr Leib war allenthalben wie eines schönen, natürlichen Weibs, dies eine ausgenommen, dass sie zwischen den Fingern und Zehen eine Schwimmhaut hatte, blühweiß und zärter als ein Blatt vom Mohn. Im Städtlein ist noch heutzutag ein alter Bau, vormals ein Frauenkloster, hernach zu einer großen Wirtschaft eingerichtet, und hieß darum der Nonnenhof. Dort hing vor sechzig Jahren noch ein Bildnis von dem Wasserweib, trotz Rauch und Alter noch wohl kenntlich in den Farben. Da hatte sie die Hände kreuzweis auf die Brust gelegt, ihr Angesicht sah weißlich, das Haupthaar schwarz, die Augen aber, welche sehr groß waren, blau. Beim Volk hieß sie die arge Lau im Topf, auch wohl *die schöne Lau.* Gegen die Menschen erzeigte sie sich bald böse, bald gut. Zuzeiten, wenn sie im Unmut den Gumpen übergehen ließ, kam Stadt und Kloster in Gefahr, dann brachten ihr die Bürger in einem feierlichen Aufzug oft Geschenke, sie zu begütigen, als: Gold- und Silbergeschirr, Becher, Schalen, kleine Messer und andre Dinge, dawider zwar, als einen heidnischen Gebrauch und Götzendienst, die Mönche redlich eiferten, bis derselbe auch endlich ganz abgestellt worden. So feind darum die Wasserfrau dem Kloster war, geschah es doch nicht selten, wenn Pater Emeran die Orgel drüben schlug und kein Mensch in der Nähe war, dass sie am lichten Tag mit halbem Leib heraufkam und zuhorchte; dabei trug sie zuweilen einen Kranz von breiten Blättern auf dem Kopf und auch dergleichen um den Hals.

Ein frecher Hirtenjung' belauschte sie einmal in dem Gebüsch und rief: »Hei, Laubfrosch! git's gu^{a}t Wetter?« Geschwinder als ein Blitz und giftiger als eine Otter fuhr sie heraus, ergriff den Knaben beim Schopf und riss ihn mit hinunter in eine ihrer nassen Kammern, wo sie den ohnmächtig gewordenen jämmerlich verschmachten und verfaulen lassen wollte. Bald aber kam er wieder zu sich, fand eine Tür und kam, über Stufen und Gänge, durch viele Gemächer in einen schönen Saal. Hier war es lieblich, glusam mitten im Winter. In einer Ecke brannte, indem die Lau und ihre Dienerschaft schon schlief, auf einem hohen Leuchter mit goldenen Vogelfüßen als Nachtlicht eine Ampel. Es stand viel köstlicher Hausrat herum an den Wänden, und diese waren samt dem Estrich ganz mit Teppichen staffiert, Bildweberei in allen Farben. Der Knabe hurtig nahm das Licht herunter von dem Stock, sah sich in Eile um, was er noch sonst erwischen möchte, und griff aus einem Schrank etwas heraus, das stak in einem Beutel und war mächtig schwer, deswegen er vermeinte, es sei Gold; lief dann und kam vor ein erzenes Pförtlein, das mochte in der Dicke gut zwei Fäuste sein, schob die Riegel zurück und stieg eine steinerne Treppe hinauf in unterschiedlichen Absätzen, bald links, bald wieder rechts, gewiss vierhundert Stufen, bis sie zuletzt ausgingen und er auf ungeräumte Klüfte stieß; da musste er das Licht dahinten lassen und kletterte so mit Gefahr seines Lebens noch eine Stunde lang im Finstern hin und her, dann aber brachte er den Kopf auf einmal aus der Erde. Es war tief Nacht und dicker Wald um ihn. Als er nach vielem Irregehen endlich mit der ersten Morgenhelle auf gänge Pfade kam und von dem Felsen aus das Städtlein unten erblickte, verlangte ihn am Tag zu sehen, was in dem Beutel wäre; da war es weiter nichts als ein Stück Blei, ein schwerer Kegel, spannenlang, mit einem Ohr an seinem obern Ende, weiß vor Alter. Im Zorn warf er den Plunder weg, ins Tal hinab, und sagte nachher weiter niemand von dem Raub, weil er sich dessen schämte. Doch kam von ihm die erste Kunde von der Wohnung der Wasserfrau unter die Leute.

Nun ist zu wissen, dass die schöne Lau nicht hier am Ort zu Hause war; vielmehr war sie, als eine Fürstentochter, und zwar, von Mutterseiten her halbmenschlichen Geblüts, mit einem alten Donaunix am Schwarzen Meer vermählt. Ihr Mann verbannte sie, darum, dass sie nur tote Kinder hatte. Das aber kam, weil sie stets traurig war, ohn' einige besondere Ursach'. Die Schwiegermutter hatte ihr geweissagt, sie möge eher nicht eines lebenden Kindes genesen, als bis sie fünfmal von Herzen gelacht haben würde. Beim fünften Male müsste etwas sein, das dürfe sie nicht wissen, noch auch der alte Nix. Es wollte aber damit niemals glücken, soviel auch ihre Leute deshalb Fleiß anwendeten; endlich da mochte sie der alte König ferner nicht an seinem Hofe leiden und sandte sie an diesen Ort, unweit der obern Donau, wo seine Schwester wohnte. Die Schwiegermutter hatte ihr zum Dienst und Zeitvertreib etliche Kammerzofen und Mägde mitgegeben, so muntere und kluge Mädchen, als je auf Entenfüßen gingen (denn was von dem gemeinen Stamm der Wasserweiber ist, hat rechte Entenfüße); die zogen sie, pur für die Langeweile, sechsmal des Tages anders an – denn außerhalb dem Wasser ging sie in köstlichen Gewändern, doch barfuß –, erzählten ihr alte Geschichten und Mären, machten Musik, tanzten und scherzten vor ihr. An jenem Saal, darin der Hirtenbub gewesen, war der Fürstin ihr Gaden oder Schlafgemach, von welchem eine Treppe in den Blautopf ging. Da lag sie manchen lieben Tag und manche Sommernacht, der Kühlung wegen. Auch hatte sie allerlei lustige Tiere, wie Vögel, Küllhasen und Affen, vornehmlich aber einen possigen Zwerg, durch welchen vormals einem Ohm der Fürstin war von ebensolcher Traurigkeit geholfen worden. Sie spielte alle Abend Damenziehen, Schachzagel oder Schaf und Wolf mit ihm; so oft er einen ungeschickten Zug getan, schnitt er die raresten Gesichter, keines dem andern gleich, nein, immer eines ärger als das andere, dass auch der weise Salomo das Lachen nicht gehalten hätte, geschweige denn die Kammerjungfern oder du selber, liebe Leserin, wärst du dabei gewesen; nur bei der schönen Lau schlug eben gar nichts an, kaum dass sie ein paarmal den Mund verzog.

Es kamen alle Jahr um Winters Anfang Boten von daheim, die klopften an der Halle mit dem Hammer, da frugen dann die Jungfern:

> Wer pochet, dass einem das Herz erschrickt?

Und jene sprachen:

> Der König schickt!
> Gebt uns wahrhaftigen Bescheid,
> Was Guts ihr habt geschafft die Zeit.

Und sie sagten:

> Wir haben die ferndigen Lieder gesungen
> Und haben die ferndigen Tänze gesprungen,
> Gewonnen war es um ein Haar! –
> Kommt, liebe Herren, übers Jahr.

So zogen sie wieder nach Haus. Die Frau war aber vor der Botschaft und darnach stets noch einmal so traurig.

Im Nonnenhof war eine dicke Wirtin, Frau Betha Seysolffin, ein frohes Biederweib, christlich, leutselig, gütig; zumal an armen reisenden Gesellen bewies sie sich als eine rechte Fremdenmutter. Die Wirtschaft führte zumeist ihr ältester Sohn, Stephan, welcher verehelicht war; ein anderer, Xaver, war Klosterkoch, zwo Töchter noch bei ihr. Sie hatte einen kleinen Küchengarten vor der Stadt, dem Topf zunächst. Als sie im Frühjahr einst am ersten warmen Tag dort war und ihre Beete richtete, den Kappis, den Salat zu säen, Bohnen und Zwiebel zu stecken, besah sie sich von ungefähr auch einmal recht mit Wohlgefallen wieder das schöne blaue Wasser überm Zaun und mit Verdruss daneben einen alten garstigen Schutthügel, der schändete den ganzen Platz; nahm also, wie sie fertig war mit ihrer Arbeit und das Gartentürlein hinter sich zugemacht hatte, die Hacke noch einmal, riss flink das gröbste Unkraut aus, erlas etliche Kürbiskern' aus ihrem Samenkorb und steckte hin und wieder einen in den Haufen. (Der Abt im Kloster, der die Wirtin, als eine saubere Frau, gern sah – man hätte sie nicht über vierzig Jahr geschätzt, er selber aber war gleich ihr ein starkbeleibter Herr – stand just am Fenster oben und grüßte herüber, indem er mit dem Finger drohte, als halte sie zu seiner Widersacherin.) Die Wüstung grünte nun den ganzen Sommer, dass es eine Freude war, und hingen dann im Herbst die großen gelben Kürbis an dem Abhang nieder bis zu dem Teich.

Jetzt ging einsmals der Wirtin Tochter, Jutta, in den Keller, woselbst sich noch von alten Zeiten her ein offener Brunnen mit einem steinernen Kasten befand. Beim Schein des Lichts erblickte sie darinne mit Entsetzen die schöne Lau, schwebend bis an die Brust im Wasser; sprang voller Angst davon und sagt's der Mutter an; die fürchtete sich nicht und stieg allein hinunter, litt auch nicht, dass ihr der Sohn zum Schutz nachfolgte, weil das Weib nackt war.

Der wunderliche Gast sprach dieses zum Gruß:

»Die Wasserfrau ist kommen
Gekrochen und geschwommen,
Durch Gänge steinig, wüst und kraus,
Zur Wirtin in das Nonnenhaus.
Sie hat sich meinethalb gebückt,
Mein' Topf geschmückt
Mit Früchten und mit Ranken,
Das muss ich billig danken.«

Sie hatte einen Kreisel aus wasserhellem Stein in der Hand, den gab sie der Wirtin und sagte: »nehmt dieses Spielzeug, liebe Frau, zu meinem Angedenken! Ihr werdet guten Nutzen davon haben. Denn jüngsthin habe ich gehört, wie Ihr in Eurem Garten der Nachbarin klagtet, Euch sei schon auf die Kirchweih angst, wo immer die Bürger und Bauern zu Unfrieden kämen und Mord und Totschlag zu befahren sei. Derhalben, liebe Frau, wenn wieder die trunkenen Gäste bei Tanz und Zeche Streit beginnen, nehmt den Topf zur Hand und dreht ihn vor der Tür des Saals im Öhrn, da wird man hören durch das ganze Haus ein mächtiges und herrliches Getöne, dass alle gleich die Fäuste werden sinken lassen und guter Dinge sein, denn jählings ist ein jeder nüchtern und gescheit geworden. Ist es an dem, so werfet Eure Schürze auf den Topf, da wickelt er sich alsbald ein und lieget stille.«

So redete das Wasserweib. Frau Betha nahm vergnügt das Kleinod samt der goldenen Schnur und dem Halter von Ebenholz, rief ihre Tochter Jutta her (sie stand nur hinter dem Krautfass an der Staffel), wies ihr die Gabe, dankte und lud die Frau, so oft die Zeit ihr lang wär', freundlich ein zu fernerem Besuch, darauf das Weib hinabfuhr und verschwand.

Es dauerte nicht lang, so wurde offenbar, welch einen Schatz die Wirtschaft an dem Topf gewann. Denn nicht allein, dass er durch seine Kraft und hohe Tugend die übeln Händel allezeit in einer Kürze dämpfte, er brachte auch dem Gasthaus bald erstaunliche Einkehr zuwege. Wer in die Gegend kam, gemein oder vornehm, ging ihm zulieb'; insonderheit kam bald der Graf von Helfenstein, von Wirtemberg und etliche große Prälaten; ja ein berühmter Herzog aus Lombardenland, so bei dem Herzoge von Bayern gastweis war und dieses Wegs nach Frankreich reiste, bot vieles Geld für dieses Stück, wenn es die Wirtin lassen wollte. Gewiss war in keinem andern Land seinesgleichen zu sehn und zu hören. Erst, wenn er anhub sich zu drehen, ging es doucement her, dann klang es stärker und stärker, so hoch wie tief, und immer herrlicher, als wie der Schall von vielen Pfeifen, der quoll und stieg durch alle Stockwerke bis unter das Dach und bis in den Keller, dergestalt, dass alle Wände, Dielen, Säulen und Geländer schienen davon erfüllt zu sein, zu tönen und zu schwellen. Wenn nun das Tuch auf ihn geworfen wurde und er ohnmächtig lag, so hörte gleichwohl die Musik sobald nicht auf, es zog vielmehr der ausgeladene Schwall mit starkem Klingen, Dröhnen, Summen noch wohl bei einer Viertelstunde hin und her.

Bei uns im Schwabenland heißt so ein Topf aus Holz gemeinhin eine Habergeis; Frau Betha ihrer ward nach seinem vornehmsten Geschäfte insgemein genannt der Bauren-Schwaiger. Er war gemacht aus einem großen Amethyst, des Name besagen will: wider den Trunk, weil er den schweren Dunst des Weins geschwinde aus dem Kopf vertreibt, ja schon von Anbeginn dawider tut, dass einen guten Zecher das Selige berühre; darum ihn auch weltlich und geistliche Herren sonst häufig pflegten am Finger zu tragen.

Die Wasserfrau kam jeden Mond einmal, auch je und je unverhofft zwischen der Zeit, weshalb die Wirtin eine Schelle richten ließ, oben im Haus, mit einem Draht, der lief herunter an der Wand beim Brunnen, damit sie sich gleichbald anzeigen konnte. Also ward sie je mehr und mehr zutunlich zu den wackeren Frauen, der Mutter samt den Töchtern und der Söhnerin.

Einsmals an einem Nachmittag im Sommer, da eben keine Gäste kamen, der Sohn mit den Knechten und Mägden hinaus in das Heu gefahren war, Frau Betha mit der Ältesten im Keller Wein abließ, die Lau im Brunnen aber Kurzweil halben dem Geschäft zusah und nun die Frauen noch ein wenig mit ihr plauderten, da fing die Wirtin an: »Mögt Ihr Euch denn einmal in meinem Haus und Hof umsehn? Die Jutta könnte Euch etwas von Kleidern geben; ihr seid von einer Größe«.

»Ja«, sagte sie, »ich wollte lange gern die Wohnungen der Menschen sehn, was alles sie darin gewerben, spinnen, weben, ingleichen auch wie Eure Töchter Hochzeit machen und ihre kleinen Kinder in der Wiege schwenken.«

Da lief die Tochter fröhlich mit Eile hinauf, ein rein Leintuch zu holen, bracht' es und half ihr aus dem Kasten steigen, das tat sie sonder Mühe und lachenden Mundes. Flugs schlug ihr die Dirne das Tuch um den Leib und führte sie bei ihrer Hand eine schmale Stiege hinauf in der hintersten Ecke des Kellers, da man durch eine Falltür oben gleich in der Töchter Kammer gelangt. Allda ließ sie sich trocken machen und saß auf einem Stuhl, indem ihr Jutta die Füße abrieb. Wie diese ihr nun an die Sohle kam, fuhr sie zurück und kicherte. »War's nicht gelacht?« frug sie selber sogleich. – »Was anders?« rief das Mädchen und jauchzte: »gebenedeiet sei uns der Tag! ein erstes Mal wär' es geglückt!« – Die Wirtin hörte in der Küche das Gelächter und die Freude, kam herein, begierig, wie es zugegangen, doch als sie die Ursach' vernommen – du armer Tropf, so dachte sie, das wird ja schwerlich gelten! – ließ sich indes nichts merken, und Jutte nahm etliche Stücke heraus aus dem Schrank, das Beste was sie hatte, die Hausfreundin zu kleiden. »Seht«, sagte die Mutter: »sie will wohl aus Euch eine Susann Preisnestel machen.« – »Nein«, rief die Lau in ihrer Fröhlichkeit, »lass mich die Aschengruttel sein in deinem Märchen!« – nahm einen schlechten runden Faltenrock und eine Jacke; nicht Schuh noch Strümpfe litt sie an den Füßen, auch hingen ihre Haare ungezöpft bis auf die Knöchel nieder. So strich sie durch das Haus von unten bis oberst, durch Küche, Stuben, und Gemächer. Sie verwunderte sich des gemeinsten Gerätes und seines Gebrauchs, besah den rein gefegten Schenktisch und darüber in langen Reihen die zinnenen Kannen und Gläser, alle gleich gestürzt, mit hängendem Deckel, dazu den kupfernen Schwenkkessel samt der Bürste und mitten in der Stube an der Decke der Weber Zunftgeschmuck, mit Seidenband und Silberdraht geziert, in dem Kästlein von Glas. Von ungefähr erblickte sie ihr eigen Bild im Spiegel, davor blieb sie betroffen und erstockt eine ganze Weile stehn, und als darauf die Söhnerin sie mit in ihre Stube nahm und ihr ein neues Spiegelein, drei Groschen wert, verehrte, da meinte sie Wunders zu haben; denn unter allen ihren Schätzen fand sich dergleichen nicht.

Bevor sie aber Abschied nahm, geschah's, dass sie hinter den Vorhang des Alkoven schaute, woselbst der jungen Frau und ihres Mannes Bett sowie der Kinder Schlafstätte war. Saß da ein Enkelein mit rotgeschlafenen Backen, hemdig und einen Apfel in der Hand, auf einem runden Stühlchen von guter Ulmer Hafnerarbeit, grünverglaset. Das wollte dem Gast außer Maßen gefallen; sie nannte es einen viel zierlichen Sitz, rümpft' aber die Nase mit eins, und da die drei Frauen sich wandten zu lachen, vermerkte sie etwas und fing auch hell zu lachen an, und hielt sich die ehrliche Wirtin den Bauch, indem sie sprach: »diesmal fürwahr hat es gegolten, und Gott schenk' Euch so einen frischen Buben, als mein Hans da ist!«

Die Nacht darauf, dass sich dies zugetragen, legte sich die schöne Lau getrost und wohlgemut, wie schon in langen Jahren nicht, im Grund des Blautopfs nieder, schlief gleich ein, und bald erschien ihr ein närrischer Traum.

Ihr deuchte da, es war die Stunde nach Mittag, wo in der heißen Jahreszeit die Leute auf der Wiese sind und mähen, die Mönche aber sich in ihren kühlen Zellen eine Ruhe machen, daher es noch einmal so still im ganzen Kloster und rings um seine Mauern war. Es stund jedoch nicht lange an, so kam der Abt herausspaziert und sah, ob nicht etwa die Wirtin in ihrem Garten sei. Dieselbe aber saß als eine dicke Wasserfrau mit langen Haaren in dem Topf, allwo der Abt sie bald entdeckte, sie begrüßte und ihr einen Kuss gab, so mächtig, dass es vom Klostertürmchen widerschallte, und schallte es der Turm ans Refektorium, das sagt' es der Kirche, und die sagt's dem Pferdestall, und der sagt's dem Fischhaus, und das sagt's dem Waschhaus, und im Waschhaus da riefen's die Zuber und Kübel sich zu. Der Abt erschrak bei solchem Lärm; ihm war, wie er sich nach der Wirtin bückte, sein Käpplein in Blautopf gefallen; sie gab es ihm geschwind, und er watschelte hurtig davon.

Da aber kam aus dem Kloster heraus unser Herrgott, zu sehn, was es gebe. Er hatte einen langen weißen Bart und einen roten Rock. Und frug den Abt, der ihm just in die Hände lief:

»Herr Abt, wie ward Euer Käpplein so nass?«

Und er antwortete:

> »Es ist mir ein Wildschwein am Wald verkommen,
> Vor dem hab' ich Reißaus genommen;
> Ich rannte sehr und schwitzet' bass,
> Davon ward wohl mein Käpplein so nass.«

Da hob unser Herrgott, unwirs ob der Lüge, seinen Finger auf, winkt' ihm und ging voran, dem Kloster zu. Der Abt sah hehlings noch einmal nach der Frau Wirtin um, und diese rief: »ach liebe Zeit, ach liebe Zeit, jetzt kommt der gut' alt' Herr in die Prison!«

Dies war der schönen Lau ihr Traum. Sie wusste aber beim Erwachen und spürte noch an ihrem Herzen, dass sie im Schlaf sehr lachte, und ihr hüpfte noch wachend die Brust, dass der Blautopf oben Ringlein schlug.

Weil es am Tag zuvor sehr schwül gewesen, so blitzte es jetzt in der Nacht. Der Schein erhellte den Blautopf ganz, auch spürte sie am Boden, es donnere weitweg. So blieb sie mit zufriedenem Gemüte noch eine Weile ruhen, den Kopf in ihre Hand gestützt, und sah dem Wetterblicken zu. Nun stieg sie auf, zu wissen, ob der Morgen etwa komme: allein es war noch nicht viel über Mitternacht. Der Mond stand glatt und schön über dem Rusenschloss, die Lüfte aber waren voll vom Würzgeruch der Mahden.

Sie meinte fast der Geduld nicht zu haben bis an die Stunde, wo sie im Nonnenhof ihr neues Glück verkünden durfte, ja wenig fehlte, dass sie sich jetzt nicht mitten in der Nacht aufmachte und vor Juttas Türe kam (wie sie nur einmal, Trostes wegen, in übergroßem Jammer nach der jüngsten Botschaft aus der Heimat tat), doch sie besann sich anders und ging zu besserer Zeit.

Frau Betha hörte ihren Traum gutmütig an, obwohl er

ihr ein wenig ehrenrührig schien. Bedenklich aber sagte sie darauf: »Baut nicht auf solches Lachen, das im Schlaf geschah; der Teufel ist ein Schelm. Wenn Ihr auf solches Trugwerk hin die Boten mit fröhlicher Zeitung entließet, und die Zukunft strafte Euch Lügen, es könnte schlimm daheim ergehen.«

Auf diese Rede hing die schöne Lau den Mund gar sehr und sagte: »Frau Ahne hat der Traum verdrossen!« – nahm kleinlauten Abschied und tauchte hinunter.

Es war nah bei Mittag, da rief der Pater Schaffner im Kloster dem Bruder Kellermeister eifrig zu: »Ich merk', es ist im Gumpen letz! die Arge will Euch Eure Fass wohl wieder einmal schwimmen lehren. Tut Eure Läden eilig zu, vermachet alles wohl!«

Nun aber war des Klosters Koch, der Wirtin Sohn, ein lustiger Vogel, welchen die Lau wohl leiden mochte. Der dachte ihren Jäst mit einem Schnak zu stillen, lief nach seiner Kammer, zog die Bettscher' aus der Lagerstätte und steckte sie am Blautopf in den Rasen, wo das Wasser auszutreten pflegte, und stellte sich mit Worten und Gebärden als einen viel getreuen Diener an, der mächtig Ängsten hätte, dass seine Herrschaft aus dem Bett falle und etwa Schaden nehmen möchte. Da sie nun sah das Holz so recht mit Fleiß gesteckt und über das Bächlein gespreizt, kam ihr in ihrem Zorn das Lachen an, und lachte überlaut, dass man's im Klostergarten hörte.

Als sie hierauf am Abend zu den Frauen kam, da wussten sie es schon vom Koch und wünschten ihr mit tausend Freuden Glück. Die Wirtin sagte: »der Xaver ist von Kindesbeinen an gewesen als wie der Zuberklaus, jetzt kommt uns seine Torheit zustatten.«

Nun aber ging ein Monat nach dem anderen herum, es wollte sich zum dritten- oder viertenmal nicht wieder schicken. Martini war vorbei, noch wenige Wochen, und die

Boten standen wieder vor der Tür. Da ward es den guten Wirtsleuten selbst bang, ob heuer noch etwas zustande käme, und alle hatten nur zu trösten an der Frau. Je größer deren Angst, je weniger zu hoffen war.

Damit sie ihres Kummers eher vergesse, lud ihr Frau Betha einen Lichtkarz ein, da nach dem Abendessen ein halb Dutzend muntre Dirnen und Weiber aus der Verwandtschaft in einer abgelegenen Stube mit ihren Kunkeln sich zusammensetzten. Die Lau kam alle Abend in Juttas altem Rock und Kittel und ließ sich weit vom warmen Ofen weg in einem Winkel auf dem Boden nieder und hörte dem Geplauder zu, von Anfang als ein stummer Gast, ward aber bald zutraulich und bekannt mit allen. Um ihretwillen machte sich Frau Betha eines Abends ein Geschäft daraus, ihr Weihnachtskripplein für die Enkel beizeiten herzurichten: die Mutter Gottes mit dem Kind im Stall, bei ihr die drei Weisen aus Morgenland, ein jeder mit seinem Kamel, darauf er hergereist kam und seine Gaben brachte. Dies alles aufzuputzen und zu leimen, was etwa lotter war, saß die Frau Wirtin an dem Tisch beim Licht mit ihrer Brille, und die Wasserfrau mit höchlichem Ergötzen sah ihr zu, sowie sie auch gerne vernahm, was ihr von heiligen Geschichten dabei gesagt wurde, doch nicht, dass sie dieselben dem rechten Verstand nach begriff oder zu Herzen nahm, wie gern auch die Wirtin es wollte.

Frau Betha wusste ferner viel lehrreicher Fabeln und Denkreime, auch spitzweise Fragen und Rätsel; die gab sie nacheinander im Vorsitz auf zu raten, weil sonderlich die Wasserfrau von Hause aus dergleichen liebte und immer gar zufrieden schien, wenn sie es ein und das andre Mal traf (das doch nicht allzu leicht geriet). Eines derselben gefiel ihr vor allen, und was damit gemeint ist, nannte sie ohne Besinnen:

»Ich bin eine dürre Königin,
Trag' auf dem Haupt eine zierliche Kron',
Und die mir dienen mit treuem Sinn,
Die haben großen Lohn.

Meine Frauen müssen mich schön frisiern,
Erzählen mir Märlein ohne Zahl,
Sie lassen kein einzig Haar an mir,
Doch siehst du mich nimmer kahl.

Spazieren fahr' ich frank und frei,
Das geht so rasch, das geht so fein;
Nur komm' ich nicht vom Platz dabei –
Sagt, Leute, was mag das sein?«

Darüber sagte sie, in etwas fröhlicher denn zuvor: »wenn ich dereinstens wiederum in meiner Heimat bin und kommt einmal ein schwäbisch Landeskind, zumal aus eurer Stadt, auf einer Kriegsfahrt oder sonst durch der Walachen Land an unsere Gestade, so ruf' er mich bei Namen, dort wo der Strom am breitesten hineingeht in das Meer – versteht, zehn Meilen einwärts in dieselbe See erstreckt sich meines Mannes Reich, soweit das süße Wasser sie mit seiner Farbe färbt –, dann will ich kommen und dem Fremdling zu Rat und Hilfe sein. Damit er aber sicher sei, ob ich es bin und keine andere, die ihm schaden möchte, so stelle er dies Rätsel. Niemand aus unserem Geschlechte außer mir wird ihm darauf antworten, denn dortzuland sind solche Rocken und Rädlein, als ihr in Schwaben führet, nicht gesehn, noch kennen sie dort eure Sprache; darum mag dies die Losung sein.«

Auf einen andern Abend ward erzählt vom Doktor Veylland und Herrn Konrad von Wirtemberg, dem alten Gaugrafen, in dessen Tagen es noch keine Stadt mit Namen

Stuttgart gab. Im Wiesental, da wo dieselbe sich nachmals erhob, stund nur ein stattliches Schloss mit Wassergraben und Zugbrücke, dem Domherrn von Speyer, Konradens Oheim, erbaut, und nicht gar weit davon ein hohes steinernes Haus. In diesem wohnte dazumal mit einem alten Diener ganz allein ein sonderlicher Mann, der war in natürlicher Kunst und in Arzneikunst sehr gelehrt und war mit seinem Herrn, dem Grafen, weit in der Welt herumgereist, in heißen Ländern, von wo er manche Seltsamkeit an Tieren, vielerlei Gewächsen und Meerwundern heraus nach Schwaben brachte. In seinem Öhrn sah man der fremden Sachen eine Menge an den Wänden herum hangen: die Haut vom Krokodil sowie Schlangen und fliegende Fische. Fast alle Wochen kam der Graf einmal zu ihm; mit anderen Leuten pflegte er wenig Gemeinschaft. Man wollte behaupten, er mache Gold; gewiss ist, dass er sich unsichtbar machen konnte, denn er verwahrte unter seinem Kram einen Krackenfischzahn. Einst nämlich, als er auf dem Roten Meer das Bleilot niederließ, die Tiefe zu erforschen, da zockt' es unterm Wasser, dass das Tau fast riss. Es hatte sich ein Krackenfisch im Lot verbissen und zween seiner Zähne darinne gelassen. Sie sind wie eine Schustersahle spitz und glänzend schwarz. Der eine stak sehr fest, der andre ließ sich leicht ausziehen. Da nun ein solcher Zahn, etwa in Silber oder Gold gefasst und bei sich getragen, besagte hohe Kraft besitzt und zu den größten Gütern, so man für Geld nicht haben kann, gehört, der Doktor aber dafür hielt, es zieme eine solche Gabe niemand besser als einem weisen und wohldenkenden Gebieter, damit er überall, in seinen eigenen und Feindes Landen, sein Ohr und Auge habe, so gab er einen dieser Zähne seinem Grafen, wie er ja ohnedem wohl schuldig war, mit Anzeigung von dessen Heimlichkeit, davon der Herr nichts wusste. Von diesem Tage an erzeigte sich der Graf dem Doktor gnädiger als allen seinen Edelleuten oder

Räten und hielt ihn recht als seinen lieben Freund, ließ ihm auch gern und sonder Neid das Lot zu eigen, darin der andere Zahn war, doch unter dem Gelöbnis, sich dessen ohne Not nicht zu bedienen, auch ihn vor seinem Ableben entweder ihm, dem Grafen, erblich zu verlassen oder auf alle Weise der Welt zu entrücken, wo nicht ihn gänzlich zu vertilgen. Der edle Graf starb aber um zwei Jahre eher als der Veylland und hinterließ das Kleinod seinen Söhnen nicht; man glaubt, aus Gottesfurcht und weisem Vorbedacht hab' er's mit in das Grab genommen oder sonst verborgen.

Wie nun der Doktor auch am Sterben lag, so rief er seinen treuen Diener Kurt zu ihm ans Bett und sagte: »Lieber Kurt! es gehet diese Nacht mit mir zu Ende, so will ich dir noch deine guten Dienste danken und etliche Dinge befehlen. Dort bei den Büchern, in dem Fach zu unterst in der Ecke, ist ein Beutel mit hundert Imperialen, den nimm sogleich zu dir; du wirst auf Lebenszeit genug daran haben. Zum zweiten, das alte geschriebene Buch in dem Kästlein daselbst verbrenne jetzt vor meinen Augen hier im Kamin. Zum dritten findest du ein Bleilot dort, das nimm, verbirg's bei deinen Sachen, und wenn du aus dem Hause gehst in deine Heimat, gen Blaubeuren, lass es dein erstes sein, dass du es in den Blautopf wirfst.« – Hiermit war er darauf bedacht, dass es, ohne Gottes besondere Fügung, in ewigen Zeiten nicht in irgendeines Menschen Hände komme. Denn damals hatte sich die Lau noch nie im Blautopf blicken lassen und hielt man selben überdies für unergründlich.

Nachdem der gute Diener jenes alles teils auf der Stelle ausgerichtet, teils versprochen, nahm er mit Tränen Abschied von dem Doktor, welcher vor Tage noch das Zeitliche gesegnete.

Als nachher die Gerichtspersonen kamen und allen kleinen Quark aussuchten und versiegelten, da hatte Kurt das

Bleilot zwar beiseit' gebracht, den Beutel aber nicht versteckt, denn er war keiner von den Schlauesten, und musste ihn da lassen, bekam auch nach der Hand nicht einen Deut davon zu sehen, kaum dass die schnöden Erben ihm den Jahreslohn auszahlten.

Solch Unglück ahnete ihm schon, als er, auch ohnedem betrübt genug, mit seinem Bündelein in seiner Vaterstadt einzog. Jetzt dachte er an nichts, als seines Herrn Befehl vor allen Dingen zu vollziehen. Weil er seit dreiundzwanzig Jahren nimmer hier gewesen, so kannte er die Leute nicht, die ihm begegneten, und da er gleichwohl einem und dem andern Guten Abend sagte, gab's ihm niemand zurück. Die Leute schauten sich, wenn er vorüber kam, verwundert an den Häusern um, wer doch da gegrüßt haben möchte, denn keines erblickte den Mann. Dies kam, weil ihm das Lot in seinem Bündel auf der linken Seite hing; ein andermal, wenn er es rechts trug, war er von allen gesehen. Er aber sprach für sich: »zu meiner Zeit sind di^a Blaubeur^{a}m^{a}r so grob ett gwä!«

Beim Blautopf fand er seinen Vetter, den Seilermeister, mit dem Jungen am Geschäft, indem er längs der Klostermauer, rückwärts gehend, Werg aus seiner Schürze spann, und weiterhin der Knabe trillte die Schnur mit dem Rad. – »Gott grü^{a}ß di, Vetter Seiler!« rief der Kurt und klopft' ihm auf die Achsel. Der Meister guckt sich um, verblasst, lässt seine Arbeit aus den Händen fallen und lauft, was seine Beine mögen. Da lachte der andere, sprechend: »der denkt, mei' Seel, i wandele geistweis! D'Leut hant g'wiss mi für tot hi^a g'sagt, anstatt mein' Herr^a – ei so schlag!«

Jetzt ging er zu dem Teich, knüpfte sein Bündel auf und zog das Lot heraus. Da fiel ihm ein, er möchte doch auch wissen, ob es wahr sei, dass der Gumpen keinen Grund noch Boden habe (er wär' gern auch ein wenig so ein Spiriguckes wie sein Herr gewesen), und weil er vorhin in des Seilers

Korb drei große starke Schnürbund liegen sehn, so holte er dieselben her und band das Lot an einen. Es lagen just auch frischgebohrte Teichel, eine schwere Menge, in dem Wasser bis gegen die Mitte des Topfs, darauf er sicher Posto fassen konnte, und also ließ er das Gewicht hinunter, indem er immer ein Stück Schnur an seinem ausgestreckten Arm abmaß, drei solcher Längen auf ein Klafter rechnete und laut abzählte: »– 1 Klafter, 2 Klafter, 3, 4, 5, 6, 7, 8, 9, 10;« – da ging der erste Schnurbund aus und er musste den zweiten an das Ende knüpfen, maß wiederum ab und zählte bis auf 20. Da war der andere Schnurbund gar. – »Heid^aguguk, ist dees ^a Ti^afe!« – und band den dritten an das Trumm, fuhr fort zu zählen: »21, 22, 23, 24 – Höll-Element, mei' Arm will nimme! – 25, 26, 27, 28, 29, 30 – Jetzet gu^at Nacht, 's Mess hot ^a End! Do heißt's halt, mir nex, dir nex, rappede kappede, so isch usgang^a!« – Er schlug die Schnur, bevor er aufzog, um das Holz, darauf er stand, ein wenig zu verschnaufen, und urteilte bei sich: der Topf ist währle bod^alaus.

Indem der Spinnerinnen eine diesen Schwank erzählte, tat die Wirtin einen schlauen Blick zur Lau hinüber, welche lächelte; denn freilich wusste sie am besten, wie es gegangen war mit dieser Messerei; doch sagten beide nichts. Dem Leser aber soll es unverhalten sein.

Die schöne Lau lag jenen Nachmittag auf dem Sand in der Tiefe, und, ihr zu Füßen, eine Kammerjungfer, Aleila, welche ihr die liebste war, beschnitte ihr in guter Ruh die Zehen mit einer goldenen Schere, wie von Zeit zu Zeit geschah.

Da kam hernieder langsam aus der klaren Höh' ein schwarzes Ding, als wie ein Kegel, des sich im Anfang beide sehr verwunderten, bis sie erkannten, was es sei. Wie nun das Lot mit neunzig Schuh den Boden rührte, da ergriff die scherzlustige Zofe die Schnur und zog gemach mit beiden Händen, zog und zog, so lang, bis sie nicht mehr nachgab. Alsdann nahm sie geschwind die Schere und schnitt das Lot hinweg, erlangte einen dicken Zwiebel, der war erst gestern in den Topf gefallen und war fast eines Kinderkopfes groß, und band ihn bei dem grünen Schossen an die Schnur, damit der Mann erstaune, ein ander Lot zu finden, als das er ausgeworfen. Derweile aber hatte die schöne Lau den Krackenzahn im Blei mit Freuden und Verwunderung entdeckt. Sie wusste seine Kraft gar wohl, und ob zwar für sich selbst die Wasserweiber oder -männer nicht viel darnach fragen, so gönnen sie den Menschen doch so großen Vorteil nicht, zumalen sie das Meer und was sich darin findet von Anbeginn als ihren Pacht und Lehn ansprechen. Deswegen denn die schöne Lau mit dieser ungefähren Beute sich dereinst, wenn sie zu Hause käme, beim alten Nix, ihrem Gemahl, Lobs zu erholen hoffte. Doch wollte sie den Mann, der oben stund, nicht lassen ohn' Entgelt, nahm also alles, was sie eben auf dem Leibe hatte, nämlich die schöne Perlenschnur an ihrem Hals, schlang selbe um den großen Zwiebel, gerade als er sich nunmehr erhob; und daran war es nicht genug: sie hing zuteuerst auch die goldne Schere noch daran und sah mit hellem Aug', wie das Gewicht hinaufgezogen ward. Die Zofe aber, neubegierig, wie sich das Menschenkind dabei gebärde, stieg hinter dem Lot in die Höhe und weidete sich zwo Spannen unterhalb dem Spiegel an des Alten Schreck und Verwirrung. Zuletzt fuhr sie mit ihren beiden aufgehobenen Händen ein maler viere in der Luft herum, die weißen Finger als zu einem Fächer oder Wadel ausgespreizt. Es waren aber schon zuvor auf des Vetters Seilers Geschrei viel Leute aus der Stadt herausgekommen, die standen um den Blautopf her und sahn dem Abenteuer zu, bis wo die grausigen Hände erschienen; da stob mit eins die Menge voneinander und entrann.

Der alte Diener aber war von Stund an irrsch im Kopf ganzer sieben Tage und sah der Lau ihre Geschenke gar nicht an, sondern saß da, bei seinem Vetter, hinterm Ofen, und sprach des Tags wohl hundertmal ein altes Sprüchlein vor sich hin, von welchem kein Gelehrter in ganz Schwabenland Bescheid zu geben weiß, woher und wie oder wann erstmals es unter die Leute gekommen. Denn von ihm selber hatte es der Alte nicht; man gab es lang vor seiner Zeit, gleichwie noch heutigestags, den Kindern scherzweis auf, wer es ganz hurtig nacheinander ohne Tadel am öftesten hersagen könne; und lauten die Worte:

»'s leit [a] Klötzle Blei glei bei Blaubeur[a],
glei bei Blaubeur[a] leit [a] Klötzle Blei.«

Die Wirtin nannt' es einen rechten Leirenbendel und sagte: »wer hätte auch den mindesten Verstand da drin gesucht, geschweige eine Prophezeiung!«

Als endlich der Kurt mit dem siebenten Morgen seine gute Besinnung wiederfand und ihm der Vetter die kostbaren Sachen darwies, so sein rechtliches Eigentum wären, da schmunzelte er doch, tat sie in sicheren Verschluss und ging mit des Seilers zu Rat, was damit anzufangen. Sie achteten alle fürs beste, er reise mit Perlen und Schere gen Stuttgart, wo eben Graf Ludwig sein Hoflager hatte, und biete sie demselben an zum Kauf. So tat er denn. Der hohe Herr war auch nicht karg und gleich bereit, so seltene Zier nach Schätzung eines Meisters für seine Frau zu nehmen; nur als er von dem Alten hörte, wie er dazu gekommen, fuhr er auf und drehte sich voll Ärger auf dem Absatz um, dass ihm der Wunderzahn verloren sei. Ihm war vordem etwas von diesem kund geworden, und hatte er dem Doktor, bald nach Herrn Konrads Hintritt, seines Vaters, sehr darum angelegen, doch umsonst.

Dies war nun die Geschichte, davon die Spinnerinnen damals plauderten. Doch ihnen war das Beste daran unbekannt.

Eine Gevatterin, so auch mit ihrer Kunkel unter ihnen saß, hätte noch gar gern gehört, ob wohl die schöne Lau das Lot noch habe, auch was sie damit tue? und red'te so von weitem darauf hin; da gab Frau Betha ihr nach ihrer Weise einen kleinen Stich und sprach zur Lau: »Ja, gelt, jetzt macht Ihr Euch bisweilen unsichtbar, geht herum in den Häusern und guckt den Weibern in die Töpfe, was sie zu Mittag kochen? Eine schöne Sach' um so ein Lot für fürwitzige Leute!«

Inmittelst fing der Dirnen eine an, halblaut das närrische Gesetzlein herzusagen; die andern taten ein gleiches, und jede wollt' es besser können, und keine brachte es zum dritten oder viertenmal glatt aus dem Mund; dadurch gab es viel Lachen. Zum letzten musste es die schöne Lau probieren, die Jutte ließ ihr keine Ruh. Sie wurde rot bis an die Schläfe, doch hub sie an und klüglicherweise gar langsam:

»'s leit [a] Klötzle Blei glei bei Blaubeuren.«

Die Wirtin rief ihr zu, so sei es keine Kunst, es müsse gehen wie geschmiert! Da nahm sie ihren Anlauf frisch hinweg, kam auch alsbald vom Pfad ins Stoppelfeld, fuhr buntüberecks und wusste nimmer gicks noch gacks. Jetzt, wie man denken kann, gab es Gelächter einer Stuben voll, das hättet ihr nur hören sollen, und mitten draus hervor der schönen Lau ihr Lachen, so hell wie ihre Zähne, die man alle sah!

Doch unversehens, mitten in dieser Fröhlichkeit und Lust, begab sich ein mächtiges Schrecken.

Der Sohn vom Haus, der Wirt, – er kam gerade mit dem Wagen heim von Sonderbuch und fand die Knechte verschlafen im Stall – sprang hastig die Stiege herauf, rief seine Mutter vor die Tür und sagte, dass es alle hören konnten: »um Gottes willen, schickt die Lau nach Haus! Hört ihr denn nicht im Städtlein den Lärm? der Blautopf leert sich aus, die untere

Gasse ist schon unter Wasser, und in dem Berg am Gumpen ist ein Getös und Rollen, als wenn die Sündflut käme!« – Indem er noch so sprach, tat innen die Lau einen Schrei: »das ist der König, mein Gemahl, und ich bin nicht daheim!« – Hiermit fiel sie von ihrem Stuhl sinnlos zu Boden, dass die Stube zitterte. Der Sohn war wieder fort, die Spinnerinnen liefen jammernd heim mit ihren Rocken, die andern aber wussten nicht, was anzufangen mit der armen Lau, welche wie tot da lag. Eins machte ihr die Kleider auf, ein anderes strich sie an, das dritte riss die Fenster auf, und schafften doch alle miteinander nichts.

Da streckte unverhofft der lustige Koch den Kopf zur Tür herein, sprechend: »ich hab' mir's eingebildet, sie wär' bei euch! Doch, wie ich sehe, geht's nicht allzu lustig her. Macht, dass die Ente in das Wasser kommt, so wird sie schwimmen!« – »Du hast gut reden!« sprach die Mutter mit Beben: »hat man sie auch im Keller und im Brunnen, kann sie sich unten nicht den Hals abstürzen im Geklüft?« – »Was Keller!« rief der Sohn: »was Brunnen! das geht ja freilich nicht – lasst mich nur machen! Not kennt kein Gebot – ich trag' sie in den Blautopf.« – Und damit nahm er, als ein starker Kerl, die Wasserfrau auf seine Arme. »Komm, Jutta – nicht heulen! – geh mir voran mit der Latern'!« – »In Gottes Namen!« sagte die Wirtin: »doch nehmt den Weg hinten herum durch die Gärten: es wimmelt die Straße mit Leuten und Lichtern.« – »Der Fisch hat sein Gewicht!« sprach er im Gehn, schritt aber festen Tritts die Stiege hinunter, dann über den Hof und links und rechts, zwischen Hecken und Zäunen hindurch.

Am Gumpen fanden sie das Wasser schon merklich gefallen, gewahrten aber nicht, wie die drei Zofen, mit den Köpfen dicht unter dem Spiegel, ängstig hin und wieder schwammen, nach ihrer Frau ausschauend. Das Mädchen stellte die Laterne hin, und der Koch entledigte sich seiner Last, indem er sie behutsam mit dem Rücken an den Kürbishügel lehnte. Da raunte ihm sein eigener Schalk ins Ohr: wenn du sie küsstest, freute dich's dein Leben lang, und könntest du noch sagen, du habest einmal eine Wasserfrau geküsst. – Und eh' er es recht dachte, war's geschehen. Da löschte ein Schuck Wasser aus dem Topf das Licht urplötzlich aus, dass es stichdunkel war umher, und tat es dann nicht anders, als wenn ein ganz halb Dutzend nasser Hände auf ein paar kernige Backen fiel, und wo es sonst hintraf. Die Schwester rief: »was gibt es denn?« – »Maulschellen, heißt man's hier herum!« sprach er: »ich hätte nicht gedacht, dass sie am schwarzen Meer sottige Ding' auch kenneten!« – Dies sagend, stahl er sich eilends davon, doch weil es vom Widerhall drüben am Kloster auf Mauern und Dächern und Wänden mit Maulschellen brazzelte, stund er bestürzt, wusste nicht recht wohin, denn er glaubte den Feind vorn und hinten. (Solch einer Witzung brauchte es, damit er sich des Mundes nicht berühme, den er geküsst, unwissend zwar, dass er es *müssen* tun der schönen Lau zum Heil.)

Inwährend diesem argen Lärm nun hörte man die Fürstin in ihrem Ohnmachtsschlaf so innig lachen, wie sie damals im Traum getan, wo sie den Abt sah springen. Der Koch vernahm es noch von weitem, und ob er's schon auf sich zog und mit Grund, erkannte er doch gern daraus, dass es nicht weiter Not mehr habe mit der Frau.

Bald kam mit guter Zeitung auch die Jutte heim, die Kleider, den Rock und das Leibchen im Arm, welche die schöne Lau zum letztenmal heut' am Leibe gehabt. Von ihren Kammerjungfern, die sie am Topf in Beisein des Mädchens empfingen, erfuhr sie gleich zu ihrem großen Trost, der König sei noch nicht gekommen, doch mög' es nicht mehr lang anstehn, die große Wasserstraße sei schon angefüllt. Dies nämlich war ein breiter hoher Felsenweg, tief unterhalb den menschlichen Wohnstätten, schön grad und eben mitten durch den Berg gezogen, zwo Meilen lang von da bis an die Donau, wo des alten Nixen Schwester ihren Fürstensitz hatte. Derselben waren viele Flüsse, Bäche, Quellen dieses Gaus dienstbar; die schwellten, wenn das Aufgebot an sie erging, besagte Straße in gar kurzer Zeit so hoch mit ihren Wassern, dass sie mit allem Seegetier, Meerrossen und Wagen füglich befahren werden mochte, welches bei festlicher Gelegenheit zuweilen als ein schönes Schaugepräng' mit vielen Fackeln und Musik von Hörnern und Pauken geschah.

Die Zofen eilten jetzo sehr mit ihrer Herrin in das Putzgemach, um sie zu salben, zöpfen und köstlich anzuziehen; das sie auch gern zuließ und selbst mithalf, denn sie in ihrem Innern fühlte, es sei nun jegliches erfüllt zusamt dem Fünften, so der alte Nix und sie nicht wissen durfte.

Drei Stunden wohl nachdem der Wächter Mitternacht gerufen, es schlief im Nonnenhof schon alles, erscholl die Kellerglocke zweimal mächtig, zum Zeichen, dass es Eile habe, und hurtig waren auch die Frauen und die Töchter auf dem Platz.

Die Lau begrüßte sie wie sonst vom Brunnen aus, nur war ihr Gesicht von der Freude verschönt, und ihre Augen glänzten, wie man es nie an ihr gesehen. Sie sprach: »Wisst, dass mein Ehgemahl um Mitternacht gekommen ist. Die Schwieger hat es ihm voraus verkündet ohnelängst, dass sich in dieser Nacht mein gutes Glück vollenden soll, darauf er ohne Säumen auszog, mit Geleit der Fürsten, seinem Ohm und meinem Bruder Synd und vielen Herren. Am Morgen reisen wir. Der König ist mir hold und gnädig, als hieß' ich von heute an erst sein Gespons. Sie werden gleich vom Mahl aufstehn, sobald sie den Umtrunk gehalten. Ich schlich auf meine Kammer und hierher, noch meine Gastfreunde zu grüßen und zu herzen. Ich sage Dank, Frau Ahne, liebe Jutta, Euch Söhnerin und Jüngste dir. Grüßet die nicht zugegen sind, die Männer und die Mägde. In jedem dritten Jahr wird euch Botschaft von mir; auch mag es wohl geschehn, dass ich noch bälder komme selber, da bring' ich mit auf diesen meinen Armen ein lebend Merkmal, dass die Lau bei euch gelacht. Das wollen euch die Meinen allezeit gedenken, wie ich selbst. Für jetzo, wisset, liebe Wirtin, ist mein Sinn, einen Segen zu stiften in dieses Haus für viele seiner Gäste. Oft habe ich vernommen, wie Ihr den armen wandernden Gesellen Gut's getan mit freier Zehrung und Herberg'. Damit Ihr solchen fortan mögt noch eine weitere Handreichung tun, so werdet Ihr zu diesem Ende finden beim Brunnen hier einen steinernen Krug voll guter Silbergroschen: davon teilt ihnen nach Gutdünken mit, und will ich das Gefäß, bevor der letzte Pfennig ausgegeben, wieder füllen. Zudem will ich noch stiften auf alle hundert Jahr fünf Glückstage (denn dies ist meine holde Zahl), mit unterschiedlichen Geschenken, also, dass, wer von reisenden Gesellen der erste über Eure Schwelle tritt am Tag, der mir das erste Lachen brachte, soll empfangen, aus Eurer oder Eurer Kinder Hand, von fünferlei Stücken das Haupt. Ein jeder, so den Preis gewinnt, gelobe nicht Ort noch Zeit dieser Bescherung zu verraten. Ihr findet aber solche Gaben jedesmal hier nächst dem Brunnen. Die Stiftung, wisset, mache ich für alle Zeit, solang ein Glied von Eurem Stamme auf der Wirtschaft ist.«

Nach diesen Worten redete sie noch manches leise mit der Wirtin und sagte zuletzt: »vergesset nicht das Lot! der kleine Schuster soll es nimmermehr bekommen.« – Da nahm sie nochmals Abschied und küsste ein jedes. Die beiden Frauen und die Mädchen weinten sehr. Sie steckte Jutten einen Fingerreif mit grünem Schmelzwerk an und sprach dabei: »Ade, Jutta! Wir haben zusammen besondere Holdschaft gehabt, die müsse fernerhin bestehen!« – Nun tauchte sie hinunter, winkte und verschwand.

In einer Nische hinter dem Brunnen fand sich richtig der Krug samt den verheißenen Angebinden. Es war in der Mauer ein Loch mit eisernem Türlein versehen, von dem man nie gewusst, wohin es führe; das stand jetzt aufgeschlagen und war daraus ersichtlich, dass die Sachen durch dienstbare Hand auf diesem Weg seien hergebracht worden, deshalb auch alles wohl trocken verblieb. Es lag dabei: ein Würfelbecher aus Drachenhaut, mit goldenen Buckeln beschlagen, ein Dolch mit kostbar eingelegtem Griff, ein elfenbeinen Weberschifflein, ein schönes Tuch von fremder Weberei und mehr dergleichen. Aparte aber lag ein Kochlöffel aus Rosenholz mit langem Stiel, von oben herab fein gemalt und vergoldet, den war die Wirtin angewiesen, dem lustigen Koch zum Andenken zu geben. Auch keins der andern war vergessen.

Frau Betha hielt bis an ihr Lebensende die Ordnung der guten Lau heilig, und ihre Nachkommen nicht minder. Dass jene sich nachmals mit ihrem Kind im Nonnenhof zum Besuch eingefunden, davon zwar steht nichts in dem alten Buch, das diese Geschichten berichtet, doch mag ich es wohl glauben.

Felix Huby
Bienzle und die schöne Lau

»Dem Laible ist seine Höhlentaucherei wichtiger als alles andere«, sagte am Abend der Wirt; Franz Pomerenke hieß er. »Kein Wunder, dass die schöne Lau abgehauen ist. Statt ihr mal ein Kleid oder ein paar hübsche Schuhe zu kaufen, hat er dauernd neue Taucherausrüstungen angeschafft. Ein Egoist, wie er im Buch steht.«

Bienzle bestellte mit einer stummen Geste, um den Wirt nicht in seinem Redefluss zu unterbrechen, bei Graziella noch ein Viertele.

»Die Höhlentaucher haben sonst eine ganz gute Kameradschaft. Das ist ja wie bei Bergsteigern ...« Schon wieder dieser Vergleich! »... Die bilden richtige Seilschaften. Einer sichert den anderen. Aber der Laible will immer alles allein machen. Einer von den Tauchern hat erzählt, dass er jetzt Depots anlegt.«

»Depots?« Bienzle sah den Wirt verständnislos an.

»Ja. In der Höhle. Sauerstoffflaschen – also genau heißt's ja Atemgemischflaschen oder so. Die deponiert er im Abstand von ein- oder zweihundert Metern. Dann kann er nämlich in Etappen vordringen, verstehen Sie?«

»Mhm«, machte Bienzle, »jetzt versteh ich's.« Er atmete tief ein und hielt die Luft an, bis es nicht mehr ging. Mit hochrotem Kopf stieß er die Luft aus und sagte atemlos: »Nie würd ich so was machen, niemals!«

»Tja«, sagte der Wirt, »der Einstieg in die Höhle ist 21 Meter tief, und dann senkt sie sich noch langsam bis in die Tiefe von 35 Metern. Am Anfang geht's ja noch. Da spürt man die Strömung, aber dann so nach 30, 40 Metern, da fühlt man sie nicht mehr. Da machen die Schwimmbewegungen mehr Strömung als das Wasser selber. Und so ein Mann in einer Gummihaut ist ja auch keine Forelle, nicht wahr?«

»Aber die haben doch Lampen dabei.«

Der Wirt winkte ab. »Der Schein der Lampe trügt«, sagte er mit seltsamem Pathos. »Das Wasser ringsum ist schwarz. Und wenn einer die Orientierung verliert, schwimmt er ein Stück, dreht um, weil er denkt, die andere Richtung ist besser – aber das kann die Richtung in den Tod sein.«

»Sie werden öfter danach gefragt, gell?«

»Ja, freilich ... Warum? Woran merken Sie das?«

»Sie erzählen's so plastisch. Und was ist mit dem dünnen Draht, der am Boden entlangführt?«

»Der geht bis zur Position 1000 Meter vom Siphon. Aber ...« Der Wirt hob den Zeigefinger. »Wer sagt dem Taucher, in welcher Richtung er dem Draht folgen muss, wenn die Orientierung weg ist?«

Bienzle sah überrascht auf. »Ach so, ja ...«

»Ja, so ist das, genauso!« Der Wirt triumphierte mit seinem Wissen. »Und wenn da drin einer rumstrampelt, strudelt er jede Menge Schlamm und Dreck auf. Und dann findet er den Draht gar nicht mehr.«

Bienzle trank aus und bestellte noch ein Viertel. Er sah den Wirt an. Franz Pomerenke war knapp über Dreißig, schätzte der Kommissar, und sah aus wie einer, der weiß, was er will. Sein Körper wirkte durchtrainiert. Er hatte etwas von einem Zehnkämpfer an sich: breite Schultern, schmale Hüften, sehr lange Beine und Arme. Einen Wirt stellte man sich gemeinhin anders vor. Der hier jedenfalls gehörte nicht zu denen, die ihr bester Kunde selber sind.

»Und dann erst der Tiefenrausch!« trumpfte der Wirt auf. Es war klar, dass er sein ganzes Programm abspulen wollte. »Sie müssen mal zuhören, wenn die Taucher davon erzählen. Träume sind das! Herrliche Bilder, die sie plötzlich sehen – blaue Inseln, bunte Blumenfelder, ein sternenübersäter Himmel ...«

»Verhebet Sie's!« sagte Bienzle schnell. »Verbieten müsste man den Blödsinn.«

Der Wirt sah den Gast beleidigt an. »Von den Todesfällen habe ich ja noch gar nichts erzählt.«

»Ja, schon – aber bei Todesfällen kenn ich mich selber aus.«

Der Blick des Wirtes wurde noch argwöhnischer. »Warum?«

»Ich hab so einen komischen Beruf.« Bienzle stemmte sich mit beiden Händen an der Tischkante hoch, zog eine Visitenkarte aus der Brusttasche seines Hemdes und reichte sie dem Wirt. Dem blieb der Mund offenstehen. »Mordkommission?«

»Ja, aber ich hab bloß aus allgemeinem Interesse g'fragt. Ich bin eigentlich nicht beruflich hier.«

»Eigentlich?«

»Sie haben ein Ohr für Zwischentöne«, sagte Bienzle. »Wirte haben das oft«, fügte er hinzu.

Die Gaststube war fast leer. Der Kommissar stand unschlüssig in der Mitte des Raumes. Es war gerade erst neun Uhr abends, eigentlich noch nicht die richtige Zeit, um ins Bett zu gehen.

»Der Laible ...« fing er an und hielt inne.

»Welcher?« Der Wirt sah ihn an.

»Der, von dem wir vorhin geredet haben, der mit dem Aussiedlerhof, der Taucher ...«

»Der Fritz also?«

»Was gibt's denn noch für einen?«

»Den Eberhard.«

»Ist der mit dem Fritz verwandt?«

Der Wirt lachte. »Das ist gut, ob der mit dem Fritz ... Das ist sein Bruder!«

»Der jüngere?«

»Nein, der ältere.«

»Und warum hat dann nicht der den Hof?«

»Ich hab das Testament nicht gesehen.«

»Ach so!« Bienzle fuhr sich mit gespreizten Fingern durch das wirre Haar. »Und was macht der?«

»Der Eberhard? Der ist bei der Stadt. Mädchen für alles. Es gibt Leute, die sagen, der Fritz hätt den Vater zum Notar geschleppt, als der schon nicht mehr hat klar denken können.«

»Um das Testament zu seinen Gunsten zu ändern?«

»Ja, wozu denn sonst? Der Eberhard hat seinen Pflichtanteil bekommen, weiter nix.«

Bienzle nickte. Er nahm sich vor, am nächsten Tag den Eberhard Laible zu besuchen. Dann rief er noch Hannelores Nummer an, aber sie meldete sich nicht. (…)

Am nächsten Morgen regnete es. Die Berghänge, die das Städtchen Blaubeuren einschließen, waren wolkenverhangen. Bienzle hatte lange und tief geschlafen und frühstückte erst gegen zehn Uhr.

Draußen fuhren nacheinander ein Polizeiauto und ein Krankenwagen vorbei. Das Blaulicht zuckte kurz über die regenverschleierten Fenster. Bienzle erhob sich halb, ließ sich dann aber wieder auf die Bank zurückfallen.

»Habt ihr noch was von dem Zwiebelkuchen von gestern abend?« fragte er Graziella.

»Schon, aber der schmeckt doch nimmer.«

»Mir schon!«

»Außerdem macht er dick«, sagte das Mädchen.

Bienzle sah auf seinen Bauch hinab. Das Hemd spannte. »Alles Schöne im Leben hat einen Haken«, dozierte der Kommissar, »es ist unmoralisch, illegal oder es macht dick.«

Graziella ging in die Küche. Bienzle aß einstweilen ein Honigbrot. Als das Mädchen zurückkam, stieß es fast mit einem Polizisten zusammen, der völlig außer Atem und mit hochrotem Kopf hereingestürzt kam. Bienzle sah auf und sagte zu Graziella: »Ich glaub, jetzt kann ich den Zwiebelkuchen doch nimmer essen.«

»Herr Hauptkommissar Bienzle?« Der Polizist stand ein wenig stramm.

»Oh, du liabs Herrgöttle von Biberach!« seufzte Bienzle.

»Was ist passiert?«

»Ein Toter im Blautopf.«

Bienzle ging zur Garderobe und griff nach seinem alten Parka. »Ich komm!«

Gerhard Storz
Wimsener Höhle

Auf der Treppe draußen fragte er, welcher Richtung Christof folgen müsse. Als dieser, ohne einen Ortsnamen zu nennen, die Hochfläche als Ziel angegeben hatte, sagte er: »Nun, da haben wir denselben Weg, wenn es Ihnen recht ist, gehen wir zusammen.« Das sei ihm wohl recht, erwiderte Christof ungesäumt, aber der Herr werde an ihm keinen sehr unterhaltsamen Begleiter haben. »Wenn's hapert, rede ich für uns beide«, gab der Fremde lächelnd zurück, »auch muss ja nicht immer geredet sein. Sie sind wohl hier herum zu Hause, davon kann ich dann mancherlei profitieren.« Christof widersprach, Landleute wüssten außerhalb der eigenen Markung schlecht Bescheid, und das habe er schon gemerkt, dass der Herr hier unten im Tal jedenfalls weit besser Bescheid wisse als er selbst. Da werde eher er es sein, der etwas Neues erfahre. »Man lernt immer, wenn man die Augen und Ohren aufmacht und mit den Leuten spricht«, wehrte der Herr ab, »sind Sie schon einmal da drüben in der Höhle gewesen? Noch nie? Das ist eine wirkliche Sehenswürdigkeit, zudem liegt sie ja dicht an unserem Weg. Wenn Sie es also nicht eilig haben, – das verlohnt schon eine halbe Stunde.«

Auf einem Baumgrundstück wurde gearbeitet und die mancherlei Hantierungen, die dort vorgenommen wurden, brachten die Rede auf die Überwinterung der Obstbäume und die Obstbaumzucht überhaupt. Der Fremde hatte viele Fragen und zeigte sich erfreut, an einen Kundigen gekommen zu sein. So sehr er die Bäume liebe, zumal hochtragende Laubbäume, so wenig verstehe er von dieser edlen Kunst. Ja, er sei närrisch genug, an so alten, winderprobten Burschen, die auf der einen Seite die Zweige so tief und weitausgreifend hängen ließen, mehr Freude zu haben als an einem tadellosen, aber etwas langweiligen Musterzögling. Darüber musste Christof lachen. Überhaupt wurde es ihm in der Gesellschaft des Fremden je länger desto wohler. In seiner Gegenwart bekamen die Dinge wieder Halt, festen Umriss und er erfuhr wohl zum erstenmal, welche Beruhigung für ein zerschlagenes, banges Gemüt die bloße Gegenwart eines klaren und fest in sich stehenden Menschen sein kann.

Die Wiesen gingen in immer schmälere Streifen zusammen, der Wald rückte von beiden Talseiten ganz nah an den Bach, schließlich gingen die Wanderer in einer engen Schlucht, in welcher das Rauschen des Wassers das Gespräch verhinderte. Auch mussten sie nun einer hinter dem anderen gehen. Zwischen den Bäumen wurden einige Häuser sichtbar, da wandte sich der Fremde zurück: »Da sind wir schon.«

Hinter den Häusern der Sägmühle stieg der nackte Fels steil empor, und nach einigem Umschauen entdeckten sie den Eingang der Höhle. Aus ihr floss breit und quellklar der Bach hervor, dem sie eben entlang gegangen waren. Ein Kahn, der halb auf die niedere Uferböschung gezogen war, zeigte an, wie man in die Höhle gelangen könne. Da er ohnedies nach einem Imbiss sich umsehen wolle, werde er zugleich nach einem Fährmann fragen, sagte der Fremde und schritt auf die Häuser zu. Christof setzte sich in den Kahn und sah ins eilig rinnende Wasser. Jedes Steinchen auf seinem Grund war klar zu sehen, wie wohl es tiefer war, als er je geglaubt hatte. Darüber belehrte ihn das Ruder, das er lotend hintergesteckt hatte. Prüfend hielt er nun die Hand ins Wasser, und dessen Kälte schnitt wahrhaftig ins Handgelenk. Am Grund gewahrte er da und dort einen blaugrünen Schimmer, der zauberisch leuchtete, als er den Kahn unter die Wölbung der Höhle, in das Halbdämmer des Eingangs bugsiert hatte. Er klammerte, aufrecht stehend, sich an einer feuchten Felszacke fest, hielt den Kahn mit den Füßen an und schaute wieder ins Wasser. Darüber ging eine ziemliche Weile hin. Ob nun die schalldämpfenden Wände der Höhle die Ursache waren oder ob er so tief seinen Gedanken nachhing, jedenfalls gab er nicht sogleich dem Rufen seines zurückgekehrten Wandergefährten Antwort. Dieser hatte schon ringsum nach ihm sich umgesehen, dann bemerkt, dass auch der Kahn verschwunden sei. Da war er heftig erschrocken und hatte gegen die Höhle gewendet so laut als er konnte gerufen. Endlich glitt das Boot, von Christof gesteuert, der seine Hände von Stein zu Stein gleiten ließ, aus der dunklen Wölbung hervor. »Na, Sie können's ja selber«, empfing ihn der Herr nach einigem Zusehen. »Aber nun hab'ich schon einen Fährmann bestellt.« Flinke Schritte wurden hörbar, und ein halbwüchsiger Knabe trat, eine brennende Laterne in der Hand, zu ihnen in den Kahn und machte Anstalt abzustoßen.

Wie Christof es begonnen hatte, aber flink und sicher zog der Kleine den Kahn in die völlige Finsternis der vielgewundenen Höhle. Erst musste sich das Auge an das Dunkel, an das grelle Leuchten des feuchten weißen Steins gewöhnen, auf den der Lampenschein fiel, dann wurde auch die spiegelnde, von milchigem, dann immer klarerem Blau leuchtende Wassertiefe sichtbar. Auch wechselte die Höhe des Gewölbes und forderte rasche Aufmerksamkeit auf die Rufe des jungen Fergen, denn manchmal senkte es sich dicht bis zu den Köpfen der beiden Männer. Der Fährmann wusste viel zu zeigen und zu erklären, endlich unter einer hohen Kuppelwölbung über dem schönsten Spiegel der blauschimmernden Tiefe hielt er an. Ob die Höhle hier am Ende sei, fragte der städtische Herr. »O nein, die geht noch weit hinein, wie weit, weiß kein Mensch. Das ist hier völlig wie in der Hölle«, erwiderte der Kleine. Als aber der Frager ihm scherzhaft zusetzte, er habe sich die Hölle nach Farbe und Wärme ganz anders vorgestellt, da sagte der Knabe: »Das weiß überhaupt niemand, wie's in der Hölle ist, und die, welche drinnen sind, wissen es vielleicht auch nicht und nicht einmal, dass sie drin sind. Denn da ist am Ende gar nichts, um und um nichts.« Christof sprach nun zum erstenmal und fragte: »Woher weißt du denn das?« »Ich weiß es nicht, ich hab' ja gesagt, niemand weiß es. Aber es könnte so sein«, antwortete der Junge.

»Ja, das schon«, sagte Christof vor sich hin, ohne den Blick vom Wasser zu wenden.

»Aber wie tief es hier ist, das weiß ich«, begann der kleine Führer wieder, »es sind mehr als vier Meter, man hat es gemessen. Man könnt' also gut hinunterspringen, wenn's nicht so kalt wär'. Es ist einmal ein Doktor da hineingefahren, der hat's Wasser gemessen mit einem Thermometer, und dann hat er gesagt: ›Wer da hineinspringt, braucht sich mit dem Schwimmen nicht erst zu plagen, der kriegt gleich einen Herzschlag.‹«

»Schade«, meinte der Herr, »der Farbe nach gelüstet's einen zum Baden. Freilich hätte ich gern auch Sonne dazu.«

Der Kleine machte sich an die Rückfahrt, als sie den Kahn verlassen hatten, gab der Herr dem Knaben ein größeres Geldstück. Der schaute betroffen und unschlüssig auf, aber der Mann nickte, und strich ihm über den verstrobelten Schopf. Der Junge wurde rot vor Freude, rief recht kräftig »Danke schön!« und rannte davon. »Das hätten Sie auch nicht gedacht«, wandte sich der Städter nun zu Christof, »die Mutter des Buben ist gestern gestorben. Deshalb hat es so lange gedauert. Ich kam da natürlich nicht eben geschickt. Man hat schließlich den Kleinen beauftragt. Ich weiß nicht, tut der mir mehr leid oder sein Vater.«

»Es gibt schlimmere Sachen auf der Welt, als dass die Frau stirbt«, murmelte Christof, immer noch der Höhle und dem Wasser zugewandt, vor sich hin. Der andere fragte nach einer Weile: »Was zum Beispiel?«

Es kam keine Antwort, und so schwiegen beide. Nach einiger Zeit begann der Herr wieder: »Mir scheint, die Höhle hat Ihnen besser gefallen als die Kirche?« »Könnt' schon sein«, erwiderte Christof. »Wahrhaftig? Das müssen Sie mir noch erklären«, rief der Herr, »aber wenn wir uns nicht sputen, dann müssen wir in dem finstern Loch unterstehen und dafür ist es mir denn doch nicht gemütlich genug. Kommen Sie mit?«

Gerd Gaiser
Kätherlens Loch

Aus Horgenloch war ein Junge aufs Seminar gekommen, dessen Lehrer hatte sein helles Köpfchen entdeckt und ihm auf die Laufbahn geholfen; der Junge schlug ein, dass es eine Freude war für die Unterrichtenden und so auch für seine Eltern und die ganze Verwandtschaft. Damals gehörten die Leute von Horgenloch noch zu dem, was man Volk hieß und das namenlos und ungeweckt war und voll von aufsteigenden Hoffnungen; und wenn einer Lehrer werden sollte, war es ein Aufstieg. Dem Jungen hatte es besonders die Naturlehre angetan, es schwebte ihm als sehnlichster Wunsch vor, einmal an einer Forschungsreise teilzunehmen. Sie nahmen die Geologie durch, und als von Erdfällen und Höhlenbildungen die Rede war, ging ihm durch den Sinn, was da in seiner Heimat vorkäme, und er dachte auch an Kätherlens Loch, das er einmal mit Spielkameraden sonntags aufgesucht hatte.

Darüber kamen die Pfingsttage heran, die Zöglinge durften reisen, und der Seminarist reiste auch, weil eine Kindstaufe in der Verwandtschaft war und die Patin ihm das Fahrgeld geschickt hatte, stieg aus dem Zug und wurde noch in Wilxingen gesehen in seinem Sonntagsanzug und mit seinem grünen Rucksack auf dem Rücken. Ferner begegnete er keinem Bekannten und freute sich, die Seinigen zu überraschen, denn die Patin hatte es heimlich gemacht und niemand wusste sonst von seinem Kommen. Er nahm den kürzesten Weg, obwohl der steil und heiß war, stieg über die Lange Schwend und durch die Leiter hinauf auf den hohen Schild. Unterwegs fiel ihm wieder Kätherlens Loch ein, das in der Schonung nicht gar weit ablag, und der Einfall überkam ihn, es sogleich auszuforschen. Und schon hatte er seinen Rucksack abgelegt und versteckt, um ihn nachher wieder aufzunehmen, er drückte sich durch das Dickicht erhitzt und mit kräftigen Lungen; der Schweiß perlte auf seinem offenen und gesunden Gesicht. Es war ungefähr die Mittagsstunde, als er die Öffnung erreichte, die unfreundlich sich nach unten auftat, er kniete nieder und spähte hinein. Unten war es dunkel; weil aber die Sonne am höchsten stand, so fiel ein Fleck Lichts ein und ließ Schotter und schwarz witterndes Erdreich sehen, auf dem ein winziges feinfädiges Unkraut wuchs. Der Seminarist fand, dass es nicht tief sei, sein eigener Schatten zeichnete sich auch ab, Kopf und Schultern, wie er über den Rand hing, und rund um den Kopf stand der mattflimmernde Schein, den man auch in den Mondnächten um seinen Schatten entstehen sieht.

Er zögerte. Was gar keinen Entschluss kostet und nichts bedeutet, wenn es unter Menschen ausgeführt wird, stellt sich dem Einsamen oft mit einem fatalen Schrecken vor. Dann aber schalt er sich, dass er hitzig heraufgedrungen und nun eines lächerlichen Unbehagens wegen im Begriff sei, sich wieder davonzustehlen, schwang die Beine über den Rand, saß noch einen Augenblick, drehte sich dann auf den Bauch und ließ sich gleiten, indem er mit den Füßen voraus tastete. Als er noch mit den Ellbogen aufgestützt lag, fanden seine Füße den Grund nicht. Als er sich noch mit den Händen am Bord festhielt, reichte er auch noch nicht hinunter, und vielleicht hätte er jetzt nicht losgelassen, sein Körper wehrte sich dumpf gegen das Loslassen, aber die Sache verhielt sich so, dass er gar keinen rechten Griff besaß, es wäre vermutlich gar nicht möglich gewesen, noch einzuhalten. Da ließ er vollends los und sprang leicht auf, mit den Knien abfedernd wie in der Turnstunde, es war gar nichts weiter dabei, nur allerdings kam ihm vor, er habe eine geringe Kleinigkeit zu lang in der Luft gehangen. Sogleich bestärkte dies sein Unbehagen, doch sah er die Öffnung sonnenhell über sich und lachte sich aus;

und da er nun schon einmal soweit war, wollte er schnell mit dieser Sache zu Ende kommen, bückte sich und versuchte seinen Bewegungen einen sachverständigen und zweckmäßigen Ausdruck zu geben, wie er jetzt umherspähte. Dabei belästigte etwas seine Kehle und er schluckte ein paarmal trocken, überhaupt gab es eigentlich nichts zu sehen. Lehm und Schotter wuchsen von unten her an den glatten Wänden, die wenige unbedeutende Spalten zeigten, nur eine der Spalten war etwas breiter und schien schräg abwärts zu führen, doch war da selbst für einen Knaben kein Durchkriechen.

Aus. Jetzt war er fertig und trat zur Mitte zurück, wo es hell herumflimmerte, und da wusste er plötzlich nicht mehr, wie es nun weitergehe. Es war ganz einfach aus. Das war sehr dumm, denn er stand hier wie unter einer Glocke, nur dass die Glocke in ihrem Scheitel eine Luke besaß. Der Lichtstrahl fiel schräg einwärts in die dämmrige Kühle mit scharf abgezeichneten Rändern. Es gab in einem Lehrbuch die Darstellung eines mykenischen Kuppelgrabes, eine sauber schattierte Zeichnung, auf der genau so der Lichtstrahl in das Innere einfiel wie in einen Bienenkorb, die Zeichnung hatte seine Bewunderung erregt, er hatte sogar einmal versucht, sie samt diesem so eindrucksvollen Lichtstrahl nachzuzeichnen. Es war das Schatzhaus des Atreus. Oder des Agamemnon? Es handelte sich um Atreus oder Agamemnon. Aber dass er jetzt unter der Glocke saß, das wurde davon nicht besser. Man konnte auch sagen, dass es ein umgekehrter Trichter war.

War es ein regelrechter Trichter, so konnte man die Wände mit Nägeln und Zehen erklimmen. Aber leider stand der Trichter verkehrt. Selbst eine senkrechte Wand konnte man anspringen, so wie der Hund eine hohe Planke nimmt. Hier aber fielen die Wände durchaus nicht senkrecht, sondern schrägten sich nach oben zusammen; und da wo sie ansetzten, war es so niedrig, dass ein Mensch allenfalls kauern konnte.

Man konnte die Wände höchstens angehen wie die Fliege das Einmachglas und sinnlos dagegenrennen. Jetzt stand er in der Mitte, da wo der Lichtfleck fast kreisrund niederfloss, er spürte ihn auf dem Gesicht, die Wärme, und plötzlich spürte er, wie der Fleck schwand. Der Fleck rückte, er hüpfte noch einen Augenblick seitwärts und sprang dann aufwärts zum Bord, den er golden ränderte. Der Junge sprang auch, er machte einen mächtigen Satz, aber da fehlte etwas. Er sprang ein paarmal, er sprang immer wieder, wie der Dieb nach den Äpfeln. Und weil er kopflos zu werden anfing, machte er weiter, raffte ein paar Steine vom Boden und warf hinauf.

Die Steine schwirrten, sie fingen Licht und sprühten droben weg wie Käfer, sie waren nicht mehr zu sehen, auch ihren Aufschlag vernahm er nicht. Steine in eine Tiefe zu schleudern, das war weit weniger unheimlich: sie fielen dann und verschwanden, eine kurze Stille entstand, und dann kam ein Klappern und ein Kollern, das Ding war eingetroffen und an seinem Ort. Jetzt aber stand alles verkehrt, diese Steine entfernten sich tonlos, es war nicht nachzuprüfen, ob sie nicht uns Unendliche weiterflogen. Alles verkehrt. Er beneidete diese Steine, die doch fühllos waren und nun leicht hinflogen ins Helle und Warme, das ihnen unnütz blieb. Er war mächtig, sie dort hinaufzuschicken, aber sich selbst hinterherschicken, das konnte er nicht, obwohl er doch so ein guter Schüler war. Das Naturgesetz. Die Naturgesetze. Der Mensch, forschend und planend. Plötzlich blieb er mit offenem Mund stehen, seine Arme fielen herab, es überkam ihn ein verzweifelter Zorn über diesen hässlichen, unüberlegten Umweg, auf den er sich begeben hatte, er setzte sich hin, wo er stand. Übrigens verspürte er jetzt auch Hunger, denn seit der Frühe hatte er nichts zu sich genommen und die Mittagszeit war vorüber. Hunger macht verdrossen und weinerlich, er stellte sich mutlos die Stunden vor, die er jetzt hier aushalten musste, bis jemand ihn fand in diesem verwünschten Loch. Aber Hunger macht auch schläfrig; so suchte er sich eine Stelle, auf der er sich ausstrecken konnte, und er schlief fast augenblicks ein und schlief; aber ob er eine Stunde geschlafen hatte oder nur einen Atemzug lang, das wusste er nachher nicht, denn er besaß keine Uhr. Nun trieb ein Gedanke ihn auf und erfüllte ihn mit Schrecken ob seines Leichtsinns: er durfte durchaus nicht einschlafen. Er musste im Gegenteil wachen und sich durch Rufen bemerkbar machen. Sonst gingen die Leute, die nach ihm suchten, womöglich ganz in der Nähe vorbei und fanden ihn nicht.

Und also schrie er den ganzen Nachmittag und schämte sich manchmal seines Schreiens. Aber so lange er schrie, war er noch guten Mutes, es kam ihm jetzt auch auf den Spott nicht an, den ihm der Narrenstreich eintragen musste. Erst als es Abend wurde, stellte er seine Rufe ein und wollte nur horchen. Denn wenn sie jetzt in der Nacht den Wald abstreiften, so war selbstverständlich, dass sie dabei nach ihm riefen. Und dann musste er antworten. Ärgerlich nur, dass sie offenbar zunächst in der falschen Gegend suchten. Etwas zu essen wäre jetzt gut gewesen. Hunger macht furchtsam, und Unbehagen kroch aus den Winkeln. Da und dort eine huschende fast undeutbare Bewegung. Aus dem Spalt, der dort irgendwohin ins Unbetretbare führte, kamen Fledermäuse. Sie zackten vor seinem Gesicht vorbei, dass ein Luftzug sein Gesicht fächelte, und stiegen dann ganz frei und leicht hinauf.

Er brachte die Nacht hin, horchte immerfort auf das Rufen, gab auch ein paarmal Antwort; aber dann antwortete er nicht mehr, weil er sich vor seiner Stimme ängstigte. Und außerdem hatten sie auch gar nicht gerufen. Einmal nickte er ein, und da grub der Hunger in ihm, und er fragte sich, was er zur Not essen konnte, wenn es noch einige Zeit anstand bis zu seiner Befreiung. Konnte er eine Fledermaus jagen und töten?

Sind Fledermäuse Warmblüter? Ihn schauderte. Was hier lebte, führte in seinen Säften den Tod wie Gift. Schnecken und Würmer. Sich den Tod anessen. Eine Stunde vor Tag wurde ihm übrigens klar, dass kein Mensch nach ihm suchte.

Es würde auch kein Mensch so bald nach ihm suchen, sie dachten gar nicht daran. Die Patin würde nachfragen, ob er gekommen sei, und da er nicht gekommen war, nun so hatte es eben vielleicht keinen Urlaub gegeben, sie würden nicht einmal anfragen, denn auf dem Land schreibt man nicht so schnell Briefe, und würden abwarten, bis ein Brief von ihm käme und erkläre, warum er ausgeblieben sei. Und nachher, wenn er im Seminar vermisst wurde, so fragten die auch noch nicht nach, sondern warteten, dass er sich entschuldige oder krank melde, und ärgerten sich allenfalls, weil die Bauern nicht wussten, was gute Sitte war. Als es hell wurde, fühlte er sich sehr schwach.

Aber er nahm jetzt seine Gedanken zusammen und überlegte, was er gehört oder gelesen hatte von Gefangenschaften und Befreiungen. Darüber wurde ihm nebenbei klar, dass er sich doch hatte ins Bockshorn jagen lassen, denn selbstverständlich suchten sie spätestens heute nach ihm. Wie lange kann eigentlich ein Mensch ohne Nahrung bestehen? Zurück also zu den Befreiungen. In der Regel pflegten Gefangene ihre Kleider zu Streifen zu reißen, sie knüpften sich einen Strick aus den Streifen und ließen sich an dem Strick hinab. Und das Seil riss manchmal und ließ den Flüchtenden abstürzen, es wurde daraus ein schöner poetischer Tod. Zum Beispiel der Magister Frischlin hatte sich von der Veste Urach zu Tode gestürzt, und das Blutströpflein wuchs dort, wo er sein Blut verspritzt hatte, die Kinder suchten das Blümchen und fürchteten sich an dem wehmütigen Ort. Hier aber war es mit dem Herablassen nichts, herablassen kann sich der Mensch, aber sich hinauflassen kann er nicht. Hinablassen, sagt er großartig, als ob dabei etwas zu tun wäre. Die Erde schluckt ihn an und er bremst ein wenig. Das ist das Ganze. Aber lasst euch doch einmal hinauf.

Immerhin, dachte er weiter, unmöglich ist auch nichts. Und dann entzückte ihn der Gedanke mit dem Seil und dem Holzstück. Der Gedanke war sogar prächtig und die Sache verhielt sich so: Man nahm das Seil und knüpfte es fest um die Mitte eines Prügels, und der Prügel musste eine Kleinigkeit länger sein als der Einstieg breit war. Und dann musste man den Bengel hinausschießen und das Seil einholen und solange spielen, bis sich der Bengel querlegte. Alsdann konnte man an dem Seil hochklettern. Natürlich legte der Bengel sich nicht auf das erste Mal quer, etwas Geduld brauchte man, er gab immer wieder nach und rutschte herunter, sobald das Seil angezogen wurde. Aber einmal verklemmte er sich dann doch und hielt, vielleicht auf das dreißigste Mal oder auf das dreihundertste, das schadete nichts, wenn es nicht sofort klappte. Der wundervolle Augenblick kam, jetzt lag das Holz in der Tat quer, es saß ganz zuverlässig, er zog und zupfte ein paarmal nicht anders als der Angler zupft und anreißt, damit der Haken noch fester beiße, und dann hängte er vorsichtig sein ganzes Gewicht daran, und der Prügel hielt, denn es war ein ganz wunderbarer Prügel, der brach nicht durch, er lag da quer und als ob gar nichts weiter wäre und ließ den Strick niederhängen, der die Rettung bedeutete. Er aber, der Mensch, der nicht aufgegeben hatte, der zäh und mutig gewesen war, er blickte zu dem queren Holz dort hinauf wie zu seinem Gott, der ihn rettete. Und ehe er sich anschickte, kniete er nieder und schluchzte und betete und hielt dabei vorsichtig das Ende des Seils fest, und ein unordentlicher Gedanke durchschoss ihn, das Seil könnte am Ende doch reißen oder das Holz krachen, wenn er seinen Aufzug begann. Aber Gott wird nicht brechen, Gott hält, was er verspricht. Nur schade, dass da kein Seil ist und kein Stecken auch nicht, ach da ist überhaupt kein –

Der Mensch in dem Loch hielt inne, der Schweiß brach ihm aus, und da er eine fromme Erziehung genossen hatte und seine Gedanken jetzt nicht gehorchten und ihm davonliefen, so glaubte er, dass er in den Klauen des Satans sei, und er sammelte sich mit Anstrengung und betete zu seinem Herrn. Das stärkte ihn und er wurde eine Weile wieder getrost und stieß fleißig den Tag über seine Rufe aus. Doch gegen Abend war sein Mund trocken und wüst, ein widerwärtiger Belag in der ganzen Mundhöhle, ein Gefühl wie von ungeputzten Zähnen, und dabei der Durst, und durch und durch fror er. Er versuchte es noch einmal, er versuchte sich zu ergeben darin, dass er offenbar umkommen sollte. Er sprach Lieder und Sterbegebete, die er gelehrt worden war. Seine Ahne hatte er sterben sehen; und er besann sich darauf gut. Die Stube, von Menschen gefüllt mit dem Geruch ihrer Feiertagsröcke, er konnte nur Rücken sehen, das Ängstliche nicht, das ihm diese Rücken verstellten. Hygienische wie psychologische Erwägungen sprachen gegen derartige Versammlungen an Sterbelagern, aber sie waren der Brauch, und so nahm er auch teil und hörte das Murmeln, das Frieden um sich verbreitete und das bange Herz stärkte. Aber plötzlich war das alles taub. Dort in der halbverhüllten Sterbestube hatte es richtig geklungen und solang es nicht einen selber betraf, jetzt aber war droben und draußen nichts als dieser versaute Stangenwald, durch den er heraufgerannt war, er war ja auch noch gerannt, der Narr, er hatte es verflucht eilig, in die Grube zu fahren. Er hätte nicht von zuhause gehen sollen, nicht gehen, und dann wäre das alles nicht so gekommen und er hätte auch seinen Glauben behalten. Bis gegen Morgen weinte er viel, er schrie auch, aber das hatte keinen Sinn, zudem fiel es immer schwerer. Er dämmerte. Er sah Menschen herumsitzen. Die

Urschel zeigte sich mit ihren roten Strümpfen. Ein Schiff stieg aus dem Boden und wiegte ihn.

Stundenlang war er in Bewegung. Er tastete nach Griffen und fasste hängende Wurzeln an. Man musste Steine aufschichten, auf die Steine treten, und man erreichte den Höhlenbord. Aber es gab nur den kleinen Schotter; der barst auseinander, wenn man den Haufen betrat. Es fehlte nicht viel, eine Armlänge, aber die Armlänge machte es. Er ließ sich fallen und überdachte stumpf, dass er vielleicht länger aushalten konnte, wenn er Bewegungen sparte. Plötzlich durchzog ihn eine krankhafte Erheiterung.

Er sah sich selbst, wie er da krabbelte. Wie ein Insekt, sagte er sich, das ins Glas gefallen ist. Ohne Bedeutung. Zu Hause in der Waschküche war oft eine Spinne, die aus dem Garten kam, in die leere Blechwanne geglitten. Da hockte sie nun still, reckte dann plötzlich ihre acht Beine aus und fing an, sich zu mühen, und dann hörte die Bewegung wieder auf. Vielleicht kam er nach Stunden zurück, da saß das Tier immer noch, was sollte es sonst auch anders, regte sich, krabbelte und saß wieder still. Es hatte keine Gedanken und begriff auch nichts von seiner Lage, es war nur so angelegt, dass es sich mühte und herauskommen wollte. Er vergaß das Tierchen, und kam er vielleicht nach Tagen wieder vorbei, so lag es als schwarzes Knäuelchen, die Beine regten sich nicht mehr, sie waren angekrümmt, wer nicht näher zusah, der hielt es für eine Staubflocke oder ein Bällchen ausgekämmten Haars. Der Junge sah plötzlich die ganze Erde überzogen von solchen Fallen, überall war etwas gefangen und mühte sich ab stumpfsinnig und verwundert und zog endlich die Glieder an sich und wurde still. – Dann fiel ihm ein, dass dergleichen Vorgänge auch willkürlich herbeigeführt wurden. Man verstümmelte zum Beispiel Gewächse oder rief an Tieren gewisse Reaktionen hervor, um daran zu studieren, und das war notwendig und in Ordnung. Schon wer sich ernährt, zerstört Leben, und wer Leben mehren will, muss anderes Leben opfern und Reaktionen studieren. Jetzt aber wurde offenbar an ihm studiert, und wer oder was studierte da, was waren das für Zusammenhänge? Es hatte einen Grund, dass er hier umkommen musste. Alles hat seinen Grund. Ohne Grund geschieht nichts, und geschieht etwas, so ist ein Grund vorhanden. Lauter Gründe; und alles ganz sinnlos.

Er zitterte, und seine Gelenke zitterten alle, das Kinn fiel ihm herab, denn er war noch jung und konnte nicht lange aushalten; er roch seinen Schweiß, einen elenden übelriechenden Schweiß wie vor dem Erbrechen, und er ließ das Gesicht in den Staub sinken und lästerte Gott mit schrecklichen Worten und troff von Zoten und nahm Ausdrücke in den Mund, von denen er nicht einmal gewusst hatte, dass er sie beherrschte.

Es dauerte noch einmal eine Nacht, und sein Geist entflatterte immer öfter, und manchmal kam er zu sich und war ganz helle, da schämte der Junge sich und geriet in Verlegenheit, dass er auf eine so tölpische Art sterben müsse, einfach spazierengegangen und in ein Loch gesprungen und nichts mehr und aus. Denn er glaubte nicht mehr, dass ihn jemand finden könnte. Wenn jemand ermordet wurde, wie schnell hatten sie da den Täter. In einem zivilisierten Land, sagte der Ortspolizist stolz, kommt niemand mehr unkontrolliert um. Da habt ihr es. Und dafür haben deine Eltern dich aufgezogen.

Indessen, je mehr er hinüberglitt, sah er ein, dass die Erde mächtig war, aber sie konnte sich seiner nicht gänzlich bemächtigen. Er war gefallen, aber in einen Willen, der dies alles bewegte. Sinnloser Wille, was aber hatte Sinn? Sinn ist von Menschen. Er wollte des Willens sein. Dein Wille geschehe, sagte er öfters und war nur noch schattenhaft da. Und natürlich schrie er auch noch ein paarmal, aber es war nicht mehr viel Ton in ihm, und er wusste von sich immer weniger.

Wilhelm Hauff
In der Nebelhöhle

Georg hatte eine niedere Erdschlucht erwartet, kurz und eng, dem Lager der Tiere gleich, wie er sie in den Forsten seiner Heimat hin und wieder gesehen, aber wie erstaunte er, als die erhabenen Hallen eines unterirdischen Palastes vor seinen Augen sich auftaten. Er hatte in seiner Kindheit aus dem Munde eines Knappen, dessen Urgroßvater in Palästina in Gefangenschaft geraten war, ein Märchen gehört, das von Geschlecht zu Geschlecht überliefert worden war; dort war ein Knabe von einem bösen Zauberer unter die Erde geschickt worden, in einen Palast, dessen erhabene Schönheit alles übertraf, was der Knabe je über der Erde gesehen hatte; was die kühne Phantasie des Morgenlandes Prachtvolles und Herrliches ersinnen konnte, goldene Säulen mit kristallenen Kapitälen, gewölbte Kuppeln mit Smaragden und Saphiren, diamantene Wände, deren vielfach gebrochene Strahlen das Auge blendeten; alles war jener unterirdischen Wohnung der Genien beigelegt. Diese Sage, die sich der kindlichen Einbildungskraft tief eingedrückt, lebte auf und verwirklichte sich vor den Blicken des staunenden Jünglings. Alle Augenblicke stand er still, von neuem überrascht, hielt die Fackel hoch und staunte und bewunderte, denn in hohen majestätisch gewölbten Bogen zog sich der Höhleneingang hin und flimmerte und blitzte wie von tausend Kristallen und Diamanten. Aber noch größere Überraschung stand ihm bevor, als sich sein Führer links wandte und ihn in eine weite Grotte führte, die wie der festlich geschmückte Saal des unterirdischen Palastes anzusehen war.

Sein Führer mochte den gewaltigen Eindruck bemerken, den dieses Wunderwerk der Natur auf die Seele des Jünglings machte. Er nahm ihm die Fackel aus der Hand, stieg auf einen vorspringenden Felsen und beleuchtete so einen großen Teil dieser Grotte.

Glänzend weiße Felsen fassten die Wände ein, kühne Schwibbogen, Wölbungen, über deren Kühnheit das irdische Auge staunte, bildeten die glänzende Kuppel; der Tropfstein, aus dem diese Höhle gebildet war, hing voll von vielen Millionen kleiner Tröpfchen, die in allen Farben des Regenbogens den Schein zurückwarfen und als silberreine Quellen in kristallenen Schalen sich sammelten. In grotesken Gestalten standen Felsen umher, und die aufgeregte Phantasie, das trunkene Auge glaubte bald eine Kapelle, bald große Altäre mit reicher Draperie und gotisch verzierte Kanzeln zu sehen. Selbst die Orgel fehlte dem unterirdischen Dome nicht, und die wechselnden Schatten des Fackellichtes, die an den Wänden hin und her zogen, schienen geheimnisvoll erhabene Bilder von Märtyrern und Heiligen in ihren Nischen bald auf-, bald zuzudecken.

So schmückte die christliche Phantasie des jungen Mannes, voll Ehrfurcht vor dem geheimnisvollen Wirken der Gottheit, das unterirdische Gemach zur Kirche aus, während jener Aladdin mit der Wunderlampe die Säle des Paradieses und die ewig glänzenden Lauben der Huris geschaut hätte.

Der Führer stieg, nachdem er das Auge des Jünglings für hinlänglich gesättigt halten mochte, wieder herab von seinem Felsen. »Das ist die Nebelhöhle«, sprach er; »man kennt sie wenig im Land, und nur den Jägern und Hirten ist sie bekannt; doch wagen es nicht viele, hereinzugehen, weil man allerlei böse Geschichten von diesen Kammern der Gespenster weiß. Einem, der die Höhle nicht genau kennt, möchte ich nicht raten, sich herabzuwagen; sie hat tiefe Schlünde und unterirdische Wasser, aus denen keiner mehr ans Licht kommt. Auch gibt es geheime Gänge und Kammern, die nur fünf Männern bekannt sind, die jetzt leben.«

»Und der geächtete Ritter?« fragte Georg.

»Nehmt die Fackel und folget mir«, antwortete jener und schritt voran in einen Seitengang. Sie waren wieder etwa zwanzig Schritte gegangen, als Georg die tiefen Töne einer Orgel zu vernehmen glaubte. Er machte seinen Führer darauf aufmerksam.

»Das ist Gesang«, entgegnete er, »der tönt in diesen Gewölben gar lieblich und voll. Wenn zwei oder drei Männer singen, so lautet es, als sänge ein ganzer Chor Mönche die Hora.« Immer vernehmlicher tönte der Gesang; je näher sie kamen, desto deutlicher wurden die Biegungen einer angenehmen Melodie. Sie bogen um eine Felsenecke, und von oben herab ertönte ganz nahe die Stimme des Singenden, brach sich an den zackigen Felsenwänden in vielfachem Echo, bis sie sich verschwebend mit den fallenden Tropfen der feuchten Steine und mit dem Murmeln eines unterirdischen Wasserfalles mischte, der sich in eine dunkle, geheimnisvolle Tiefe ergoss.

»Hier ist der Ort«, sprach der Führer, »dort oben in der Felswand ist die Wohnung des unglücklichen Mannes; hört Ihr sein Lied? Wir wollen warten und lauschen, bis er zu Ende ist, denn er war nicht gewöhnt, unterbrochen zu werden, als er noch oben auf der Erde war.«

Die Männer lauschten und verstanden durch das Echo und das Gemurmel der Wasser etwa folgende Worte, die der Geächtete sang:

»Vom Turme, wo ich oft gesehen
Hernieder auf ein schönes Land,
Vom Turme fremde Fahnen wehen,
Wo meiner Ahnen Banner stand.
Der Väter Hallen sind gebrochen,
Gefallen ist des Enkels Los,
Er birgt, besiegt und ungerochen,
Sich in der Erde tiefem Schoß.

Und wo einst in des Glückes Tagen
Mein Jagdhorn tönte durchs Gefield,
Da meine Feinde grässlich jagen,
Sie hetzen gar ein edles Wild.
Ich bin das Wild, auf das sie birschen,
Die Bluthund' wetzen schon den Zahn,
Sie dürsten nach dem Schweiß des *Hirschen*,
Und sein Geweih steht ihnen an.

Die Mörder han in Berg und Heide
Auf mich die Armbrust aufgespannt,
Drum in des Bettlers rauhem Kleide
Durchschleich' ich nachts mein eigen Land;
Wo ich als Herr sonst eingeritten
Und meinen hohen Gruß entbot,
Da klopf' ich schüchtern an die Hütten
Und bettle um ein Stückchen Brot.

Ihr warft mich aus den eignen Toren,
Doch einmal klopf' ich wieder an,
Drum Mut! Noch ist nicht all' verloren,
Ich hab' ein Schwert und bin ein Mann.
Ich wanke nicht; ich will es tragen;
Und ob mein Herz darüber bricht,
So sollen meine Feinde sagen:
Er war ein Mann und wankte nicht.«

Er hatte geendet, und der tiefe Seufzer, den er den verhallenden Tönen seines Liedes nachsandte, ließ ahnen, dass er im Gesang nicht viel Trost gefunden habe. Dem rauhen Manne von Hardt war während dem Liede eine große Träne über die gebräunte Wange gerollt, und Georg war es nicht entgangen, wie er sich anstrengte, die alte feste Fassung wiederzuerhalten und dem Bewohner der Höhle eine heitere Stirne und ein ungetrübtes Auge zu zeigen. Er gab dem Junker auch die zweite Fackel in die Hand und klimmte den glatten, schlüpfrigen Felsen hinan, der zu der Grotte führte, woraus der Gesang erklungen war. Georg dachte sich, dass er ihn vielleicht dem Ritter melden wolle, und bald sah er ihn mit einem tüchtigen Strick zurückkehren. Er klimmte die Hälfte des Felsen wieder herab und ließ sich die Fackeln geben, die er geschickt in eine Felsenritze an der Seite steckte; dann warf er Georg den Strick zu und half ihm so die Felsenwand erklimmen, was ihm ohne diese Hilfe schwerlich gelungen wäre. Er war oben, und wenige Schritte noch, so stand er vor dem Felsengemach des Geächteten.

Carl Theodor Griesinger
Der Württemberger am Pfingstmontag

Was tut nun aber der *gebildete* Württemberger, der Honoratior am Pfingstmontage? Ihm ist an diesem Tage ein besonderes Vergnügen zugesagt. Wohl tanzt auch er, denn aller Orten sind im Merkur und in den Localblättern Honoratiorenbälle angezeigt und die Beamten- und Kaufmannstöchterleins freuen sich unendlich auf diesen Tag. Aber jedes ordentliche Landstädtchen hat jezt sein Casino, und alle Jahre sein halbes Dutzend Bälle extra, also ist das Tanzen an diesem Tage nicht die Hauptsache. Ein größeres Fest feiert der gebildete Württemberger an diesem Tage, denn am Pfingstmontag wird die *Nebelhöhle* beleuchtet.

Wer kennt nicht Wilhelm Hauff, den schwäbischen Walter Scott? Wer hat nicht seinen Lichtenstein gelesen? Wer weiß nicht, dass der böse ritterliche Ulrich in der Nebelhöhle verborgen hauste und nur durch den treuen Ritter von Lichtenstein dort erhalten wurde?

Die Nebelhöhle ist eine sehr große Tropfsteinhöhle; die herrlichsten Tropfsteinbildungen sind darin zu erschauen. Einen großartigen Eindruck macht es, wenn man die Höhle in kleiner Gesellschaft mit Fackeln besucht, einen blendenden Eindruck macht es, wenn die ganze Höhle förmlich beleuchtet ist.

Es ist ein altes Herkommen, am Pfingstmontag wird die Nebelhöhle illuminiert. Jedermann im Lande weiß es und zum Überfluss macht man's noch in allen Zeitungen bekannt. Oberhalb der Höhle, auf dem Rücken des Berges, in dessen Mitte sie liegt, ist ein großer freier Baum im Walde. Es sind keine Bänke und Tische da, nur wenige Zelte für die Wirte aus der Umgegend, aber der Boden ist nicht mit Gras bewachsen und die Bäume des Waldes gewähren herrlichen Schatten. Hier ist der Sammelplatz. Morgens in aller Früh kommen die Wanderer von Nah und Fern. Von allen Seiten her sieht man Equipagen anfahren, Reiter in Uniformen und ohne Uniformen, nicht selten mehrere vierspännige Wagen, auf die die Honoratiorenschaft eines ganzen Städtchens gepackt ist. Jeder Ort Württembergs stellt beinahe seinen Repräsentanten, die Studentenschaft Tübingens scheint gänzlich ausgewandert zu sein, in den nächsten Ortschaften könnte man keine Seele zu Hause treffen. Eine Menge alter Bekannter schütteln sich treulich die Hände, eine Menge neuer Bekanntschaften werden gemacht. Lustig ist's, die Leute alle, die im Grase lagernd den Morgenimbiss einnehmen, sich zu betrachten: da einige geputzte Damen, sie sind in ihrem Gefährte sitzen geblieben; dort ein Paar Bauerndirnen aus dem kräftigen Steinlachtale; da Studenten mit Jakobinermützchen, dort gesetzte Herren mit goldbeknopften Bambusstöcken; da Bauern in Zwilchkitteln, dort Künstler mit langen fliegenden Haaren. Es ist ein buntes Gemengsel; aber unter den Tausenden, die hier versammelt sind, ist auch nicht Ein trauriges Gesicht. Aus Einem Glase trinkt eine ganze Gesellschaft, denn sie hat nicht mehr Gläser auftreiben können; der Schinken wandert in der Runde herum, und Jeder schneidet sich, so dick oder dünn er's vermag. Die Wirte in ihren Marketenderzelten können nicht genug auftreiben, dennoch aber leidet Niemand Mangel, denn wer zu Wagen gekommen ist, hat Vorräte mitgebracht, und brüderlich teilt er auch mit Unbekannten. Endlich stürmts in die Höhle hinab. »Achtundvierzig Kreuzer Entree für die Beleuchtung.« Ein herrlicher Anblick! Wo es möglich war, ist eine Lampe an der Wand angebracht und die weiten Räume, deren Ende du nicht erblicken kannst, funkeln wie mit lauter Edelsteinen. Sind auch Tausende von Menschen in der Höhle, dennoch verschwinden sie fast in dem großartigen

Gewölbe; denn hier hat sich die Natur eine Kirche gebaut, die von keiner durch Menschenhände gemachte übertroffen wird. Sonderbar hallt das Summen der vielen Menschen von den Ecken wieder. Endlich hat man genug gestaunt, kühne Kletterer sind sogar, zum großen Verdruss ihrer weißen Hosen, bis in die Ulrichshöhle gelangt. Aber nun »hinaus, hinaus in's Freie«. Es hält schwierig hinauszukommen, denn immer noch kommen frische Truppen an. Aber endlich ist man oben. »Fort auf den Lichtenstein«.

Der Lichtenstein ist nur eine halbe Stunde von der Nebelhöhle entfernt. Es ist ein kleines Jägerhäuschen auf schroffem Felsen erbaut. Der Felsen steht ringsum frei, ringsum nur mit Luft umgeben. Zum Lande führt eine schmale Brücke. Ein Förster bewohnt das Häuschen, aber an dem heiligen Tage ist der Förster zum Wirte geworden.

Eine wundervolle Aussicht lohnt den Weg von der Nebelhöhle hieher. Weithin sieht man über die Alpgebirge und unter sich hat man ein tiefes, tiefes Tal, von jener Schönheit, die an die Schweizertäler erinnert. Wer aber zum Fenster des Jägerhäuschens hinausschaut, der nehme sich wohl in Acht, dass der Schwindel ihn nicht erfasse. Denn viele hundert Schuh tief geht der Felsen senkrecht hinab, und die Tiefe scheint unabsehbar. Doch die Aussicht ist nicht die Hauptsache, die Hauptsache ist die Gesellschaft. Wiederum lagert man sich im Freien, denn die wenigen Zimmer des Häuschens haben nicht Raum. Abermals löscht man den Durst, stillt man den Hunger. Verschiedene Gruppen bilden sich. Da herrscht Lust und fröhliches Lachen; dort konstituieren sich ein Paar Dutzend als Sängergesellschaft und viele lauschen vergnügt ihren Dilettantenkehlen, hier wird über die Ereignisse des Tags gesprochen. Politik kommt an die Tagesordnung und ein Redner, begeistert von Wein und Sonnenhitze, hält einen Vortrag über Fürstentum und Demagogie. An Musik und

Bettlern fehlt's auch nicht. Lange biwakiert man da; endlich aber ermahnt die sich neigende Sonne an den Heimweg. Nur ein Philister geht nach solch' einem Tag nach Hause. Ist ja doch Ball in Unterhausen, Ball in Pfullingen, Ball in Reutlingen! An diesem Tage dürfte der Wirt einen Saal haben, so groß als das Ulmer Münster, er würde doch voll! Er dürfte ein Wirtshaus haben, hundertmal größer als der Weidenbusch in Frankfurt, es würde doch an Zimmern gebrechen! Alles, der ganze Raum der Wirtshäuser ist gedrängt voll. Nicht allen ist es vergönnt, ein Schlafgemach zu finden. Wer denkt aber auch an's Schlafen? »Frisch auf und getrunken!« Und getrunken wird, bis der helle Tag erwacht, und dann setzt man sich zu Pferde oder wirft sich in die Chaise und fährt nach Hause.

Um die Nebelhöhle besuchen zu können, muss Mancher eine ganze Woche opfern, denn die Höhle liegt am Anfange der Alp, nur wenige Stunden von Tübingen, und von Ulm oder Heilbronn ist's weit dahin; aber gerne opfert man Zeit und Geld, denn man trifft ja Freunde und freudige Gesellschaft. Gutes Wetter ist ohnehin immer bestellt.

Ein Genuss beim Besuch der Nebelhöhle fällt nun bald weg. Das Jägerhäuschen auf dem Lichtenstein wird in ein altertümliches Schlösschen verwandelt werden, und ein Graf von Württemberg dasselbe als Lustschloss bewohnen. Die Zeiten der alten Lichtensteiner kehren wieder!

Friedrich Hölderlin
Die Teck

Ah! so hab' ich noch die Traubenhügel erstiegen
Ehe der leuchtende Stral an der güldenen Ferne hinabsinkt.
Und wie wohl ist mir! Ich strek' im stolzen Gefühle –
Als umschlänge mein Arm das Unendliche – auf zu den
                                                Wolken
Meine gefalteten Hände, zu danken im edlen Gefühle
Daß er ein Herz mir gab, dem Schaffer der edlen Gefühle.
Mich mit den frohen zu freuen, zu schauen den herbstlichen
                                                Jubel,
Wie sie die köstliche Traube mit heiterstaunendem Blike
Über sich halten, und lange noch zaudern, die glänzende
                                                Beere
In der Kelterers Hände zu geben – wie der gerührte
Silberlokigte Greis an der abgeerndteten Rebe
Königlich froh zum herbstlichen Mahle sich sezt mit den
                                                Kleinen
O! und zu ihnen spricht aus der Fülle des dankenden Herzens
Kinder! am Seegen des Herrn ist alles, alles gelegen – –
Mich mit den frohen zu freuen, zu schauen den herbstlichen
                                                Jubel
War ich herauf von den Hütten der gastlichen Freundschaft
                                                gegangen.
Aber siehe! allmächtig reißen mich hin in ernste Bewundrung
Gegenüber die waldigte Riesengebirge. – Laß mich vergessen
Laß mich deine Lust, du falbigte Rebe, vergessen,
Daß ich mit voller Seele sie schaue die Riesengebirge!
Ha! wie jenes so königlich über die Brüder emporragt!
Tek ist sein Nahme. Da klangen einst Harnische, Schwerder
                                                ertönten

Zwischen den moosigsten Mauern der Fürsten und blinkende
                                                    Helme.
Eisern waren und groß und bieder seine Bewohner.
(...)
Bringet ihn her, den frechen Spötter der heilsamen Wahrheit,
O! und kommet die Stunde, wie wird er staunen, und
                                                    sprechen:
Warlich! ein Gott, ein Gott hat dieses Gebirge geschaffen.
Bringet sie her, des Auslands häßlich gekünstelte Affen
Bringet sie her, die hirnlos hüpfende Puppen, zu schauen
Dieses Riesengebirge so einfach schön, so erhaben;
O kommet die Stunde, wie werden die Knaben erröten,
Daß sie Gottes herrlichstes Werk so elend verzerren. –
Bringet sie her der deutschen Biedersitte Veächter,
Übernachtet mit ihnen, wo Moder und Disteln die graue
Trümmer der fürstlichen Mauern, der stolzen Pforten
                                                    bedeken,
Wo der Eule Geheul, und des Uhus Todtengewimmer
Ihnen entgegenruft aus schwarzen, sumpfigten Höhlen.
Wehe! wehe! so flüstern im Sturme die Geister der Vorzeit
Ausgetilget aus Suevia redliche biedere Sitte!
Ritterwort, und Rittergrus, und traulicher Handschlag! –
Laßt euch mahnen, Suevias Söhne! Die Trümmer der
                                                    Vorzeit!
Laßt sie euch mahnen! Einst standen sie hoch, die gefallene
                                                    Trümmer,
Aber ausgetilget ward der trauliche Handschlag,
Ausgetilget das eiserne Wort, da sanken sie gerne,
Gerne hin in den Staub, zu beweinen Suevias Söhne.
Laßt sie euch mahnen, Suevias Söhne! die Trümmer der
                                                    Vorzeit!
Beben werden sie dann der Biedersitte Veächter,
Und noch lange sie seufzen, die fallverkündende Worte –

Ausgetilget aus Suevia redliche biedere Sitte!
Aber nein! nicht ausgetilget ist biedere Sitte
Nicht ganz ausgetilget aus Suevias friedlichen Landen --
O mein Thal! mein Tekbenachbartes Thal! – ich verlasse
Mein Gebirge, zu schauen im Tale die Hütten der Freundschaft.
Wie sie von Linden umkränzt bescheiden die rauchende
                              Dächer
Aus den Fluren erheben, die Hütten der biederen Freundschaft.
O ihr, die ihr fern und nahe mich liebet, Geliebte!
Wär't ihr um mich, ich drükte so warm euch die Hände,
                              Geliebte!
Jezt, o! jezt über all' den Lieblichkeiten des Abends.
Schellend kehren zurük von schattigten Triften die Heerden,
Und fürs dritte Gras der Wiesen, im Herbste noch fruchtbar,
Schneidend geklopfet ertönt des Mähers blinkende Sense.
Traulich summen benachbarte Abendgloken zusammen,
Und es spielet der fröliche Junge dem lauschenden Mädchen
Zwischen den Lippen mit Birnbaumblättern ein scherzendes
                              Liedchen.
Hütten der Freundschaft, der Seegen des Herrn sei über
                              euch allen!
Aber indessen hat mein hehres Riesengebirge
Sein gepriesenes Haupt in nächtliche Nebel verhüllet,
Und ich kehre zurük in die Hütten der biederen Freundschaft.

Justinus Kerner
Hohenstaufen

Es steht in stiller Dämmerung
Der alte Fels, öd und beraubt;
Nachtvogel kreist in trägem Schwung
Wehklagend um sein moosig Haupt.

Doch wie der Mond aus Wolken bricht,
Mit ihm der Sterne klares Heer,
Umströmt den Fels ein seltsam Licht,
Draus bilden sich Gestalten hehr.

Die alte Burg mit Turm und Tor
Erbauet sich aus Wolken klar,
Die alte Linde sprosst empor,
Und alles wird, wie's ehmals war.

So Harfe wie Trompetenstoß
Ertönt hinab ins grüne Tal,
Gezogen kommt auf schwarzem Ross
Rotbart, der Held, gekleid't in Stahl.

Und Philipp und Irene traut,
Sie wall'n zur Linde Hand in Hand:
Ein Vogel singt mit süßem Laut
Vom schönen griech'schen Heimatland.

Und Konradin, an Tugend reich,
Der süße Jüngling, arm, beraubt,
Im Garten steht er stumm und bleich:
Die Lilie neigt ihr trauernd Haupt.

Doch kündet jetzt aus dunklem Tal
Den bleichen Tag der rote Hahn,
Da steht der Fels gar öd und kahl,
Verschwunden ist die Burg fortan.

An ihrer Stätt' ein Dornbusch steht,
Kalt weht der Morgen auf den Höh'n, –
Und wie der Fels so kalt und öd
Scheint auch das deutsche Land zu stehn.

Wilhelm Raabe
Auf dem Gipfel des Zuckerhutes

Es ist für einen denkenden, mit etwas politischem Sinn und vor allen Dingen mit Phantasie begabten Menschen immerhin etwas, die steile Gasse des Dorfes Hohenstaufen gegen den Burgberg hin zu durchwandern. Es liegt, abgesehen von manchem Andern ein ziemlicher Trost für Unsereinen in der Fortexistenz dieses Dorfes mit dem berühmten Namen. Diese Bauernhäuser und Hütten und das Volk in ihnen haben Vielerlei überdauert, was vordem, wenn nicht mit Verachtung, so doch mit lächelnder Geringschätzung auf sie herab sah, und sie jedenfalls beim Aufbau und Ausbau seiner stolzen Pläne wenig in Rechnung zog. Die hohen Zinnen sind gefallen, die Fürsten, die gewaltigen Herrscher der Welt zerstoben; aber die Hütten stehen noch aufrecht, und die Bauern von Hohenstaufen schlagen heute noch wie vor tausend Jahren auf den Tisch, halten ihr Dasein für etwas ganz Selbstverständliches und haben sicherlich über die Berechtigung dieses ihres Daseins noch nie nachgedacht.

Es ist eine große Merkwürdigkeit, und wer einmal angefangen hat, darüber nachzudenken, oder gar mündlich oder schriftlich etwas darüber von sich zu geben, der findet nicht leicht das Ende seiner Betrachtungen. Angefangen haben wir leider; aber wir wissen uns zu mäßigen und brechen kurz ab, in der fröhlichen Aussicht, heute Abend im Ochsen mit der kaiserlich-hohenstaufen'schen Hinterlassenschaft von Neuem zusammenzutreffen. –

Die beiden Freunde, Ferdinand und Christoph, Wettin und Beutelsbach – stiegen, nachdem sie vorher das Quartier im Tanzsaal in Augenschein genommen und annehmbar gefunden hatten, jetzt der alten Kirche zu, und – betrachteten sie von außen. Hinein ging Pechle nicht, behauptend, das könne man von ihm, als früheren Tübinger Stiftler nicht verlangen. Dafür aber erging er sich in den kuriosesten Mutmaßungen über die Frage, was für eine Art von Patronatsherr wohl der freigeistige zweite Friedrich gewesen sein möge, und kam zu dem Endresultat, dass der kaiserliche Schlaukopf hier auf der eigenen Scholle unbedingt den Orthodoxen reinsten Wassers gespielt und die Pfarre nie vergeben haben werde, ohne dem Herrn Kandidaten selber scharf auf den Zahn zu fühlen, oder vom Konsistorio fühlen zu lassen. (…)

Gründlicher als diese Staufenburg ist wohl nie ein Feudalsitz vom Erdboden weggefegt worden. Man hat auf dem Gipfel des Berges den schrankenlosesten Spielraum für Erinnerung, Gefühl und Einbildungskraft; denn er ist vollständig kahl. Und in unserem besonderen Falle kann das nur im höchsten Grade angenehm sein, denn im höchsten Grade verdrießlich wäre es, wenn irgend ein zertrümmertes Gemäuer von Palast, Wall oder Turm die Aussicht nach irgend einer Seite hin hinderte. Aber die Aussicht ist frei nach allen Seiten, sowohl von Oben den Kegel hinunter, wie von Unten den Berg hinauf. Das wenige, kunstgärtnerisch angepflanzte Gebüsch hält sich bescheiden am Boden, und man braucht sich keineswegs auf die Zehen zu stellen, um über es weg den Hohenzollern, das Stammhaus jenes anderen freigeistigen zweiten Friedrichs zu erblicken.

Um diesen König und jenen Kaiser kümmerten sich die beiden, in diesem Augenblick in tiefer Einsamkeit auf dem Gipfel des Zuckerhutes stehenden Damen natürlich nicht. Ohne sich eingehend mit Philosophie der Geschichte zu befassen, standen sie aufeinandergestützt, wie die beiden Leonoren auf dem bekannten Düsseldorfer Bilde und fanden schon daran ihr seelisches Genügen; – doch daran nicht allein, wie wir sogleich aus ihrer Unterhaltung erfahren werden.

Sie standen, die Eine schlank und die Andere in etwas üppiger Beleibtheit, vor allem in der sicheren Gewissheit, dass die ganze Herrlichkeit der Hohenstaufen von Konrad bis zu Konradin, ihnen und ihren Reizen Platz gemacht habe; und im letzten Grunde war dem auch so. Selbst die Abendsonne, welche glänzend auf der schönen Landschaft, über Tälern und Gebirgen lag, schien einzig und allein ihretwegen sich so holdselig gegen die Berge im Westen zu senken, und auch diese Meinung hatte ihre unumstößliche Berechtigung. Die goldene Sonne hielt es mit Vergnügen für ihre Ehrenpflicht, die beiden schönen Frauen auf dem romantischen Bergesgipfel vor allem Übrigen zu verklären und sie in die rechte Beleuchtung zu stellen. Wie sie auch sonst dann und wann dem unbefangenen Betrachter erscheinen mochten, in diesem Moment und in diesem wundervollen Scheine repräsentierten sie doch das Wirkungsvollste in aller Nähe und Ferne und mussten jedem vom Dorfe her den Berg Erklimmenden als solches ins Auge fallen.

Weich schmiegte sich der Schatten der beiden Damen – nämlich der Freifrau Lucia von Rippgen und der englischen Miss Christabel Eddish an den weichen Grasteppich unter und zu ihren Füßen.

Sie waren es! Ja sie waren es, die Baronin und Miss Christabel! Da waren sie, da standen sie im goldenen Abendsonnenschein auf dem Gipfel des Hohenstaufenbergs und blickten hin auf das Herzogtum Schwaben: das englische Fräulein still und ziemlich unangefochten, die Baronin aber im heftigen Kampf mit den unendlichen Mückenschwärmen, welche sich vorzugsweise an sie, die deutsche Frau und Heldin hielten, sie immer näher und näher umtanzten und immer unverschämter ihren Reizen huldigten!

Die beiden Damen blickten augenblicklich nicht auf den nach dem Dorfe hinabführenden Fußweg, sondern, wie gesagt, auf die in abgestuftem Blau sich hindehnende Kette der Alb.

»Sieh, Teure, wie schön, wie herrlich, wie erhaben – o diese entsetzlichen Mücken!« rief die Baronin. »Welch ein Eden ist diese Welt – könnte diese Welt sein, ohne so Vieles, Vieles – diese Mücken sind unerträglich! was nicht hineinpassen will! Christabel, fassest Du mich denn? Ja, ja, wir fühlen uns vollkommen Eins in diesen unaussprechlichen Gefühlen! Schau doch jene Gebirge, wie sie uns hold lächelnd zuwinken! Erregen sie Dir auch dieses süße, namenlose Heimweh nach einer besseren Welt – nach *unserer* Welt, unserer eigenen wirklichen, wahren Welt?«

»O yes, it is very fine, indeed!« seufzte die Engländerin, ohne ihr intensives Anstarren der Landschaft zu unterbrechen.

Margarete Hannsmann
Hohenstaufen

Wo selbst die Steine vergangen sind?

Nur der eine
Abstieg zur Ebene
lässt den Blick
nicht verebben im Grün
lockt ihn aus Mulden
zu den Stufen des Anstiegs
schwarz blau durch Täler
in Schluchten
auf Kuppen

Dieser Blick allein
verheißt Beute:
überm Berg den Berg
die Burg nach der Burg
eine Stadt hinter Städten
die Sonne
ein Schiff

War es der Blick
der den Körper nachzog?
bis er im Saleph ertrank
zwischen Akkon Apulien
tausend mal tausend
gekreuzigte Blicke
letzter Augenblick auf dem Schafott

›Eine Taube ohne Galle‹
flog auf den Berg
um gebärend zu sterben
wo sie nicht geboren war

Staufisches?
da liegt was blieb
immer neu
den Blick aufzubrechen
zu verwandeln:
Zeugenberg.

Ludwig Uhland
Die Schlacht bei Reutlingen

Zu Achalm auf dem Felsen, da haust manch kühner Aar,
Graf Ulrich, Sohn des Greiners, mit seiner Ritterschar;
Wild rauschen ihre Flüge um Reutlingen, die Stadt;
Bald scheint sie zu erliegen, vom heißen Drange matt.

Doch plötzlich einst erheben die Städter sich zu Nacht,
Ins Urachtal hinüber sind sie mit großer Macht,
Bald steigt von Dorf und Mühle die Flamme blutig rot,
Die Herden weggetrieben, die Hirten liegen tot.

Herr Ulrich hat's vernommen, er ruft im grimmen Zorn:
»In eure Stadt soll kommen kein Huf und auch kein Horn!«
Da sputen sich die Ritter, sie wappnen sich in Stahl,
Sie heischen ihre Rosse, sie reiten stracks zutal.

Ein Kirchlein stehet drunten, Sankt Leonhard geweiht,
Dabei ein grüner Anger, der scheint bequem zum Streit.
Sie springen von den Pferden, sie ziehen stolze Reihn,
Die langen Spieße starren; wohlauf! wer wagt sich drein?

Schon ziehn vom Urachtale die Städter fern herbei,
Man hört der Männer Jauchzen, der Herden wild Geschrei,
Man sieht sie fürder schreiten, ein wohlgerüstet Heer;
Wie flattern stolz die Banner! wie blitzen Schwert und Speer!

Nun schließ dich fest zusammen, du ritterliche Schar!
Wohl hast du nicht geahnet so dräuende Gefahr.
Die übermächt'gen Rotten, sie stürmen an mit Schwall,
Die Ritter stehn und starren wie Fels und Mauerwall.

Zu Reutlingen am Zwinger, da ist ein altes Tor,
Längst wob mit dichten Ranken der Efeu sich davor,
Man hatt es schier vergessen, nun kracht's mit einmal auf,
Und aus dem Zwinger stürzet gedrängt ein Bürgerhauf.

Den Rittern in den Rücken fällt er mit grauser Wut,
Heut will der Städter baden im heißen Ritterblut.
Wie haben da die Gerber so meisterlich gegerbt!
Wie haben da die Färber so purpurrot gefärbt!

Heut nimmt man nicht gefangen, heut geht es auf den Tod,
Heut spritzt das Blut wie Regen, der Anger blümt sich rot.
Stets drängender umschlossen und wütender bestürmt,
Ist rings von Bruderleichen die Ritterschar umtürmt.

Das Fähnlein ist verloren, Herr Ulrich blutet stark,
Die noch am Leben blieben, sind müde bis ins Mark.
Da haschen sie nach Rossen und schwingen sich darauf,
Sie hauen durch, sie kommen zur festen Burg hinauf.

»Ach Allm-« stöhnt' einst ein Ritter, ihn traf des Mörders Stoß;
Allmächt'ger! wollt er rufen, man hieß davon das Schloss.
Herr Ulrich sinkt vom Sattel, halbtot, voll Blut und Qualm,
Hätt nicht das Schloss den Namen, man hieß es jetzt A c h a l m .

(...)

Als nun von seinen Wunden Graf Ulrich ausgeheilt,
Da reitet er nach Stuttgart, er hat nicht sehr geeilt;
Er trifft den alten Vater allein am Mittagsmahl,
Ein frostiger Willkommen! kein Wort ertönt im Saal.

Dem Vater gegenüber sitzt Ulrich an den Tisch,
Er schlägt die Augen nieder, man bringt ihm Wein und Fisch;
Da fasst der Greis ein Messer und spricht kein Wort dabei,
Und schneidet zwischen beiden das Tafeltuch entzwei.

Walter Brants
HAP Grieshabers Haus

Es ist so still,
seit einer seiner Engel nachts,
im Frühling einundachtzig,
die Uhr anhielt
und ihm das Federmesser
aus den Händen nahm.

Den steilen Hang hinan,
zehn Schritte nur vom Haus entfernt,
dort, wo ein Weg
das Oben von dem Unten trennt,
entschwebte er mit ihm
auf seinen Berg,
wo weiße Schafe ziehn
und wo Jerg Ratgeb
in den Wolken wohnt:

Gruoz dich, der verstoßen ist,
Lohn dir, dem G'walt geschehen ist!

Friedemann Schmoll
Schau ins Land

Zweierlei verdankte der Aussichtsturm um die Jahrhundertwende seine Faszination: der Aussicht und der Ansicht. In stolzer Schau aufs Vaterland, enthoben irdischen Einerleis, ließen sich die Bürger in ihrem nationalen Taumel berauschen – umgekehrt sollte der Anblick der patriotischen Zeigefinger Bewusstsein für die geeinte Nation schüren. (…)

Theodor Fischer hat kurz nach der Jahrhundertwende bei Pfullingen den Traum, von oben auf die Welt zu schauen, in ein perfektes Bauwerk übersetzt und den Blick auf die Landschaft als Kunsterlebnis gestaltet. Wer Einsamkeit in der Natur sucht, sollte sich für die Visite von Fischers stilbewusstem Bauwerk einen Werktag wählen, an Wochenenden wimmelt es auch auf der Kuppe des 793 Meter hohen Schönbergs von Wandervolk.

Vom Echaztal oberhalb Pfullingens herauf führt eine schmale Fahrstraße bis kurz vor den doppelsäuligen Turm, dessen Erbauer jegliches Dekor verschmähte. Die beiden Pylonen tragen nicht nur in rund zwanzig Meter Höhe die großzügige Aussichtsgalerie, sie trennen wohlbedacht auch Auf- und Abstieg.

Ursprünglich sorgte milchiges Fensterglas in der eng und steil nach oben führenden Wendeltreppe dafür, dass kein voreilig-neugieriger Blick nach draußen dringen konnte und die Spannung auf das endlos weite Panorama gesteigert wurde. Oben angelangt, weitet sich von einem Augenblick zum anderen der Horizont. Nicht grenzenlos allerdings, denn Fischer hat die Dachgalerie so gestaltet, dass das Panorama sich in etliche Perspektiven gliedert: Wie durch Bilderrahmen dringt der Blick auf völlig unterschiedliche

Motive, mal ist es die wilde Natur der schattigen Albtäler, mal sind es die kultivierten Wiesen und Felder, auf die das Augenmerk gelenkt wird; unter einem Fensterchen breiten sich die geschäftstüchtigen Industriestädtchen im Echaztal aus, eine andere Luke gibt die Sicht frei bis weit hinaus ins Albvorland, nach Stuttgart, an klaren Tagen bis hinüber zu den blauschwarzen Bergen des Schwarzwaldes und bis zum fernen Odenwald. Nicht nur dieser raffinierten Lösung der Aufgabe wegen fand Fischers schlankes Werk bereits unter den Zeitgenossen reichlich Beifall, es war zugleich der erste Turm, der in Eisenbeton-Bauweise emporgezogen wurde – der Aussichtsturmbau als Experimentierfeld moderner Konstruktionstechniken.

Was Gustave Eiffel 1889 mit seinem Weltausstellungswerk in Paris geschaffen hatte, ein echtes Siegesdenkmal der Technik, sollte sich durchaus als tauglich für die Gestaltung schwäbischer Landschaften – auf provinzielle Maßstäbe zugeschneidert – entpuppen. Ein paar Eisentürme finden sich auch auf den Höhen Württembergs, obgleich diese Bauweise – wie kein anderer Stoff symbolisiert das von Menschenhand geschaffene Material die Herrschaft über die Natur – zur Zielscheibe heftiger Kritik geriet.

Als der Schwäbische Albverein 1899 daran ging, ausgerechnet auf dem höchsten Gipfel der Alb, dem 1015 Meter hohen Lemberg, 23 000 Kilogramm Eisen in einen 33 Meter hohen Aussichtsturm zu verwandeln, hagelte es harsche Worte. Aus dem benachbarten Baden meldete sich der Architekt und Wanderfreund Anton Klein: »Der Eisenturm bleibt immer etwas Unmonumentales, das nicht wirkt und nicht erfreut«, meinte er und verwies darauf, dass sowohl der Badische Schwarzwaldverein wie auch der Vogesenclub im Aussichtsturmbau gänzlich auf Eisen verzichten würden. Auf den badischen Ratschlag konnten die württembergischen

Wanderfreunde aber gut und gerne verzichten, auf den Lemberg kam ein Turm aus Eisen.

Als der Schwäbische Albverein sich 1913 zu seinem 25-jährigen Bestehen mit einem Aussichtsturm auf dem Rossberg bei Reutlingen selbst das schönste Geburtstagsgeschenk machen wollte, brachte ein Architektenwettbewerb 53 verschiedene Entwürfe. Neben den Motiven von »Kirch-, Leucht- und Festungsturm, Taubenhaus, Fesselballon, Fernrohr, Kuppelbau, Flasche usf.«, so berichten die Albvereinsblätter, »wurde man am häufigsten an den Eiffelturm (…) erinnert.« Ein solches Profil aber schien dem Fußvolk des Albvereins für die idyllische Hügellandschaft der Alb allzu urban, allzu modernistisch. Auf die Kuppe kam der in Eisenbeton realisierte Entwurf eines »Steinpilzes«, an den später eine Schankstube inklusive Wanderheim angebaut wurde, so dass heute ein ganzes Bauensemble auf dem sagenumwobenen Berg thront.

Der Turm hat eine lange Vorgeschichte und sogar eine kleine Ahnengalerie. In der symbolischen Ortsbesetzung spiegelt sich ein Jahrhundert bürgerlicher Naturaneignung. Dass der Drang, die Welt im Aussichtserlebnis einmal unter einen veränderten Blickwinkel zu nehmen, Ende des 18. Jahrhunderts ein historisch gänzlich neuer ist, illustriert zu Ende des 18. Jahrhunderts der Stuttgarter Student Heinrich Pfaff im Journal seiner siebentägigen Fußreise über die Alb. Beseelt vom Wunsch, »eine angenehme Luft- und Weltveränderung zu machen«, gelangte der junge Revolutionsanhänger mit seinen Wanderfreunden an den Fuß des Rossbergs und traf dort auf eine Gruppe Einheimischer. »Hier versammelten sich um uns viele Leute, die in dieser Gegend Holz sammelten und sich außerordentlich wunderten, da wir ihnen sagten, dass wir sogar noch den Rossberg besteigen würden, bloß um die Aussicht zu genießen.« Den Bauern war es fremd, die Natur als etwas anderes denn als zu beackernde Lebensgrundlage anzusehen. Pfaff schließlich gelangte zu dem Schluss, dass beide Sichtweisen, die nüchtern-ökonomische und die empfindsam-ästhetisierende, ihre wohlbegründete Berechtigung hätten.

Allzu exotisch dürfte das Erlebnis der visuellen Horizonterweiterung den Einheimischen rund dreißig Jahre später nicht mehr erschienen sein. 1823 nämlich berichtet Gustav Schwab im ersten Wanderführer für die Alb nicht nur, dass städtische Ausflügler den Rossberg zum Genuss des Sonnenaufgangs ausgeguckt hätten, sondern auch, dass diese Erholungssuchenden ein zu Vermessungszwecken errichtetes Holzgerüst in Beschlag genommen hätten. Dieser Zweckveränderung folgte schließlich über ein halbes Jahrhundert später ein Turm, der ausschließlich der Steigerung des Naturerlebnisses dienen sollte, ein zwanzig Meter hohes, aus Eichen gezimmertes Holzgerüst, das, so hoffte der Albvereinsvorsitzende Eugen Nägele zuversichtlich, »bis in ferne Generationen dauern und der Nachwelt Kunde von schwäbischer Naturfreude« geben möge. Dem war nicht so, schon nach zwanzig Jahren waren die knorrigen Eichenstämme und damit das hölzerne Identifikationsmerkmal bürgerlichen Natur- und Wanderkults marode und wurden durch einen gedrungenen Betonbau ersetzt.

Nach der Jahrhundertwende erhoben sich die Stimmen gegen die Landschaftsbauwerke, mit denen die Wandervereine – wie mit ihren Wanderwegen und Schutzhütten – die Mittelgebirge zu Tourismusgebieten erschlossen hatten. »Überhaupt die Aussichtstürme!« schimpfte etwa Paul Schultze-Naumburg für die konservative Heimat- und Naturschutzbewegung: »Sie bilden ein böses Kapitel im Buche unserer Landschaftsgestaltung.« Er wollte nicht sämtliche Bauten über einen Kamm scheren, aber en gros sei beim

Bau der Türme doch das rechte Maß für das Verhältnis von Baukunst und Natur verlorengegangen. »Diese krankhaften Formen, wie sie in den letzten Jahrzehnten herrschen, haben nun überall das Land auf seinen sichtbarsten Punkten aufs hässlichste entstellt.«

Der Wille zum grenzenlosen Blick auf die Welt aber – das belegen zumindest Wochenende für Wochenende die Scharen von Ausflüglern – scheint ungebrochen. Dass es also noch andere Motive als den nationalen Denkmalskult für die Anziehungskraft von Aussichtstürmen geben muss, das hatte der Gartenkünstler Christian Hirschfeld bereits vor über 200 Jahren erkannt: Der Blick von der Anhöhe, meinte dieser, »gewährt der Seele ein angenehmes Gefühl der Erhebung, worin sie gleichsam über Sorgen und unwürdige Beschäftigungen hinausragt, und ihrer edlen Bestimmung näher entgegenrückt«.

Johannes R. Becher
Urach oder Der Wanderer aus Schwaben

Die Rauhe Alb. Von Höhen rings umfangen
Und zu den Höhen wie im Traumverlangen
Aufblickend: Urach ... Apfelbäume blühn,
Und tief verneigen sich die Blütenzweige.
Ein Holzfuhrwerk zieht hoch die Ulmer Steige.
Die Burgruine – Fels im Hügelgrün.

Ein Bach, die Erms, mit hüpfenden Forellen.
Man ist dabei, die Felder zu bestellen.
Die Kinder spielen auf der Straße Ball.
Ein Kurhotel. Doch wer bezahlt die Preise?
Ist wer zu Gast? Ein Paar auf Hochzeitsreise.
Hand deutet auf dem Schild: »Zum Wasserfall.«

Der Apfelmost lärmt munter in der Schenke.
Der »Grüne Weg«, und grüngestrichene Bänke.
Ein Hund, und hinter ihm ein Jagdgewehr.
Und wieder Tafel: »Grundstück zu verkaufen« ...
Steinbruch. Am Straßenrand die Schotterhaufen.
Die Walze. In den Kesseln dampft der Teer.

Das Rathaus: in dem kostbaren Gepränge
Vergangener Zeit ein Zeichen unserer Strenge.
Die neue Autostraße führt vorbei
Am Friedhof, und, mit Aussicht auf die Toten,
– »Zutritt ist Unbefugten streng verboten« –
Ein Zaun mit Stacheldraht: die Spinnerei.

Marktbrunnen. Einer Säule, einer schlanken,
Umwoben dicht von wilden Efeuranken,
Entspringen Quellen, vier sind's an der Zahl,
Nach jeder Himmelsrichtung sich ergießend
In das gefüllte Becken, immer-fließend
Und Segen spendend als vierfacher Strahl.

Der Marktplatz, hell von Sonne überschienen.
Und Fenster offen. Wehende Gardinen.
Bei offenem Fenster übt jemand Klavier.
Und Straßenenge. Hütten wie Gebrechen.
Müllgrube blickt dir nach mit einem frechen
Gelächter: hebe dich hinweg von hier.

Die Kirche. Eine billige Backstein-Ware,
Ein Musterexemplar der Gründerjahre,
Erbaut auf der uralten Erdenschicht
Von Toten, aus den Steinen abzulesen …
Ihr kennt nicht Urach? Seid nie dort gewesen?
Und Urach war – Urach war ein Gedicht …

Und wieder geht ein Sommertag zur Neige.
Ein Holzfuhrwerk zieht hoch die Ulmer Steige.
Gewitterregen fern, ein schräger Strich.
Die Glocken läuten ihren Abendsegen.
Bald glänzen Felsen weiß dem Mond entgegen.
Und Urach war … Urach klang heimatlich.

(…)

Margarete Hannsmann
Zwiefalten

Es hat früh geschneit dieses Jahr. Die Spikes steigen nach Sankt Johann hinauf. Der isabellenfarbene Hengst auf dem Auslaufstück zwischen Elektrozäunen. Er trabt Muster in den Schnee. Hundert Jungfrauen müssten eine Schabracke für ihn stricken. Und wo sind die Pferde? fragte die Queen, als man sie im Schillermuseum des falschen Marbachs empfing. Im Gestütsgasthof gibt es Maultaschen. Die Bauern beginnen sich mit dem Schnee in ihren Dörfern einzurichten. Dazwischen sind die Straßen leer. Das Auto rollt durch stäubenden Schnee. Im November ist die Strecke länger als man in Erinnerung hat. Die Stürme sorgten früher als sonst dafür, dass die Wälder kahl sind. Es gibt nur noch Schwarz und Weiß. Das schwarze Flussband. Die schwarzen Baumskelette. Schwarze Wacholdermänner. Schwarze Wacholderfrauen. Schwarze Wacholderkinder. Vor Buttenhausen stehn sie ganz dicht. Keins gleicht dem anderen. Alle sind gleich. Im Niemandslandweiß zwischen Straße und Himmel. Im Dorf stehn drei Steine. Gefallenendenkmal? (Allerheiligen Allerseelen Totensonntag Heldengedenktag Volkstrauertag) Der mittlere Stein trägt einen Stern. Man braucht nicht einmal auszusteigen. Man kann das Auto sacht durch den Schnee auf die andere Straßenseite ziehn. Zu den Steinen im Schnee. Unter Schneehauben. Das Auge fährt zwei Dreiecke nach. Was für ein Stern! Advent vor der Tür. Die schwarzen Buchstaben auf dem linken Stein. Auf dem rechten Stein. Bevor sie zuschnein, weil sie zuschnein, die schwarzen Buchstaben lesen. Berlinger Rosenberg Loewenthal Hirsch Lindauer Rothschild Marx Dreifuß Tannhäuser. Es schneit weiter. Die Rose, die Linde, die Tanne, der Hirsch, Berg, Tal, Au, Häuser, die ganze Schulfibelheimat in ein paar Namen, der Löwe, was für ein Schild, Rothschild, Marx, Dreifuß, Tannhäuser: Deutschland, Europa, die Welt auf zwei Steinen, in einem abgelegenen Dorf. Sie hießen Lotte und Selma und Hugo und Max, Thekla, Emanuel, Judith, Sophie, und Siegfried und Salomon und Johanna. Naftali hieß der Lehrer. Buchstaben machen Brüder, Schwestern aus ihnen. Der Schnee übersteigt schon die Jahreszahl auf dem mittleren Stein. Der Schnee schluckt Opfer ... Verfolgung ... nationalsozia... Weiterfahren. Es ist gut, dass es schneit. War man zu jung damals? Wann ist man alt genug dafür? Auf der einen Straßenseite sollen die Juden gewohnt haben. Auf der anderen, links? rechts? je nachdem, woher man kam, Menschen? Bernheimerische Realschule steht auf der gelben Klinkerfarbe, überm Portal hängt aber jetzt das Schild RATHAUS, flankiert von roten Sandsteinsäulchen. Eine Realschule lohnt sich nicht mehr. Das Dorf ist lang. Sie haben viel Holz vor ihren Häusern. Rauch steigt aus allen Kaminen. Zwiespältig kommt man in Zwiefalten an. Nach dem Schwarz, nach dem Weiß, nach den Steinen in Buttenhausen ist alles Gold in den Augen von Gottes Rokoko-Diva stumpf geworden.

Man sollte nicht tanken müssen in Zwiefalten. Ob man es vor oder nach dem Gang durch die Kirche tut, ändert nichts: sie ist nur noch ein blinder Spiegel, der zwischen grob fein und göttlich ein paar Umrisse ahnen läßt: »Als ich Lehrling war«, sagt der Tankwart, »musste ich manchmal morgens die Omnibusse flottmachen. Bei diesem Wetter war das nicht einfach. Sie transportierten unwertes Leben. So hieß man das damals. Heut nennen sie's Psychiatrisches Landeskrankenhaus.«

Der Tankwart wies mit dem Kopf auf die andere Straßenseite. Sagte: »Die Busse kamen immer leer zurück. Mein Schulfreund, von der Gegend da droben, fuhr mit dem Rad

ins Geschäft. Der hat oft erzählt: heut hent wieder d'Flamma rausgschlaga. Ond graucht hots. Aber 's Maul müaßt 'r halta.«
Da hilft auch kein Schnee mehr. Weg von hier, frei davon, das andere Flusstal entlang zurück. MARIABERG steht auf dem Wegweiser. Nichts wird einem erspart. Antwort des angeklagten Pflegers im Grafeneck-Prozess: der Staatsanwalt in Münsingen muss es doch auch gerochen haben, Herr Richter. Noch einmal das Auto sacht auf die andere Straßenseite ziehn. Eine kurze Steige hinauf. Rohbauten und neue Häuser im Schnee. Sie leben. Sie hatten Fleisch zum Mittagessen. Sie flechten schöne Körbe für Blumen, Babies, Brot, Früchte, Salz, Essig, Öl, Teegläser, Flaschen, Wäsche, Papier, für Hunde und Katzen. Und Spiegelumrandungen

in dem Schwarz in dem Weiß ist plötzlich ein Grün; im strömenden Fluss widersteht es dem Schnee: die Lauchert blüht, sagen sie im Frühjahr, wenn das Grün dicht bestickt ist mit weißen Sternen. Mit gelben Sternen ... Der Staatsanwalt muss es doch auch ...

Manfred Schleker
Tödlicher Zeitgeist – »Gnadentod«

Sommer 1940
Einmal täglich fuhr der – damals noch – rote Postomnibus durch mein Heimatstädtle Hayingen. Haltestellen waren die »Kinderschule« und das Postamt. Eines Tages kam ein anderer Bus. Er war grau. Hässlich grau. Neben dem Brunnen auf dem Karlsplatz hielt er.

Das war der Platz, zu dem die russischen Gefangenen mittags zum Essen marschierten. Sie bekamen Eintopf aus einer »Gulaschkanone«. Gefangengehalten wurden die russischen Soldaten in einem Schafstall. Zu diesen schlichen wir Kinder uns gelegentlich, um – unbemerkt von den deutschen Wachsoldaten – den Gefangenen Brot und Lindenholz zuzustecken. Aus diesem Holz schnitzten sie uns Paradiesvögel.

Wir Kinder liefen zu dem grauen Bus und wunderten uns, dass wir nicht hineinsehen konnten; er hatte Milchglasscheiben. Wir hörten Stimmen: Der »schmerzhafte Rosenkranz« wurde gebetet. Eine Frau sang das »Bussen-Lied«, die letzte Strophe: »… und wenn für mich einst kommt die letzte Stund«. Wir hörten Schreie: »Lasst uns raus!« Der Bus war zugeschlossen.

Ich rannte in die nahe gelegene Wirtschaft, um Hilfe zu holen. Dort saß der Chauffeur. Er hatte eine Uniform an. Sie war so grau wie der Bus. Vor sich hatte er eine Flasche Bier und einen Vesperteller mit Schinkenwurst, deren Stücke er kunstvoll mit einem Messer aufspießte und zum Mund führte. Jakob, ein Dauergast in der Wirtschaft, wollte wissen, was die Buchstaben auf der Chauffeur-Mütze bedeuten.

»Des ischt mei Firma. ›Gekrat‹ hoißt dui«, erklärte der Chauffeur. »Und was hoißt des?« »Gemeinnützige Krankentransportgesellschaft, mei Liaber!« »So, noch send deine Fahrgäschd also Kranke?« »Krank send se eigentlich it, aber nichts wert send se – ›nicht lebenswert‹, sait dr Doktor. Und weaga dam deffet die jetzt no en letzschda scheana Ausflug macha – s'Lautertal nauf uf Grafeneck.« »Und do?«

»I woiß von nix. Em retour ischd mei Bus uf jeden Fall leer.«

Juli 1980

Ein Sommerabend im Naturtheater Hayingen. Auf Martin Schlekers zeitkritische Version der »Sieben Schwaben« freuen sich tausend erwartungsfrohe Zuschauer. Sie werden durch eine bedrückende Eröffnung überrascht. Aus Lautsprechern ertönt folgende Ansage:

»*Vor 40 Jahren sind im Schloss Grafeneck bei Münsingen, 20 Kilometer von hier entfernt, 11 000 Menschen vergast und verbrannt worden. Bei einer Gedenkfeier kam es zu folgender Szene*«:

Ein Pfarrer betritt zusammen mit zwei Flötenspielerinnen die Felsenbühne. Die Mädchen stellen ihre Notenständer auf und leiten mit einem barocken Duett die Ansprache des Pfarrers ein:

»*Liebe Mitwirkende an unserer Gedenkfeier. Wir wollen nachher miteinander zu Fuß den Weg gehen, den damals diese grauen Busse mit den Milchglasscheiben fuhren. Gedenken wir vorher still jener Menschen und jener furchtbaren Zeit, die sich nicht wiederholen wird, solange wir sie nicht vergessen.*«

An dieser Stelle stürmen fünf junge Männer auf die Bühne. Sie sehen sich alles, jede und jeden genau an und werfen die Notenständer um. Die Musik bricht ab. Die Männer drängen den Pfarrer zur Seite und grüßen mit »Heil Hitler!« in Richtung Zuschauer. Diese sind sprachlos; einige äußern lautstark ihr Missfallen.

Der Pfarrer (gespielt vom Autor):

»*Bitte, wir haben diese Szene nicht erfunden. Das hat sich so abgespielt. Und zwar nicht vor 40 Jahren, sondern heutzutage – vor wenigen Wochen – in unserem Nachbardorf Zwiefalten*«.

Diese und andere historische »Ungeheuerlichkeiten« hindern die Sieben Schwaben im folgenden Stück daran, das »Ungeheuer« am Bodensee zu erreichen.

Herbst 1980

Die jungen Männer, welche die Feier gestört hatten – ortsbekannte Neonazis – habe ich aufgesucht. Ich habe ihnen erzählt, dass ihr gewalttätiger Auftritt bei der Gedenkfeier im Naturtheater Hayingen nachgespielt wurde. Dann habe ich sie eingeladen, mit mir das Dorf Hermannsberg am Bodensee zu besuchen. In diesem Dorf leben und arbeiten Menschen mit Behinderungen, überwiegend Menschen mit »Downsyndrom« – unterstützt von nur wenigen Menschen ohne definierte Behinderung.

Drei der jungen Männer nahmen meine Einladung zunächst zögerlich, dann aber entschlossen an: »*Du idealistischer Spinner! Wir werden dich und deine Behindis aufmischen!*«

Es kam anders: Meine jungen Gäste haben schon in Hermannsberg gelernt, dass Menschen mit Downsyndrom zwar ein Chromosom mehr haben als andere Menschen, aber auch mindestens eine besondere Eigenschaft mehr, die sie von »Normopathen« unterscheidet: Mit einer einmaligen Sensibilität erfühlen diese Menschen die Sorgen und Nöte anderer und haben die Gabe, mit viel Zärtlichkeit zu trösten. Streicheln und Umarmen gehören zu ihren Alltagsgesten.

Und so wurden auch die gewaltbereiten Gäste empfangen. Seit ihrer frühen Kindheit hatten sie nicht mehr erlebt, dass sie einfach bedingungslos umarmt wurden. Einfach so. Scheinbar ohne Grund. Sie haben die Behinderung der Menschen in Hermannsberg als Besonderheit kennen und schätzen gelernt.

Sommer 1981: Sühnewanderung
Die Neonazis waren erschüttert, als ich ihnen erzählte, dass Menschen mit Downsyndrom und andere Menschen mit Behinderungen, zum Beispiel Menschen mit Epilepsie, Schizophrenie, Demenzen, aber auch Patienten »nichtdeutschen Blutes« im NS-Staat als »lebensunwert« ermordet wurden. Ein Unternehmen mit der zynischen Tarnbezeichnung »Gemeinnützige Krankentransport-Gesellschaft mbH« (Gekrat) organisierte die »Verlegung« der Patienten aus Heilanstalten – damals »Irrenanstalten« genannt – in Einrichtungen wie das Schloss Grafeneck, das zur ersten staatlichen Tötungsanstalt in Deutschland geworden war. Euthanasie, der »gute Tod« war zu organisiertem Massenmord pervertiert.

Meine jungen Besucher haben ein Jahr später die Sühnewanderung mit mir nachgeholt – am 1. September, dem Jahrestag des unseligen »Führerbefehls«. Sie führte von Zwiefalten über Hayingen durch das Lautertal zum Schloss Grafeneck. Fünf Stunden wanderten wir die Wegstrecke der grauen Busse mit den Milchglasscheiben, in denen »lebensunwerte« Menschen ihrem »Gnadentod« entgegenfuhren.

Herbst 1940
Diese grauen Busse fuhren nun öfters durch unser Städtle. »Frag den Pfarrer, der muss es wissen!«, empfahl Mutter, als ich sie nach den geheimnisvollen Bussen fragte.

»Gelobt sei Jesus Christus!« Mit diesem Ruf hatte jedes Gespräch mit Hochwürden zu beginnen. »In Ewigkeit. Amen«, antwortete der Pfarrer. Die grauen Busse habe er nie gesehen, behauptete er. »I woiß von nix!«

40 Jahre später entdeckte ich im Archiv des Auswärtigen Amtes, dass neben Kardinal Graf Galen in Münster und Domprobst Lichtenberg in Berlin auch der katholische Bischof in Rottenburg und der evangelische Landesbischof

Wurm in Stuttgart die Gläubigen über die geheime »T4 Aktion« der Nazis aufgeklärt hatten.

Demokratie als Lebensform
Ich bin meinem Bruder sehr dankbar, dass er unser traumatisches Kindheitserlebnis in sein Theaterstück eingearbeitet und darin die Geschichte verändert hat. Seine Sieben Schwaben überfallen den grauenhaften Bus im Lautertal und befreien die Insassen.

Demokratie ist eine Lebensform, die nur funktioniert, wenn die Menschen Politik nicht einfach erdulden, sondern sich einmischen und Zivilcourage zeigen – so wie die Sieben Schwaben im Naturtheater Hayingen 1980.

Werner Dürrson
Grafeneck

Bergaufwärts Linden Kastanien
lichte Allee
der Himmel feinsäuberlich blau
klare Sicht in hüglige Fernen

        ich sehe du siehst
        der Frühling ist mild

Kein flatterndes Band im Wind kein
Hauch nichts steigt aus den Wiesen
ich frage du fragst wer
karrte die Seelen hinauf
zehntausendfach lieferte Brot
unnützen Essern die
hungern nicht lang

        ich spüre du spürst
        der Frühling ist lau

Aufwärts durch Linden Kastanien die
Rauchfahne hoch wer drehte
den Hahn auf schürte das Feuer
warf sie hinein wer wusch sich
die Hände mit Seife die
schrie nicht schäumte nicht

        Schlaf schöner Schlaf
        zehntausendfach siehst du
        der Frühling ist blind

Ich frage du fragst niemand weiß
schwarzes Flattern im Wind der
Himmel grauer als grau wer
schob die Schlacke beiseite
kehrte die Asche zusammen wer
grub die Grube säte das Gras

        ich höre du hörst die Zeugen
        schweigen
        der Frühling ist schlau

Dicht geschlossen die Reihen
Linden Kastanien schöne Allee
der Himmel feinsäuberlich klar
kein flatterndes Band im Wind kein
Haar sattes Grün nichts
steigt aus den Wiesen

        die Vögel zwitschern
        der Frühling ist blau

Bernd Storz
Gruorn

Immer ist Krieg. Die Bewohner evakuiert zeitlebens. Andre Dörfer wurden jedesmal wiederaufgebaut. Dies hier verfällt. Mitten im rasselnden Frieden.

Bernd Storz
Buttenhausen

Die bemoosten Grabsteine. An der Auffahrt
stand die Synagoge.

Judenkinder, Christenkinder
Himmel und Hölle
und an Ostern
Eierrollen.

An der Lauter das Haus
flatternde Wäsche
dunkelhäutige Kinder.

Theodor Rothschild
Sabbatstimmung

Der Sabbat brachte reiches Licht und starke Wonne in unsere Kindertage. Er begann eigentlich schon am Freitagmittag. Es gab Kuchen und Kaffee zum Mittagessen. Dann hatten wir keine Schule. Wer kennt die Wonnen eines schulfreien Nachmittags! Wir fühlten uns reich und groß, glücklich und mutig; die kleinen häuslichen Geschäfte waren bald verrichtet. Dann gingen wir unserem Vater entgegen, der seit Montag mit seinem Fuhrwerk abwesend war und seinen Geschäften nachging. Wir wurden nicht müde, seiner zu warten. Wir legten unser Ohr auf den Boden und lauschten, wir spähten mit scharfen Augen die Landstraße entlang. War das bekannte Fuhrwerk endlich am Horizont aufgetaucht, so liefen wir demselben voll kindlicher Freude entgegen. Wir durften dann aufsitzen und mit heimfahren. Wir hätten die Freude mit keiner anderen der ganzen Welt eingetauscht. Mit großer Wichtigkeit hatten wir ausgespannt und abgeladen. Jedesmal gab's köstliche Dinge zu schauen. Der sorgende Vater brachte Obst, Butter, Geflügel, Zicklein, das Fell oder den Balg irgendeines Wildes oder ein altertümliches Gerät mit nach Hause. Was war das für ein Wunderland, das er allwöchentlich durchfuhr! Unterdessen wehte schon Sabbatstimmung im ganzen Haus. Der Vater war jetzt wieder da, alles war sauber geputzt und gereinigt, der Fußboden war mit Teppichen belegt. Wir mussten uns waschen und die Sabbatkleider anziehen. Der Werktag mit seinen Sorgen und Plagen, mit seinem Gewöhnlichen und Alltäglichen lag hinter uns. Eine neue Welt umfing uns feierlich, froh, wir fühlten den Odem des Heiligen und Reinen. Wie eine Priesterin stand die Mutter vor den Sabbatlichtern, sie breitete ihre Hände darüber aus und sagte den Segensspruch. Nur ihre Lippen bewegten sich. In diesem Augenblick wuchs unsere Ehrfurcht vor ihr, und ich glaube nicht, dass wir es gewagt hätten, sie am Freitagabend zu erzürnen. Die Synagoge erhöhte die Stimmung. Da gab's manches zu erleben. Wir hatten mitzusagen und mitzusingen. Ich war ernstlich fromm und suchte so viel als irgend möglich zu beten. Wir lieferten jahrelang den Kidduschwein. Darum durften wir den Becher einschenken und ihn dem Vorbeter reichen. Dies kleine Amt schien uns wichtig und bedeutungsvoll. Oft verließ ich mit dem stolzen Bewusstsein die Synagoge: heute kann der liebe Gott mit dir zufrieden sein. Ich hätte an solchen Abenden aber auch keinen Bubenstreich und keine groben Unarten anstellen können. Wie in der Synagoge, so war es auch im Haus. Es war ein geschlossener Kreis, der Tisch war schön gedeckt, alles war licht in der Stube. Sie hatte ihr feiertägliches Gewand angezogen. Der Vater machte Kiddusch. Das Essen war so ziemlich jeden Freitag gleich. Unsere Mutter konnte fein kochen. Aber mit ihrer Kunst mischte sich der ganz besondere Geschmack, den der Sabbat den Speisen noch gab, und es hat uns nie besser geschmeckt als an diesen Abenden. Die Erlebnisse der ganzen Woche erzählten wir dem Vater, er gab uns Kunde von den seinigen. Das Tischgebet beendete ein stimmungsvolles Familienfest. Bald saßen wir wieder am Tisch. Man las, plauderte, spielte und ließ es sich gern gefallen, wenn die Mutter noch ein bisschen Obst oder sonstige Leckerbissen auftrug. Der Großvater kam herauf oder die Kinder des im Hause wohnenden Onkels kamen zu uns herunter. Die Stunden gemeinsamen Erlebens machten uns froh und heiter, gaben uns innere Festigkeit und inneres Schwergewicht. Ungern gingen wir ins Bett. Der Morgen setzte fort, was der Abend begonnen hatte. Die Mutter hatte alle Hände voll zu tun, bis sie uns gerichtet hatte. Bald schritten wir neben dem Vater und der Mutter zur

Synagoge. Es ist uns als Kindern kaum einmal in den Sinn gekommen, den Gottesdienst zu versäumen. Schule und Haus hätten ein Versäumnis kaum durchgehen lassen. Aber es war uns so vertraut, dass wir mitleidig diejenigen betrachteten, die sich auf der Straße schwatzend herumtrieben, solange wir dem Gottesdienst die Treue hielten. Nach dem Gottesdienst hörten wir gewöhnlich einem kurzen Lehrvortrag zu, der in einem Trauerhause abgehalten wurde. Der Nachmittag, während Vater und Mutter ruhten, sah uns in Wald und Flur. Wir durchstrichen sie mit offenen Augen und tranken ihre Schönheit und ihre Wunder. Oder aber wir unterhielten uns mit wilden Bubenspielen, bei denen es heiße Köpfe und hitziges Blut gab. Ungern unterbrachen wir sie, um in die Kinderlehre zu gehen. Sie fand eine halbe Stunde vor Beginn des Nachmittagsgottesdienstes statt. Der Rabbiner und später der Lehrer besprachen mit uns Gegenstände der sogenannten Religionslehre. Wir brachten für den Unterricht keine rechte Stimmung mit. Er war zu ganz ungelegener Zeit und darum wenig wertvoll. Wichtiger war der Nachmittagsgottesdienst selbst, besonders für unsere Barmizwohjungens, die zur Thora aufgerufen wurden. Jeder gab sich Mühe, seinen Lobspruch gut herzusagen. Wir waren harte und unbarmherzige Richter. Jeder, der nur einen leichten Fehler gemacht hätte, wäre der Lächerlichkeit verfallen gewesen. Der Sabbat hatte aber noch nicht alle seine Herrlichkeiten ausgekramt. Es lagen immer noch einige in seinem reichen Füllhorn. Wir durften mit dem Vater ins Wirtshaus. Gerne lauschten wir dem Gespräche der Großen. Es war doch schön, groß zu sein. Nach dem Abendgottesdienst eilten wir nach Hause. Dort hatte die Mutter schon alles hergerichtet zum Howdoloausmachen: Wein, Kerze und Gewürzbüchslein. Wieder durften wir etwas erleben und tief drang uns der Scheidegruß des Sabbats ins Herz. Es war uns eigenartig zumute, wenn der Vater in den

Wein, den er auf den Tisch schüttete und das Licht darin auslöschte, seine Finger tauchte und sich damit die Augen rieb. Ein Wunderland hatte sich geschlossen und schon spielte der Werktag in die Stube. Es schien uns erträglicher, weil hinter ihm wieder ein Sabbat mit seinem Zauber und seiner Weihe wie ein rosiger Schimmer sich zeigte.

Draginja Dorpat
Begegnung

Sie sei ein gertenschlankes junges Ding gewesen damals, sagte die Großmama, als sie im Frühjahr 1900, angetan mit Rock und Spenzer, ihre Schwester Luise besuchen wollte, die in einem kleinen Dorf nahe der kleinen Stadt Mengen hinter der größeren Stadt Saulgau lebte und einen Müller geheiratet hatte, den Müller von Hohentengen bei Mengen Post Saulgau nämlich. Josephine wollte das junge Paar besuchen, weiter wollte sie nichts.

Jung und kernig sei sie im grauseidenen Complet auf dem Rechtensteiner Bahnhof gestanden und habe auf den Zug nach Saulgau beziehungsweise Mengen gewartet, als ein junger Mann auf den Gegen-Zug wartete, den nach Ulm.

Josephine hielt sich abseits und beobachtete die Leute, auch den etwas korpulenten Herrn, der den Personen-Zug nach Ulm nehmen wollte und sie ungeniert anstarrte, um endlich näherzutreten und zu fragen, wer sie sei. Er, sagte der junge Mann mit der Brille und dem Schnauzbart, – heiße Matthias und sei Journalist, was Josephine keinen Eindruck machte. Sie las selten in der Zeitung, eigentlich nie, nicht einmal im landesweit bekannten Deutschen Volksblatt las sie, nein, dafür habe man bei ihr zu Hause keine Zeit. Sie war eine Müllerstochter und stammte aus der Laufenmühle und hatte immer viel zu tun. Er sei früher auf dem Lehrer-Seminar in Saulgau gewesen, sagte der stattliche Herr, jetzt sei er Journalist, vielmehr Redakteur beim Deutschen Volksblatt in Stuttgart, ob sie öfter mit dem Zug unterwegs sei.

Sie sah den Unbekannten an: Er gefiel ihr nicht. Dieser Mann, – wer immer das sein mochte, – entsprach nicht ihren Vorstellungen von einem Verehrer oder gar einem Heiratskandidaten. Herr Matthias war nicht fein gekleidet, nicht einmal gut, und hatte gelbe Augenwinkel und Griesele im Gesicht, – ganz viele Griesele sogar. Gelbe Augenwinkel zeigen nach Josephines Kenntnissen eine schwache Leber an und die Griesele, die hässlichen gelben und roten Pickel im Gesicht, beweisen ein schlechtes Blut. Sowas weiß man in der Laufenmühle.

Die Großmama erzählte leise, ein bisschen stolz, als ich im Sommer 1944 in ihrem Grauseidenen vor ihr saß. Einen Mann wie Matthias zu kennen und interessant oder bemerkenswert zu finden, war nicht üblich. Seitdem der Hitler an der Macht ist, sagte die Großmama – sie nannte den Führer immer nur ›den Hitler‹, – seitdem der Hitler an der Macht ist und auch schon vorher, habe Matthias als Verräter gegolten. So ein Blödsinn, sagte die Großmama, als verehre sie den Mann immer noch, obwohl sie ihn im Jahre 1900 nicht hatte haben wollen, weder als Verehrer noch als Heiratskandidaten, den Herrn Redakteur, der auf dem Bahnhof in Rechtenstein mit ihr plauderte.

Sie ließ Herrn Matthias wissen, dass sie Josephine heiße und aus dem Großen Lautertal stamme, dass sie mit ihrem Bruder Franz griechische Vokabeln gelernt habe, drei Jahre lang, eben so lange, wie ihr Bruder das Gymnasium in Ehingen besuchte, als Konviktszögling nämlich, ihr Bruder Franz sei erzgescheit, sagte Josephine, er habe in Ehingen die Matura abgelegt und studiere jetzt nicht Theologie, sondern das Bauwesen in Stuttgart, an der Technischen Hochschule. Das durfte der Herr Redakteur ruhig wissen. Josephines Bruder war der Stolz der Familie und der ganzen Verwandtschaft. Eines Tages werde ihr Bruder ein Diplom-Ingenieur sein und vielleicht sogar ein Doktor, sagte Josephine, – ein Doktor der Ingenieur-Wissenschaft, was ein ganz seltener Titel sei. Das sagte sie dem Herrn Redakteur mitten in seine Griesele. Der lächelte bloß auf sie herab, der groß-gewachsene Mann.

Matthias habe immerzu gelächelt und sie unentwegt angeschaut, sie, die zarte Josephine mit den Brombeeraugen und den vier dicken dunkelbraunen Haarschnecken. Sie müsse immer vier Zöpfe flechten, habe sie Matthias erklärt, weil sie ihr starkes Haar anders nicht bändigen könne, für zwei Zöpfe habe sie viel zu viel Haar. Darum flechte sie immer vier Zöpfe und lege sie als Haarschnecken in den Nacken, statt bloß zwei an die Ohren, wie die andern Mädchen.

Da kam ihr Zug herangebraust, sie stieg ein und fuhr davon. Und der Herr Redakteur winkte ihr nach.

Sie musste dann doch noch ganz oft ihre Schwester in Mengen besuchen und in Rechtenstein auf den Zug warten. Und der Herr Redakteur musste ganz oft auf dem Bahnhof in Rechtenstein umsteigen beziehungsweise nach Ulm fahren und weiter nach Stuttgart zu seiner Zeitung.

Der Mann gefiel Josephine nicht, – nein, aber das Geplauder mit ihm, das gefiel ihr. Und gefiel ihr immer mehr. Es reizte sie. Das war etwas anderes als das Geschwätz mit den jungen Burschen, die sie auf dem Jakobi-Markt traf oder beim Kirbetanz oder die in die Mühle ihres Vaters kamen. Das Gespräch mit diesem Herrn Matthias war etwas Neues. Es hatte etwas Prickelndes. Es verhieß – nun ja, – ein Abenteuer. Es verströmte den Hauch einer fernen Welt und eines interessanten Lebens. Der unschöne Mann bezauberte Josephine immer mehr, je öfter sie ihn sah, ja, sie verliebte sich fast in ihn. Die Griesele und die gelben Augenwinkel waren ihr allmählich egal. Und dass er verheiratet war, – auch. War nicht weiter wichtig. Josephine hatte mit ihrem Bruder Griechisch gelernt und hatte also einen weiten Horizont.

Sie konnte nicht aufhören, an Herrn Matthias zu denken, ihn zu treffen und mit ihm zu schäkern. Sie erzählte dem Herrn Redakteur von einem ihrer Vorfahren, vom Laufenmüller-Jörg, ja, eben, vom berühmten Laufenmüller-Jörg sprach sie, der im Bauernkrieg einen Haufen Bauern anführte und das gute Recht der Bauern einforderte, frei von Fron zu sein und befugt zu freier Jagd und freier Pfarrerwahl habe er gefordert, – jawohl, dieser Laufenmüller-Jörg war einer ihrer Vorfahren. Der habe sich nicht geniert vor der Obrigkeit, immer habe der seine Meinung frei heraus gesagt und keine Angst gehabt, vor niemandem. Das schien dem Redakteur zu gefallen.

Nur gefiel das Josephines Eltern nicht. Den Laufenmüllers-Leuten gefiel die Schwärmerei ihrer Jüngsten ganz und gar nicht. Der Herr Redakteur sei verheiratet, wurde Josephine vorgehalten, – was sie nicht bemerkt haben wollte. Sie habe nicht groß auf seine Hände geschaut und nichts von einem Ehering gesehen. Aber Josephines Eltern ließen sich auf keine Ausrede ein und verfielen auf die einfachste Lösung: Josephine musste heiraten. Und zwar schnell. Sie musste eine gute Partie machen. (…)

Eines Tages, im Jahre 1907, sagte die Großmama, sei Matthias plötzlich wieder vor ihr gestanden. Er sei unangemeldet im Bären aufgetaucht, sei durch die Gaststube gelaufen, als sähe er den Bärenwirt nicht, der in seinem Ohrensessel saß, sei in die Küche gekommen, wo Josephine am Herd stand und sich vor Schreck an der Messingstange festhalten musste. Matthias war ein feiner Herr geworden, hatte keine gelben Augenwinkel und keine Griesele mehr, trug einen Maßanzug und war ein vielbeachteter Abgeordneter im Reichstag zu Berlin – und ihr zugetan, war aufs äußerste ihr zugetan.

Josephine, sagte Matthias, – komm mit nach Berlin.

Der Reichstag war aufgelöst, es herrschte Wahlkampf im Jahr 1907. Der Wahlkreis des Berliner Abgeordneten Matthias lag wieder im Oberamt Biberach, nicht weit von Josephine.

O ja, sie wollte mitkommen! Sie war bereit, sofort alles stehn und liegen zu lassen und mit dem bemerkenswerten Mann nach Berlin zu gehen, jajaja, sie war willens, mit Matthias auf und davon zu gehen, überall hin, sie wäre bis ans Ende der Welt mit ihm gegangen. Längst wollte sie weg von Mühlstedt, weg vom Bären, weg vom Bärenwirt, weg von allem, – aber: Sie hatte inzwischen drei Kinder, ein Mädchen und zwei Buben. – Und die Kinder? fragte Josephine den katholisch verheirateten Abgeordneten, der im Begriff war, seine und ihre katholische Ehe zu sprengen, – was machen wir mit den Kindern?

Die bleiben beim Bärenwirt, – sagte Matthias, – die bleiben hier.

Aber die Kinder hebet mi nei, sagte Josephine und blickte Matthias flehend an, – die Kinder halten mich hier fest, sie müssen mit nach Berlin, sagte sie, ohne die Kinder könne sie nicht gehn, die Kinder dürfe sie nicht im Stich lassen, schon gar nicht das dreijährige Mädchen, der Bärenwirt sei jähzornig und grausam in seinem Jähzorn.

Nein, sagte Matthias, die Kinder wolle er nicht, er wolle nur sie, Josephine, – nur sie.

Der Bärenwirt ließ die beiden in der Küche riabig verhandeln. Er kannte seine Frau und die Schwäche seines Rivalen. Der nahm die Kinder nicht, – und Josephine ließ von den Kindern nicht. Also blieb alles beim alten.

Der Bärenwirt täuschte sich nicht.

Ohne die Kinder könne sie nicht gehen, habe sie gefleht, sagte die Großmama, aber Matthias habe abgelehnt. Die Kinder wolle er sich nicht auch noch aufhalsen, habe er gesagt, es gebe auch so schon genug Probleme, juristische, politische, auch finanzielle. Wenn er, katholisch verheiratet, – mit einer – noch katholisch – verheirateten Frau in Berlin auftauche, koste ihn das womöglich seine Politikerlaufbahn.

Denn in seiner Partei, dem Zentrum, sei eine Ehescheidung unmöglich, eine Wiederverheiratung auch, eine Wiederverheiratung mit einer – geschiedenen – Katholikin – bedeute die sichere Exkommunikation, den Rausschmiss aus der katholischen Kirche und damit aus dem katholischen Zentrum. Für ihn, der inzwischen dem Vorstand der Zentrumsfraktion im Reichstag angehörte, – komme die Verbindung mit Josephine einem politischen Selbstmord gleich, das wolle er auf sich nehmen, aber das müsse ihr genügen. Mehr könne er nicht bieten, als alles für sie und um ihretwillen zu riskieren. Mehr gehe nicht.

Es genügte Josephine nicht.

Sie hielt die Messingstange am Herd umklammert, als Matthias ihre Hände zu fassen suchte. Die Kinder müssen mit, sagte sie, – die Kinder müssen mit nach Berlin.

Matthias habe geschwiegen und sie lange angeschaut, immerzu nur angeschaut. So blieben sie voreinander stehen, stumm und unbeweglich, eine lange Zeit, und schauten einander bloß an.

Dann wandte sich Matthias ab. Er ging zur Küchentür, während sie, Josephine, keinen Schritt von der Herdstange wich, nicht vom Herd, nicht von den Kindern. Aber sie weinte. Sie weinte, dass es sie schüttelte. Der Bärenwirt zündete sich einen neuen Stumpen an, als der Abgeordnete die Gaststube verließ. Der Bärenwirt hatte gewonnen. Josephine weinte und weinte. Eigentlich hörte sie nie mehr auf zu weinen. (…)

Sie hatte gelernt, zu schweigen und schwieg, als der Bärenwirt eine Hand in die Häckselmaschine brachte und drei Finger verlor. Sie schwieg, als der Bärenwirt vom Heustock stürzte und zwei Rippen brach. Sie schwieg, als der Reichstagsabgeordnete aus dem Biberacher Wahlkreis im Sommer 1917 eine Friedensresolution im Reichstag einbrachte, um den sinnlos gewordenen Krieg zu beenden, – was gar nichts nützte. Die Regierung machte, was sie wollte. Das Parlament durfte reden, hatte aber nichts zu sagen. Der Krieg ging weiter.

Josephine schwieg, als im Oktober 1918 ein Prinz von Baden Reichskanzler wurde und Matthias einer seiner Staatssekretäre, was so viel hieß wie Minister. Aber als bekannt wurde, dass Matthias die deutsche Waffenstillstands-Delegation geleitet habe und die verrückten Bedingungen des Marschalls Foch nicht habe mildern können, habe sie Angst gekriegt um ihn. Sie habe geahnt, dass man diese unmöglichen Waffenstillstands-Bedingungen ihm anlasten werde.

Was hätte er anderes machen sollen als unterschreiben, sagte die Großmama, hätte er nein sagen sollen? Dann wären die Franzosen einmarschiert und hätten auf unsere Kosten gelebt, wo sowieso schon alles gehungert hat. Mit einer Besatzung im Land wäre es zu einer Hungerkatastrophe gekommen. Matthias hätte gar nicht erst nach Compiègne fahren sollen, sagte die Großmama, die Generäle hätten das tun müssen, die Generäle hätten den Krieg ausbaden müssen, sie hätte Matthias die Fahrt ausgeredet, wenn sie in Berlin gewesen wäre.

Wärst du mit Erzberger nach Berlin gegangen damals! sagte ich heftig.

Erst nach dem Krieg, als Finanzminister, habe Matthias zeigen können, was für ein tüchtiger Kerl er war, sagte die Großmama und beachtete meinen Einwand nicht. Er habe, kaum im Amt, eine Finanz-Reform gemacht für das ganze Reich und habe nebenbei die Eisenbahn vereinheitlicht, er sei es gewesen, der aus den vielen Länder-Bahnen eine Reichsbahn gemacht habe. Er sei halt arg tüchtig gewesen und auch gerecht, sagte die Großmama, er wollte die Kriegsgewinne besteuern und das Geld von den Reichen holen und nicht von den Armen, das haben ihm die Reichen nicht verziehen. Darum haben sie ihn umgebracht, hinterrücks, im Schwarzwald, unterhalb vom Kniebis, mit zwölf Kugeln.

Warum bist du damals nicht mit nach Berlin gegangen, fragte ich aufgebracht, ob sie nicht bereue, ihrer Kinder wegen auf ein Leben mit einem Mann wie Matthias Erzberger verzichtet zu haben?

Wieder tat sie, als höre sie nicht.

Eduard Paulus
Der Auszug

An seinem Pilgerstabe strebt Merlin
Der Heimat zu in schnurgerader Richtung,
Nicht schattet mehr der Hochwald über ihn,
Er tritt hinaus in eine Tannenlichtung –

Und dann ins Feld, doch unermesslich stumm
Empfängt es ihn mit moorigen Bezirken,
Wacholderbüsche stehn zerstreut herum
Bei Sumpfgestrüpp und schlanken Heidebirken.

Versauert ist der Boden, keine Hand
Des Menschen scheint darüber mehr zu wachen,
Was nicht zur Felsenöde ausgebrannt,
Hat sich vertorft in schmutzig braune Lachen.

Nur Dorn und Distel trägt der Acker jetzt
Und hohes, taubverwildertes Getreide –
Das ist der Bürgerkrieg – und hier durchsetzt
Ein niedrer Damm in straffem Zug die Heide.

Gras wächst auf ihm – hier zog die Eisenbahn
Und ließ landauf, landab die Pfeife gellen,
Nun sind die Eisenschienen weggetan,
Es frisst der Schwamm die faulen Eichenschwellen.

Jan Christ
Wortkarg am Kältepol

Wir leben in einem »Brandhaus«: ein Haus, das einst brannte, gilt als solches für lange Zeit. Ein Schriftsteller, ohnehin den Brandstiftern näher als den Biedermännern, lebt gut mit diesem Brandzeichen, meinem Nachbarn hingegen lässt die Geschichte keine Ruhe. Der Verdacht, hier würde »heiß saniert« worden sein, passt auch auf alles sonst von diesem seltsamen Gast: dass er neulich beim Zäunen, den Grenzstein missachtend, paar Zentimeter auf das Nachbargrundstück geriet. Diese Übertretung, ob Sakrileg oder ein selber höchst erwünschter Vorteil, beweist meinem Aufseher, dass es mit der freien Kunst nicht weit her sein kann: sie wird der Grenzüberschreitung verdächtigt. Davon abgesehen, wünsche ich mir selber die Genauigkeit und die nachbarschaftlichen Kenntnisse dieses unangenehmen Menschen: seine Geschichten möchte ich kennen, auch seine fortgesetzten Verdächtigungen, die rufmörderische Qualitäten haben. Um auf dem Dorf nicht nur leben zu können, sondern auch Anteilnehmer des Dorfklatsches zu sein, kann man sich Empfindsamkeit nicht leisten. Der »Dichter« müsste seine dünne Haut ablegen können und sich den Panzer eines Frontberichterstatters anlegen, zumal auf der Alb, wo herbe Wetterlagen einen verschlossenen, ja harten Menschentypus schufen. Es dauert länger, bis er begreift, dann aber mit Gewalt, die gar nicht mehr aufhören will. (…) Dass hier alte Gewohnheiten besonders lange überdauern, beweist die Vorratssammelwut, was günstig angebotenes Sturmholz aus den Wäldern betrifft. Wer diese Unmengen gesehen hat von gespenstischen Baumleichen auf verwaisten Hinterhöfen: der glaubt sich entweder in die Nachkriegszeit versetzt oder unmittelbar vor einer weltweiten Energiekrise.

Wer weiß: vielleicht begreift dieses infantile Naturell mehr von unserer Zeit als unser moderner Gleichmut?

Dass Frauen immer noch in den schmalen Ackerstreifen, den »Krautgärtle«, herumwirtschaften, sich schwer bücken müssen und Wasser schleppen, obwohl der Gemüseanbau bei den billigen Großmarktpreisen wirklich keinen Vorteil bietet, hat auch nichts mit Sparsamkeit zu tun: erstens will man nicht dazugehören, wenn Leute das ihnen anvertraute Land brachliegen lassen, und zweitens bietet diese kollektive Beackerung draußen vor dem Dorf nach dem Wegfall des Dorfbrunnens und des Gemeinschaftsbackhauses *die* Gelegenheit, sich von Frau zu Frau nahezusein (Männer sieht man hier kaum, die chauffieren ihre Frauen nur bei der letzten Ernte). Das Fahren mit dem Krautwägle durchs Dorf bietet überdies noch eine weitere erwünschte Gelegenheit zum Austausch von Haus zu Haus.

Hier versetzt ja Glaube im Wortsinn Berge, wenn man gesehen hat, aus welchen steinigen Gründen hier Äcker entstanden. Hier ist niemandem etwas geschenkt worden, Wetter und Erde sind kein Segen, sondern ein Unsegen. So lässt sich auch keine freudselige und bramarbasierende Religiosität erwarten wie in freundlicheren Gegenden weiter südwärts, am Gestade des Bodensees. Hier am Kältepol hat man wortkarg zu sein und lässt sich noch von alter pietistischer Frömmigkeit bestärken, auch in vielen freikirchlichen Gemeinschaften, wo ein Mann noch zu seinem Wort steht, wie vor hundert Jahren, als die Missionare noch von der Alb in die Welt zogen. Dies ist ein Menschenschlag ohne Wenn und Aber, sicherlich auch ohne Phantasie und Feinsinn, eher mit dem groben Abwehrinstinkt ausgestattet, der sowohl die zugeteilten Asylanten wie auch den Freigeist in ihrer Gemeinschaft ausmerzen möchte, aber dieser Ausgrenzungswille hat keine Chance: immer wieder zieht gerade die Alb, schon aufgrund ihrer noch akzeptablen Grundstückspreise, seltsame Gäste an: zu unseren Freunden zählen ein englisches Ehepaar, eine Amerikanerin, einige Ex-DDRler.

Die Atmosphäre ist oft flügelschlagend: Vogelschwärme auf dem Durchzug, die sich hier niederlassen: gerade die relative Unbewohnbarkeit der Alb scheint sie anzuziehen. Nur hier, wo keine Geschichte den Ort geprägt hat, lässt sich en passant Geschichte machen. Der Ort, von dem man nichts erwartet, stellt plötzlich eine weltbewegende Kraft dar: Ausgerechnet in Undingen fällt es einem christlich bewegten Ehepaar ein, ein sogenanntes »Teufelskind«, den Sohn einer RAF-Terroristin, großzuziehen. Der Respekt vor der honoren Familie und ihre politische Unbestimmtheit lassen ihnen keine Wahl, als diese humane Großtat zuzulassen. Ich fürchte: heute ist dieses Ereignis, das den Ort an die neuere Geschichte anschloss, vergessen und in Zeiten touristischer Nettigkeit verdrängt worden zugunsten der vorzeigbaren Daten, einen passablen Golfplatz in seiner Gemarkung zu haben oder eine vom ADAC gestiftete Loipe oder das einzige Ostereiermuseum Deutschlands zu beherbergen. So versteht sich, außerdem mit Bären- und Nebelhöhlen, der Kältepol gut und zeitgemäß zu verkaufen.

Dem Abend zu, wenn Schatten ins Kraut schneiden, das Randliegende wie Scherenschnitte gegen die Sonne steht, gehe ich gern, auch mit dem Kind, aus dem Haus, die Hänge hinauf, wo ich auf keinen Spaziergänger treffe. Die einst durch den Grünen Plan finanzierten Betonpisten für den Einsatz der Lohndrescher eignen sich hervorragend für stern- und mondlose Nächte, selbst wenn die Dorflaternen nicht mehr rüberscheinen, da kann man blind über diese Höhen gehen: kein Zaun stört, keine Gräben und Bachläufe, nichts, das ist Fluggegend, Gedankengegend. So ist meine Ankunft nicht gescheitert: sie findet täglich, und mit immer neuen Aussichten, statt.

Alfred Munz
Flugtag auf dem Degerfeld

Unverhofft kommt oft. Nach arbeitsreichem Samstagvormittag gedachte ich – es war ein schöner Sommertag –, eine gemütliche Café-Terrasse aufzusuchen. Als ich, ein wenig später, am Degerfeld vorbeifuhr, wimmelte es dort von Autos, und Polizei regelte den Verkehr. Parkplätze belegt, überall Gedränge. Flugtag also. Sicher stand in der Zeitung eine große Ankündigung, aber ich hatte wieder einmal nebenan gelesen. Nun nichts wie vorbei! Eine Stunde später allerdings stand ich südlich des Flugplatzes unter einer großen Buche und beobachtete aus einiger Entfernung und leicht von oben her das Geschehen.

Vor mir lag weites, festliches Gelände: Grüne Wiesen, ein paar Kiefern darin, Ackerfelder, dahinter halblinks ein Tannenwald und halbrechts am Horizont ein Hügel mit Bäumen. Über allem blauer Himmel, lustige Sommerwolken. Das Besondere aber: Mitteninne war der Flugplatz mit rotweißen Bändern abgesperrt und eine breite Landebahn in schnurgerader Linie mit Markierungsblöcken ausgelegt. Vor und neben den Flugzeughallen befanden sich Menschen, Menschen, Menschen in solcher Zahl, dass sie aus der Ferne als farbige Pünktchen erschienen: Blumenbeete am Waldrand. Fahnen wehten. Dutzende von Flugzeugen waren aufgereiht, zum Start bereit; Gleitsegler, Spezialfahrzeuge und andere Seltsamkeiten ragten aus der Menge wie von einer Hochflut angelandet.

Ab und zu startet oder landet ein Flugzeug. Leichter Betrieb. Es ist, als würde sich ein Ungeduldiges, Übermütiges oder vielleicht gar ein Kundschafter aus dem pulsierenden Schwarm lösen, das Fliegen probieren und wieder landen. Sind wohl Rundflüge um den Zollern. Und noch etwas regt sich am Rand der Szene: Ein Mähdrescher raspelt und brummt unermüdlich und unverdrossen um ein Getreidefeld.

Nun nehmen drei kleinere Flugzeuge Anlauf und steigen in den blauen Himmel. Von einem roten Fahrzeug am Platzrand blinkt gelbes Signallicht, und ein Gleitsegler wird mit der Seilwinde hochgezogen, weit hinauf. Das Seil löst sich, und lautlos wie ein Bussard und farbig wie ein Schmetterling schwebt er am Himmel. Auf einmal gaukeln auch bunte Fallschirme im Blauen, schwanken hin und her und landen punktgenau vor den Hallen. Ein rot-weiß gestreiftes Flugzeug mit starkem Motor hebt vom Boden ab und donnert beinahe senkrecht in die Höhe, überschlägt sich, fängt sich und nimmt neuen Anlauf, dreht sich ruckartig um die eigene Achse, wirbelt, purzelt hin und her und ist übermütig wie ein Fohlen. Will nicht mehr aufhören und landet schließlich doch. Toller Bursche! Ein roter Doppeldecker steigt auf und tut es ihm gleich. Dann schweben wieder Fallschirme zur Erde.

Es ist erstaunlich, was sich wie mühelos über dem Flugplatz abspielt, sich an Flugzeugen, Segelfliegern, Fallschirmspringern in einem kleinen Stück Himmel so exotisch, bunt, leicht und heiter tummelt. Ich muss an ein Aquarium denken, in dem Südseefische herumschwimmen. Der Mähdrescher aber nagt sich wie eine Raupe im Viereck um das Getreidefeld und hinterlässt eine Strohschwade an der andern, die Abstände wie mit dem Meterstab gemessen.

Nun dröhnt ein großes Flugzeug über dem Wald heran, dreimotorig, schwer und bedächtig: eine uralte Ju 52 ist es, aus dem letzten Krieg, ein Veteran, der sich zeigt und bewundert wird, der landet. Dafür starten dicht an dicht acht Flugzeuge, drei orangegelb wie Kanarienvögel, die andern weiß und mit Schriftzeichen versehen; sie heben ab, sammeln sich zum Formationsflug und rauschen zweimal, dreimal um den Platz. Abschiedsparade. Es ist Abend geworden. Der Mähdrescher ist an den Waldrand gefahren, wo ein Ladewagen steht. Er senkt sein Rohr und entledigt sich der Körner, die er gesammelt hat.

Das Nebeneinander des brummenden Mähdreschers und der blitzblanken, quirligen, witzigen und spritzigen Flugzeuge macht nachdenklich: Hier die Himmelshüpfer, munter obenauf zu Vergnügen und Belustigung, Glanzleistungen der Menschen, es seien Techniker oder Piloten, hochangesehen; daneben der schwerfällige Mähdrescher, ein Mann im Führerhaus, der eintönig Bahn um Bahn abzufahren hat, genau, gleichmäßig, stundenlang. Dann und wann vielleicht ein Blick hinüber zu den tausend Menschen und hinauf an den Himmel, wo so Staunenswertes geschieht. Immer das Viereck und Staub und Gedröhn. Am Abend die Frucht.

Nun der Abschluss. Als die Flugzeuge am Himmel verschwunden waren, fuhren 27 Autos auf das Flugfeld und entrollten farbige Hüllen. 27 riesengroße Ballone wurden mit Heißluft gefüllt und stiegen etwas später, nachdem sie sich gewunden und hin und her gewiegt hatten, in den blauen Himmel hinauf. Sie schwebten glatt und rund in der Abendsonne über Hügel und Bäume, schwebten mit leisem Blasen, immer kleiner werdend, davon. Mit ihnen entwichen Spannung und Erwartung aus den Menschen, und sie strebten nach allen Seiten davon. Autokolonnen setzten sich in Bewegung, das Gelände wurde entleert.

Die vielen Ballone, schimmernd in allen Regenbogenfarben, leicht und dünnhäutig, wurden vom kühlen Abendwind an den Horizont getrieben, wo sie hinter blauen Wäldern verschwanden. Es war, als wären sie die Gespinsthüllen, denen jene Flugzeuge entkrochen waren, die vorhin so lustig in der Luft herumtobten und sich dann flink davonmachten.

Der letzte Ballon, grün gefärbt, trug in Goldfarbe die Aufschrift »Bitte ein Bit«. Bierwerbung also. Es war – ja, war es denn zum Lachen?

Karl Napf
Der Daimler-Arbeiter

Regierungen kommen und gehen – Daimler-Benz bleibt bestehen. So könnte man die erstaunliche Tatsache umschreiben, dass die Firma Daimler-Benz in den letzten hundert Jahren mit vier sehr unterschiedlichen Systemen gut leben konnte und immer nur gewachsen ist. Qualitätsprodukte setzen sich eben besser durch als schlechte Politik. Die Strahlkraft des Mercedessterns hat den von Bethlehem bei uns längst übertroffen, und merkwürdig ist nur, dass der Stern von Untertürkheim nicht schon lange Eingang in das Landeswappen gefunden hat. Bei der Allmacht der Firma Daimler-Benz ist es auch nur logisch, dass sie die wirksamste Struktur- und Regionalpolitik im Lande betreibt, steht ihr doch für diesen Zweck auch mehr Geld zur Verfügung als dem Land Baden-Württemberg.

Dementsprechend gilt denn auch für die Arbeiter des Landes ein Arbeitsplatz bei Mercedes als die sicherste und bestbezahlte Tätigkeit überhaupt, und groß sind die Opfer und Entbehrungen, die Arbeitnehmer in Kauf nehmen, um »beim Daimler« zu schaffen. Bis tief in den Schwarzwald nach St. Georgen und fast bis an den Bodensee reicht der Einzugsbereich des Werkes Sindelfingen, und schon morgens um drei stehen die Fernpendler auf und fahren weiterschlafend im Bus der immer noch harten Arbeit entgegen. Sie fluchen und würden doch mit niemandem tauschen, denn wo verdient schließlich ein guter Arbeiter so viel wie ein Lehrer und ist Lohnführer für das ganze Land. Da ist es zwangsläufig, dass den Handwerkern im Umkreis von fast 100 Kilometern die Gesellen davonlaufen; wie will auch ein ländlicher Polsterer oder Lackierer mit dem Riesen Mercedes in den Arbeitsbedingungen konkurrieren. (…)

Bei diesen guten Konditionen ist der Daimler-Arbeiter im Werk und privat seit jeher ein Arbeiteraristokrat, dessen Klassenbewusstsein meist nur noch insoweit vorhanden ist, als er sich als Klasse für sich empfindet. Trotz hoher gewerkschaftlicher Organisiertheit im Werk schwindet denn auch die Solidarität unter den Arbeitern; aber warum sollte es bei Mercedes-Arbeitern anders sein als in der übrigen Gesellschaft?

Obwohl es kein »Wir-Gefühl« im Werk gibt, ist der Daimler-Arbeiter seinem Unternehmen sehr verbunden, und oft arbeiten unter den deutschen Arbeitnehmern Großvater, Vater und Sohn im gleichen Betrieb. Weniger vornehme Tätigkeiten lässt man auch in Sindelfingen oder Untertürkheim gern die Ausländer, vor allem die Türken, machen, und auf manche Teile der Produktion könnte man stanzen »made in Germany by turkish hands«. (…)

Die Bindung ans Werk steigt mit der Dauer der Unternehmenszugehörigkeit und wird entsprechend prämiert. Die Rituale der Jubilarehrung bilden denn ein großes Fest für die Belegschaft, und bei 25jähriger oder gar 40jähriger Firmenzugehörigkeit lässt sich »der Daimler« nicht lumpen. Der Aufwand für den Jubilar übertrifft bei weitem noch den einer Konfirmation, was im modernen Württemberg etwas heißen will, und seine Jubilarfeier vergisst ein Daimler-Arbeiter im Gegensatz zu seinem Konfirmationsspruch nie. In diesen festlichen Stunden aber vergisst der Geehrte die Mühsal des Schichtens, das sein Leben zerhackt und ihn oft sich als Menschen zweiter Klasse fühlen lässt; da gibt es für kurze Zeit einen Ausgleich für das gestörte Familienleben, das ihn bei Spätschicht die Kinder nur am Wochenende sehen lässt; da vergisst er die sozialen Einbußen im Dorf- und Vereinsleben und seine Schwierigkeiten, bei der Feuerwehr und beim Roten Kreuz mitwirken zu können. Während nämlich die Jungen und Ledigen die Normalschicht bevorzugen, sind es gerade die Älteren und Familienväter, die schichten, und zwar nicht nur wegen der paar hundert Mark, die sie dadurch mehr verdienen, sondern weil sie trotz aller Defizite gegenüber einer normalen Lebensführung doch mehr Zeit zu ihrer freien Verfügung haben. Nach der alten württembergischen Sitte der Arbeiterbauern, die das Land so manche Notzeit besser überstehen ließen als andere Regionen, treiben nämlich noch immer viele Daimler-Arbeiter eine kleine Landwirtschaft oder einen großen Garten um, bauen ihr Häusle selber oder machen sich anderweitig nützlich. (…)

Doch die Entwicklung geht auch in Sindelfingen und Untertürkheim nicht vorüber, und schon gibt es in Sindelfingen eine gar noch vornehmere Adresse. So soll man dort beim Metzger gelegentlich schon hören können: »Bitte net so fett, mei Mann schafft bei IBM!«

Franz Xaver Ott
Über die Dörfer

Über die Dörfer
oder einmal ab Stuttgart und retour

Über da Fasanahof – Fasan – fass an
Schönaich, Waldenbuch, Weil – im Schönbuach
ond durch durch da Schönbuach bis Lustnau.
Weiter em Tal – D u ß l i n g e n – bis – S c h l a t t – ond – K i l l e r
jetzt aber – Ringinginginga – von Ringinga noach Stetta
an d'Lauchert zu de Enta – Hörschwag-wag-wag-wag-wag

Stoi　　Hart　　Ketta　　Dürr　　Öd　　Upf
Hausa　Stetta　　Inga　　Hüla　Hilba　Acker　Wald
Stoihausa, Stoiacker, Stoistetta, Stoiinga, – S t o i h i l b a
Harthilba, Hartacker, Hartwald, Hartstetta, Hartinga, –
　　　　　　　　　　H a r t h a u s a
Kettahausa, Kettahilba, Kettawald, Kettastetta, Kettainga, –
　　　　　　　　K e t t a a c k e r
Dürraacker, Dürrahüla, Dürrahausa, Dürrawald, Dürrastetta, –
　　　　　　　　　D ü r r a w a l d s t e t t a.
Dürr. Öd. – Ö d a w a l d s t e t t a.
Dürr. Öd. – Upf.
Upf – lam, Goiß, Gaul, Kuah,
Upf – lam – ör

Einfalt in Zwiefalt mit Dreifalt
ond noach wieder nauf ond wieder na
ond wieder nauf
noach Hoigna
ond wieder na noach
na noach

noach
aa
Aahausa, – ahalta en Aahausa, – em Adler
Mittagessa em Lautertal, beim Veit, lebt'r noa
lauter Reiter entlang d'r Lauter
ond d'Leut werdet au emmer lauter
lauter Leut ond laute Laut
laut ond emmer lauter
d'Leut ond d'Lauter
lauter laute Leut an d'r Lauter

z'letzscht auf d'r Höhe Apfelstetta
En Bremalau doa isch d'r Hemmel blau
doa tanzt d'r Ziegabock mit seiner Frau
ond dann auf jeden Fall ema weita Boga
dromrom oms Geisterdorf – G r u o r n
Rauskomma duat ma noach en Henga
doa kenntes't de grad …
… ond noach glei nomführa lassa noach G r a b a s t e t t a.

Endlich wieder na – on donta
Ober-, Unterlenninga
Kirsch- ond Apfelbäum
Kirchheim – unter Teck
Strümpfelbach
Beutelsbach
Endersbach
statt Cannstatt lieber nei en d'Hauptstadt
hoim noach Stuttgart.
Anstrengend war's

HA NOACH WEARET'R HALT DAHOIM BLIEBA

Thaddäus Troll
Suchen und Finden

Ein schwäbischer Schaffer hatte aus einem arg steinigen Burren einen blühenden Garten gemacht. Der Herr Pfarrer sah das mit Wohlgefallen und meinte anerkennend: »Ei was Sie mit Hilfe unseres Herrn aus dieser Wildnis gemacht haben, das ischt ja wirklich aller Ehren wert.« Darauf der Kompagnon des lieben Gottes: »Ja, ond Sie hättet die Wüschtenei sehe solle, solang's onser Herr no allei gschafft hat.«

Diese Anekdote, die schwäbisches Selbstbewusstsein verbunden mit Abneigung gegen Salbaderei kennzeichnet, könnte auf der Schwäbischen Alb spielen, die früher Rauhe Alb hieß, nicht etwa, weil das Klima, Winde und Sprache besonders rauh, besonders räs wären, sondern weil auf dem wasserarmen, steinigen Boden einfach nichts gedeihen wollte. Hier war das Armenhaus des Deutschen Reiches. Aber umsichtige Landesherren, um ihre Schäflein auch weltlich besorgte Pfarrer und weitsichtige Gewerbereformer wie Ferdinand Steinbeis haben schwäbische Frömmigkeit, Fleiß, Anspruchslosigkeit und Tüftlertum als Energiequellen entdeckt und dort eine Heim-, Klein- und Mittelindustrie geschaffen, die sich zwar in der Landschaft versteckte, auf dem Weltmarkt aber sehen lassen konnte: Uhren und Musikinstrumente, Waagen und Textilien, Spielzeug und optische Geräte, Bergbau und Steinbruch.

Zwar kennen die Einheimischen schon lange die herbe Schönheit des Wanderparadieses, zwar hat es der Schwäbische Albverein gründlich mit Wanderwegen, Rastplätzen, Schutzhütten, Lehrpfaden, Parkplätzen und Heimatpflege durchorganisiert und aufs präziseste geädert – aber der Ruf dieser Erholungslandschaft ist noch nicht weit genug gedrungen und verheißt dem Touristen emphatische Entdeckerfreuden.

Die zerklüftete Bastion besteht aus hellem Kalkstein, bäumt sich in einem steile Buchten und Schluchten bildenden Trauf aus der Ebene auf, ist mit Laubwäldern, vornehmlich Buchen, auch Eichen, bedeckt, bildet bizarre, zum Klettern einladende Felsklippen, fällt aber sanft in Maaren, Wacholderheiden, Silberdistelwiesen, Trockentälern, Vulkanschloten, Schafweiden und karstigen Äckern zum teils behäbigen, teils cañonartigen Tal der oberen Donau ab. Erschlossen wird das Juramassiv durch die Autobahn von Stuttgart nach Ulm, überquert und aufs schönste dargestellt von der hochgelegenen Schwäbischen Albstraße.

Das Kapital der Alb ist ihre erholsame Stille. Ihr Reiz für den Touristen das Suchen und Finden. Der einstmalige Meeresboden birgt versteinerte Urtiere und Urpflanzen: Farn und Schachtelhalm, Seelilie, Ichthyosaurier und Ammoniten. In jedem Steinbruch findet man deren schneckenartiges Gehäuse. Der Wanderer auf der Alb wird zum Fossiliensammler und Hobbygeologen. Das Museum Hauff in Holzmaden hat die schönsten Ausgrabungen in Besitz.

Suchen und Finden. Von den über tausend Höhlen ist noch nicht die Hälfte erforscht und ergründet. In ihnen, Zufluchtsstätte für den Steinzeitmenschen, tut sich unsere Urgeschichte kund. Knochen von Bär, Mammut, Wisent, Nashorn, Affe und Geier. Wundersame Gebilde der Tropfsteine. Manche Höhlen bequem begehbar und beleuchtet, eine mit dem Kahn erfahrbar, viele noch gefährlich unbepfadet. Unterirdische Dome, Wasserläufe, Seen, Gewölbe, Schlupfgänge. Der »Rulaman« und Hauffs »Lichtenstein« machen sie zum Schauplatz von frühen und späten Geschichten. Aber schon die Entdeckung jeder Höhle ist eine fesselnde Geschichte für sich.

Die Alb ist porös, läßt das Wasser versickern und es in romantischen Quellgumpen wieder zutage treten, deren schönster der Blautopf in Blaubeuren ist, an den sich ein gotisches Kloster mit einem der herrlichsten Schnitzaltäre und die alte Stadt anschließen. Die Alb ist von der Natur unterminiert und birgt Geheimnisse aus über fünfzig Jahrtausenden.

So konservativ ihre Bewohner sind, so wandelbar ist sie in den Gezeiten. Ein später Frühling entlockt ihr zarte Farben. Im Sommer ist sie frei von bedrückendem Dunst, liefert sie Frische. Im Herbst wird sie verschwenderisch. Sie wechselt täglich das Kleid. Ihr dezent grünes Kostüm, das dekorativ zum Kalkweiß der Felsen kontrastiert, verfärbt sie in ein jähes Gelb, flammendes Rot. Feuerfarben, die durch die Täler und über die Berge lodern. Dann entschließt sie sich zu dezentem Braun und falbem Strohgelb, bevor sie im novemberlichen Striptease ihr Laubwerk abwirft, sich für den Wintersport freimacht und den nackten Leib mit Eis und Schnee für den Frühling tiefgefrieren lässt.

Suchen und Finden. Ruinen mit staufischen Buckelquadern, Schlösser, Burgen und Kapellen. Alte Städte mit verschiedener Geschichte und verschiedenen Gesichtern. Ulm, Reutlingen, Sigmaringen, Heidenheim. Die Kaiserberge und der Hohenzollern. Kunsthistorische Kleinodien wie die barocke Klosterkirche von Neresheim, das Renaissance-Schloss in Urach, das gotische Heiligkreuzmünster und die romanische Johanniskirche in Gmünd. Stille Badeorte, die die Gesundheit fördern. Heiße Thermen zum Schwimmen unter Dach und im Freien. Marktplätze und Fachwerk. Schluchten und Wasserfälle. Das Gestüt Marbach. Gediegene Landgasthöfe mit schwäbischen Spezialitäten: Maultaschen, Linsen und Spätzle, Schlachtplatte, Rostbraten, Reh und Lamm. Obstlerschnaps, Most, Täleswein. Skilaufen und Reiten.

Der Schwabe besteht aus einem Sack voll Widersprüchen. Hegels These und Antithese sind in ihm verkörpert. Er hat die Lebensaufgabe, das eine oder andere in sich verkümmern zu lassen oder in einem langen Reifeprozess zur Synthese, zur harmonischen Ausgewogenheit der Gegensätze seines Wesens zu finden. Darum sagt man von ihm, dass er erst mit vierzig gescheit werde. Die Schwäbische Alb entspricht diesem Phänotyp. Auch sie neigt zu Extremen. Herbstbunt und winterweiß, verkarstet und quellenverklärt, frostklirrend und sommerbesonnt, Felsgezack und Orchideenwiese, Bärenknochen und Schwalbenflug, Höhlendunkel und Sonnenbrand, Stauferruine und Spielzeugfabrik, Ichthyosaurier und Segelflugzeug.

Margarete Hannsmann
Landschaft

Aber es werden Menschen kommen
denen das Zeitauf Zeitab
der Fabriken gleichgültig ist
sie wollen nicht auf den Supermärkten
einkaufen aber sie fragen nach dem
Millionen Jahre alten Wind
ob ihr noch Vögel
Fische
Füchse
Sumpfdotterblumen
aufgehoben habt
wenn anderswo
alle Wälder zerstückelt sind
alle Städte über die Ränder getreten
alle Täler überquellen vom Müll
Könnt ihr noch Wetterbuchen liefern?
einen unbegradigten Fluss?
Mulden ohne schwelenden Abfall?
Hänge ohne Betongeschwüre?
Seitentäler ohne Gewinn?
habt ihr noch immer nicht genug
Einkaufszentren in die Wiesen gestreut
Möbelmärkte zwischen Skabiosen
nicht genug Skilifte ohne Schnee
Nachschubstraßen für Brot und Spiele
Panzerschneisen hügelentlang
wenn ihr die Schafe aussterben lasst
stirbt der Wacholder
Silberdisteln

Bald wird man diese Namen aussprechen
wie Joringel Jorinde als Kind
zu den Ammoniten im Steinbruch
wird man wie nach Eleusis gehn
eure Geschichtslosigkeit war ein Windschatten
abseits
der Erosion des Jahrtausends
könnt ihr denen die zu euch kommen
eine Wacholderstunde anbieten
erdalterlang
falls ihr den Augenblick
euren
nicht zementiert?

Nachwort:
Albgeschichte, Albgeschichten

»Stumm ist der Älbler wie sein Land« machte uns das Schullesebuch wissen. Und im Volksmund ist die Alb »Schwäbisch-Sibirien«, wo es »einen Kittel kälter« ist und wo die Bewohner auf »Teufels Hirnschale« leben. Es ist das Bild einer rauen, unwirtlichen Gegend, einer terra incognita im eigenen Land, in der die Menschen »Krombiera« statt »Kunscht« brauchen. Es gibt auch das Gegenbild: Schwäbisch-Arkadien, wie es die Romantiker zeichneten, mit einem »Meer der Landschaft«, das Mörike hinter der »blauen Mauer« des Albtraufs entdeckte. Und es gibt den nüchternfreundlichen Blick auf eine leise, in sich gekehrte Kulturlandschaft, deren Lebenswelten und Eigenart sich nur dem offenbaren, der »Landschaft lesen« gelernt hat, wie es der Kulturwissenschaftler und Albkenner Eckart Frahm ausdrückte – die Alb als Lesebuch, reich an Geschichte und voller Geschichten; ein Buch, in das Geologie und Geographie, politischer und kultureller Wandel, soziale und wirtschaftliche Entwicklung eingeschrieben sind.

Die Alb wird als das »steinerne Rückgrat Württembergs« bezeichnet. Rund 200 Kilometer lang und 40 Kilometer breit, bildet das Mittelgebirge zwischen Neckar und Donau die größte Karstlandschaft Europas. Das Schichtstufenland aus weißem, braunem und schwarzem Jura ist vor etwa 200 Millionen Jahren aus Ablagerungen des Jurameers entstanden, dessen Lebewesen noch als Versteinerungen zu finden sind: Saurier, Krokodile, Ammoniten. Und weil steter Tropfen den Stein höhlt, saures Sickerwasser den Kalk angreift, gleicht die Alb durch die Verwitterung im Innern einem Schweizer Käse. Ihre rund zweitausend Höhlen waren eine frühe Wiege der Menschheit. Im Lone- und Achtal wurden die ältesten Zeugnisse menschlicher Kultur gefunden, Musikinstrumente wie die Schwanenknochenflöte, Plastiken aus Mammutelfenbein wie der Löwenmensch und die Venus vom Hohle Fels. Die Unterwelt zog immer wieder neugierig Forschende in die Tiefe. Der Dominikaner Felix Fabri wagte 1488 den Einstieg ins Sontheimer Erdloch, der Astronom und Mathematiker Wilhelm Schickard beschrieb 1631 die Nebelhöhle als »natürliche Krypta«, und im 19. Jahrhundert machte David Friedrich Weinland die über dem Seeburger Tal gelegene Schillerhöhle als »Tulkahöhle« zum Schauplatz seines Jugendromans »Rulaman«.

Die Erdgeschichte prägte die Lebensweise der Älbler. Das lebenswichtige Nass versickert weitgehend durch den Kalkstein; Regen musste in »Hülen«, mit Lehm abgedichteten Teichen, aufgefangen oder als »Spatzenschisswasser« über Dachrinnen in Zisternen geleitet werden – erst um 1870 begann man mit dem Bau von Wasserleitungen. »Viel Steine gab's und wenig Brot«: trotz stetigem Aufklauben der Steine war der Ertrag auf den durch Realteilung zerstückelten »Handtuchäckerle« der Mittleren und Südlichen Alb (auf der Ostalb herrschte das Anerbenrecht vor) zum Leben zu wenig, zum Sterben nicht immer zu viel. Die Kindersterblichkeit war hoch; die Menschen darbten bei eintönigem Essen wie dunklem »Habermus«. In den Hungerjahren 1816/17 und in den Wirtschaftskrisen zwischen 1852 und 1856 wanderten Tausende aus.

Der Zwang, zu seinem »Sach« zu kommen und es zusammenzuhalten, hat den Menschen die Sparsamkeit als wichtigen Wesenszug eingebläut. Aber Not macht auch erfinderisch: Köhlerei und Schneckenzucht wurden beispielsweise im Lautertal zu Überlebensstrategien, die heute mit der Förderung regionaler Produkte eine Renaissance erleben. Die »steinreichen« Älbler betrieben Steinbrüche und Schotterwerke. Und Tüftler und Erfinder fanden und finden bis heute einen günstigen Boden. Der Pfarrer Philipp Matthäus Hahn, der Uhren, Waagen und Rechenmaschinen konstruierte, sah im 18. Jahrhundert Gott als »großen Mechaniker im Weltgetriebe«. Hochfliegende Pläne hatte der 1811 bei einem Flugversuch abgestürzte und daraufhin verspottete »Schneider von Ulm«, Albrecht Ludwig Berblinger, der später in Romanen rehabilitiert wurde, so von Max Eyth (1906) und zuletzt von Johannes Schweikle (»Fallwind«, 2011). Noch den »Ikarus vom Lautertal«, Gustav Mesmer, der sich im 20. Jahrhundert mit selbst entworfenem »Schirmhubschrauber« oder »Schwingenluftschiff« den Traum vom Fliegen zu erfüllen suchte, leitete die Phantasie, der Erdenschwere der Alb enthoben zu sein.

Wechselnde Herrschaftsformen prägten die Lebensweise der Älbler. Den urzeitlichen Funden schließen sich Zeugnisse jüngerer Epochen an: so die Heuneburg am Albrand zur Donau hin als Fürstensitz der Hallstattzeit, Spuren der Kelten auch auf dem Bopfinger Ipf, der Alemannen auf dem Runden Berg bei Urach, der Römer im Reiterkastell bei Aalen. Später baute der Adel seine Festungen; im Mittelalter gab es über 400 Burgen und Schlösser auf der Alb – weithin sichtbare feudale Machtsignale wie auch die drei »Kaiserberge« Stuifen, Rechberg und Hohenstaufen. Im späten Mittelalter entstanden viele kleine Territorien. Der Münsinger Vertrag von 1482 sicherte zwar die Einheit der Grafschaft Württemberg, aber im weiteren Bereich der Alb gab es neben den württembergischen Besitzungen große Klosterpfründen und selbstbewusste Reichsstädte, winzige Adelsgebiete, habsburgische und hohenzollerische Interessensphären – bis zur napoleonischen »Flurbereinigung«. Aber auch im neuen Staat Württemberg wirkten die alten Unterschiede fort: Im Dialekt haben sich Abgrenzungen gehalten, und vor allem blieben die Verhaltensweisen und Denkmuster unterschiedlich in den pietistisch-streng gefärbten evangelischen Gemeinden Altwürttembergs und den lebenslustigeren katholischen der geistlichen Besitzungen und Vorderösterreichs.

Und es blieben Differenzen zwischen den »Alteingesessenen« und zugezogenen Fremden. Mit der Ansiedlung jüdischer Familien 1782 in Buttenhausen schienen alte Gegensätze überwunden, schien ein friedliches Zusammenleben zwischen Christen und Juden möglich zu sein – bis die Nazis die Synagoge niederbrannten und den Ort zur Durchgangsstation für württembergische Juden machten, die in die Vernichtungslager deportiert wurden. Motive aus Buttenhausen flossen auch in die Novelle »Arnold Himmelheber« (1903) von Gustav Landauer ein, der als Kind die Sommerferien in dem Dorf an der Lauter, der Heimat seines Vaters, verbracht hatte. Im nahen Grafeneck unterhielt einst Herzog Carl Eugen ein Lustschloss samt Opernhaus. 1940 beschlagnahmten die Nationalsozialisten die später dort untergebrachte Samariterstiftung und begannen die »Euthanasie«-Aktion: psychisch Kranke und körperlich Behinderte, 10 654 Menschen, wurden mit »grauen Bussen« herantransportiert und ins Gas geschickt. Der Firnis der Zivilisation war in der scheinbaren Idylle nur dünn.

Auch Kriegserfahrungen gehören zur Geschichte der Alb, Einschnitte wie die weitgehende Entvölkerung im Dreißigjährigen Krieg oder Angriffe und Besetzung am Ende des Zweiten Weltkriegs. Aber auch mittelbare Auswirkungen: In Buttenhausen ist Matthias Erzberger geboren, der nach dem Ersten Weltkrieg das Waffenstillstandsabkommen mit unterzeichnete und 1921 von rechtsradikalen Offizieren ermordet wurde. Aus Königsbronn kam Georg Elser, dem der begrenzte Horizont der Ostalb nicht die Weitsicht auf die nationalsozialistische Gefahr verstellte, der er 1939 mit dem Bombenattentat auf Hitler zu begegnen versuchte – ihn ermordeten die Nazis 1945 im KZ Dachau. Sie hatten auch den im Kaiserreich angelegten Truppenübungsplatz Münsingen übernommen und die Bewohner des Dorfs Gruorn vertrieben.

Inzwischen ist aus dem Manövergelände ein großes Naturschutzgebiet geworden. Im Münsinger »Alten Lager« ist nun das Zentrum des 85 000 Hektar großen, 2009 von der UNESCO anerkannten Biosphärengebiets Schwäbische Alb. Es erstreckt sich vom Neckarvorland über die Hochfläche bis zur Donau. In drei Schutzzonen soll es Natur- und Kulturlandschaft, Ökonomie und Ökologie, soziales Leben und sanften Tourismus in Einklang bringen und so zugleich einen Beitrag leisten gegen die auch auf der Alb zu konstatierende Landflucht und Dorfverödung. Teil der Strukturentwicklung und regionalen Renaissance ist auch die Wiederentdeckung und Vermarktung traditioneller Nahrungsmittel wie Alblinsen und Albschnecken. Bei Engstingen, wo das US-Militär (wie in Mutlangen bei Schwäbisch Gmünd) atomare Sprengköpfe lagerte, wogegen die Friedensbewegung protestierte, wurde das Gelände in einen Gewerbepark verwandelt.

Längst hat sich in den Tälern die Industrie angesiedelt. Mit der technischen Meisterleistung der Albüberquerung auf der Geislinger Steige durch die Bahn und mit dem Ausbau des Straßennetzes entstand, vor allem mit Metall- und Textilfabriken, eine starke »Industrieachse« – so der Volkskundler Martin Blümcke. Im neu aufkommenden Proletariat setzte sich das protestantische Arbeitsethos durch, und die sozialen Probleme wurden auch durch Unternehmer angegangen, die beispielsweise in Kuchen und im Reutlinger Gmindersdorf Arbeitersiedlungen bauten. Pendlerströme fließen von der Alb in die industriellen Ballungszentren, und auf der Alb finden sich inzwischen vermehrt kleine Spezialbetriebe, die für wohnortnahe Arbeitsplätze sorgen. Ein Strukturwandel hat sich vollzogen; junge Leute, mobiler geworden, sind kaum noch in der Landwirtschaft tätig und denken weniger in traditionellen Wertemustern.

Für viele Städter ist die Alb heute vorwiegend Naherholungs- und Rückzugsgebiet, das wenigstens in Teilen noch unverfälschte Natur bietet: steile Felsen und weite Hochflächen, melodische Hügel und markante Kuppen, blühende Trockentäler und tiefe Quelltöpfe, imposante Wasserfälle und dunkle Höhlen, verfallene Burgruinen und herausgeputzte Schlösser, kleine Dorfkirchlein und mächtige Abteien, stille Wanderwege und betriebsame Feriendörfer. Das Landschaftsbild verändert sich aber auch, etwa durch die Mais-Monokultur für Biogasanlagen oder die Windräder zur regenerativen Energiegewinnung. In seinem Aussteigerroman »Das Windrad« hat Peter Härtling das Thema Raubbau an der Natur und Bewahrung der Landschaft bereits 1955 vorweggenommen. Wie Landschaftserleben körperlich und sinnlich funktioniert, wie es sprachlich und bildlich verarbeitet wird, hat die Kulturwissenschaftlerin Carmen Weith in ihrer ethnographischen Studie »Alb-Glück. Zur Kulturtechnik der Naturerfahrung« (2014) untersucht.

Die Wanderer, die an den Wochenenden Felder und Wälder durchstreifen, tun dies gesundheitsbewusst und wissbegierig, aber oft auch mit poetischem Blick für die Schönheiten der Landschaft. Aber was heißt poetischer Blick? Das »landschaftliche Auge«, wie es der »Wanderprofessor« und »Vater der Volkskunde« Wilhelm Heinrich Riehl bezeichnete, hat sich im Lauf der Zeiten verändert, und die Poesie hatte ebenso wie die Bildende Kunst einen wichtigen Anteil daran. Die Dichter und Künstler reagierten auf die sich verändernde Welt; aber sie haben ihrerseits zu Änderungen der Sichtweisen beigetragen. Die schwäbischen Humanisten finden zwar freundliche Worte für die Vielfalt der Natur und für die fleißigen Bewohner; aber sie befestigen auch das Bild von der rauen, der steinigen, wasserarmen Alb mit ihren harten Böden, denen Frucht abgewonnen werden kann,

»doch versagt die Natur an kalten Hängen die Traube,
und man findet hier nicht Bacchus, den freundlichen Gott«

– so übertrug Hans Widmann die um 1500 entstandenen lateinischen Verse des Tübinger Professors Heinrich Bebel. Die Herkunft des Wortes »Alb« ist ungeklärt; möglicherweise bezeichnete es schon vor der Zeit der indoeuropäischen Sprachen Berg und Gebirge. Jedenfalls sind Alb und Alpen verwandt, und bis ins 18. Jahrhundert findet sich auch für das schwäbische Mittelgebirge das lateinische »Alpes« und das deutsche »Alpen«. Auch diese Gleichsetzung zeigt, dass die Unwirtlichkeit im Vordergrund stand.

Eine neue Blickweise, ein neuer Ton entwickeln sich erst Ende des 18. Jahrhunderts, in der Zeit der Aufklärung. Hier setzt auch unsere Sammlung ein. Sie ist allerdings nicht chronologisch geordnet, wir haben eine lockere Gliederung nach Sachgebieten und den bunten Wechsel der Entstehungszeiten vorgezogen. Und wir konnten, um der Vielfalt wenigstens einigermaßen gerecht zu werden, nur Gedichte vollständig abdrucken, mussten uns sonst meist auf Ausschnitte beschränken – die hoffentlich im einen oder andern Fall zur weiterführenden Lektüre anregen.

Friedrich August Köhler, der als Theologiestudent »Eine Albreise im Jahre 1790 zu Fuß von Tübingen nach Ulm« unternahm und beschrieb, vertritt in der Anthologie die Aufklärungsliteratur; mit wachem und genauem Blick notierte er die »Local-Merkwürdigkeiten« in den am Wege liegenden Albdörfern. Ihn interessierte die Kultivierung der Natur, die

Nützlichkeit von Ackerbau und Viehzucht – der Sinn für die Schönheit der Landschaft ist noch kaum entwickelt. Aber fast gleichzeitig wandert der Physikstudent Christoph Heinrich Pfaff »durch einen Theil der schwäbischen Alpe«, und bei ihm klingt deutlich ein neues Naturgefühl an: »Unser Herz suchte vorzüglich auch Genuß. Es war uns hauptsächlich um das reine Vergnügen zu thun, das der Anblick der schönen Natur einem gefühlvollen Herzen in so vollem Maase zu gewaehren im Stande ist.«

Die Perspektive der Aufklärung behält ihre Bedeutung. Es entstehen mehr oder weniger systematische Beschreibungen von Ländern und Regionen; und von den 1820er Jahren an organisiert das Statistische Landesamt in Stuttgart unter Johann Daniel Georg Memminger eine umfassende Landeskunde, die auf den akribischen Oberamtsbeschreibungen aufbaut. Die Poeten lösen sich aber allmählich aus dem Korsett wissenschaftlicher Deskription. Gustav Schwab, dem wir den ersten Wanderführer über die Alb verdanken, gab Hinweise auf die besten Routen, ortskundige Führer und lokalhistorische Daten; aber er streute Gedichte (darunter viele eigene), Lieder und Sagen ein. Das Aufspüren traditioneller »Volkspoesie« und auch deren Neuerfindung breiteten sich im 19. Jahrhundert aus. Der Tübinger Orientalist Ernst Meier legte verschiedene Sammlungen vor, darunter einen Band mit schwäbischen Volksmärchen; und auch der aus Wurmlingen bei Rottenburg stammende katholische Theologe Anton Birlinger lieferte wichtige Beiträge zur Überlieferung auf der Alb. Neuere wissenschaftliche Untersuchungen in diesem Feld betonen den Einfluss der Literatur auf die Sagenwelt, so die Publikationen des Mediävisten und Archivars Klaus Graf. Aber auch die poetische Belebung der Landschaft kann sich an folkloristischen Zeugnissen orientieren wie in dem Buch »Auf mythischen Pfaden« von Felix Huby und Hartwin Gromes. Dies kann fast als Rückkehr zu Schwabs Umgang mit den volkstümlichen Traditionen gesehen werden.

Gustav Schwab darf aber auch als wichtiger Vorläufer der Wanderbewegung betrachtet werden, die 1888 schließlich zur Gründung des Schwäbischen Albvereins führte – er hat heute rund 120 000 Mitglieder, betreut 21 000 Kilometer Wegenetz, unterhält zehn Aussichtstürme und zwölf Wanderheime. Und auch in weniger oder nicht organisierten Formen gehören das Wandern und die Freude an der Vielfalt der Natur zu den beliebten Freizeitaktivitäten.

Die Naturbegeisterung wurde mit angeheizt durch die romantische Wendung der Poesie. Für sie kann dreierlei als charakteristisch herausgestellt werden. Einmal die Hinwendung zum »Malerischen« der Landschaft; die Dichter verbünden sich mit Malern und Zeichnern und lernen von ihnen. Die schöne Aussicht spielt eine immer größere Rolle. Der Blick – und die poetische Schilderung – umfasst dabei ein weites Panorama, wie es in eindrucksvollen Zeichnungen manchmal den Reiseführern beigegeben ist, oder er konzentriert sich durch geschickte Rahmung auf besonders hervorgehobene Teilausschnitte: an der Entstehung der »Sehenswürdigkeiten«, die später touristisch ausgeschlachtet werden, wirken Kunst und Poesie kräftig mit.

Als zweites ist die Entfernung von der nur formelhaften Beschreibung von Naturschönheiten hervorzuheben. Mörikes berühmtes Gedicht »Besuch in Urach« kann hier stellvertretend genannt werden. Es fasst Erscheinungen und Vorgänge der Natur in eigenwillige Sprachbilder, und es nimmt die eigenen Erinnerungen und Gefühle in die Naturbeschreibung auf. Und – das ist die dritte Beobachtung – nicht nur individuelle Befindlichkeiten verbinden sich mit dem Blick auf die Landschaft, sondern auch kollektive geschichtliche Erinnerungen. Uhlands Gedicht »Die Schlacht bei Reutlingen« aus dem Balladenkranz »Graf Eberhard der Rauschebart« gehört sicher nicht zu seinen besten Werken; der Frankfurter Satiriker F. W. Bernstein machte aufgrund dieses martialischen Gedichts den scherzhaft-boshaften Vorschlag, den Dichter in »Blutwig Uhland« umzutaufen. Aber dieses Gedicht zeigt, was die Romantiker mit ihrer Poesie anstrebten: sie schrieben »vaterländische« Gedichte.

Dieses »vaterländisch« konnte sich auf das Land, auf Württemberg, beziehen wie in vielen Gedichten Uhlands oder auch in Wilhelm Hauffs Roman »Lichtenstein« – aber auch ein größeres Vaterland wurde poetisch anvisiert: die deutsche Nation, deren künftige Gestalt umstritten war, die aber jedenfalls politisch angestrebt wurde. Diese nationale Ausrichtung bestimmt vor allem die Dichtungen, die um den Hohenstaufen kreisen. Die Zeit der staufischen Kaiser ist dabei historischer Halt und Entwurf für die Zukunft; mit großem Pathos wird die Vision des künftigen Reichs an die große schwäbisch-deutsche Vergangenheit geknüpft. Es ist die Ausnahme – und fällt auch schon in eine spätere Epoche – wenn Wilhelm Raabe den Staufer- und Staufenkult ironisch unterläuft, indem er den nahezu heiligen Berg den trivialen und standardisierten Empfindungen von zwei Touristinnen aussetzt.

Wie Dichtung die Wirklichkeit beeinflusst und verändert, lässt sich am Beispiel des Lichtensteins verfolgen. Hauffs Roman lenkte die Aufmerksamkeit auf die Reste der Burg und das neue Forsthaus hoch über dem Echaztal, und Maler wie Jakob Müller oder Louis Mayer wurden angeregt, das schicksalhafte Geschehen in dramatischen Naturbildern zu verdichten. Schließlich entstand der Plan, die Burg Lichtenstein neu aufzubauen, und 1841 konnte das Schloss tatsächlich eingeweiht werden. Aber es war – deutlicher noch als beim nach der Jahrhundertmitte ausgebauten Hohenzollern – ein ganz neuer Stil, der bei aller herrschaftlichen Ausstrahlung idyllische Züge aufweist. Diese Tendenz charakterisierte in ihrem Übergang zum Biedermeier auch die Dichtung – mit wenigen charmanten Beispielen, zu denen zweifellos Mörikes Märchen gehören, aber auch mit vielen epigonalen Produkten.

In der Zeitdichtung der Revolutionsjahre traten die Bedeutung der Landschaft und auch die regionale Orientierung zurück. Am ehesten noch rückten Naturgegebenheiten und die Bearbeitung der Natur in geschichtlichen Darstellungen in den Vordergrund – wie in der Geschichte des Bauernkriegs, die der Pfarrer und Historiker Wilhelm Zimmermann schrieb. Die Mehrzahl der Dichtungen propagierte nun auch dort, wo sie historisch ansetzte, ein weitgehend ahistorisches Verständnis der Natur und des Lebens mit der Natur. Die gesellschaftliche und wirtschaftliche Entwicklung, die alles in Bewegung setzt, weckt Kompensationsbedarf; parallel zum eigentlichen Naturschutz entsteht eine Art poetischer und künstlerischer Naturschutz, in dem die Ruhe, das Gleichmaß, die Verlässlichkeit naturnahen Lebens hervorgehoben werden. Bauern und manchmal auch Schäfer oder dörfliche Handwerker werden zu Lieblingsfiguren der Poeten; in kleinen Alltagsskizzen und in Anekdoten werden ihre Arbeit und ihre Lebensart geschildert.

Dies ist allerdings nicht das letzte Wort, nicht die jüngste Station der poetischen Albgeschichte. Wo die Historie ins Spiel gebracht wird, rücken unkonventionelle Bilder und Entwicklungsbrüche in den Vordergrund. Gabriele Loges schildert in ihrem Roman »Paris, Sigmaringen« (2013) den Ausbruch der Fürstin Amalie Zephyrine aus dem Sigmaringer höfischen Korsett ins revolutionäre Paris. Ein sehr viel jüngerer Brennpunkt der Sigmaringer Geschichte wurde vor allem von französischen Autoren aufgenommen: die Verlagerung des Vichy-Regimes unter Marschall Pétain nach Hohenzollern.

Der irrlichternde antisemitische Dichter Louis-Ferdinand Céline, der als Arzt mit an die Donau kam, beschrieb diese Episode in zynisch-atemlosen Satzcollagen in dem Roman »D'un chateau à l'autre« (1957; deutsch 1960 »Von einem Schloss zum andern«), und neuerdings griff Pierre Assouline das Thema auf in dem Roman »Sigmaringen«. Die Geschichte begeistert nicht mehr mit farbigen Abenteuern und pathetischen Höhepunkten, sie zeigt ihre Narben und offenen Wunden; die Verbrechen der nationalsozialistischen Zeit und die Unmenschlichkeit der Kriege werden nicht ausgespart, sondern drängen sich der dichterischen Gestaltung auf.

Die Alblandschaft wird aber nicht nur historisch neu belebt. Sie ist auch Schauplatz des Genres der Regionalkrimis, wo die Belebung allerdings darin besteht, dass bald kein Waldstück mehr frei ist von einem literarischen Mordopfer. Lebenswelt und Erfahrungsraum der Alb kommen trotzdem zur Geltung – deutlicher freilich in journalistischen Arbeiten und Reiseschilderungen. Auch Bildbände und Beiträge in Magazinen, Prosaskizzen und Gedichte, zeigen einen neuen Blick auf die Natur und auch auf die Lebensweise der Älbler. Die Kargheit und manchmal das Elend des einfachen Lebens werden hervorgehoben; und wenn nostalgische Wendungen auch keineswegs fehlen – im Mittelpunkt steht die schlichte Bemühung der Menschen, mit Widerspenstigkeiten, mit äußeren und inneren Nöten fertig zu werden.

Der Albnatur, früher bei aller Schroffheit und Kälte meist freundlich eingemeindet, wird jetzt ihre Fremdheit belassen. Mörike blickt mit seinem Hutzelmännlein von der Bempflinger Höhe auf die Alb, sieht sie »als eine wundersame blaue Mauer ausgestreckt« und denkt an »die schönen blauen Glasberge«, hinter denen, wie man den Kindern sagte, »der Königin von Saba Schneckengärten liegen«. Jetzt, in den Gedichten von Peter Härtling, Margarete Hannsmann, Helmut Pfisterer etwa, behält die mächtige Mauer der Alb etwas Abweisendes, und weniger die Baumblüte im Frühjahr als die Gewalt des Winters fasziniert die Künstler und Dichter.

So weist die Alb von sich weg und lässt einen doch nicht los. HAP Grieshaber, der auf der Alb das Land der Griechen mit der Seele suchte, schrieb dazu 1971 die nachdenklich einfühlsamen Sätze: »Vielleicht muss man über Ödflächen und verlassene Schafweiden reiten, um die Sehnsucht wiederzufinden, welche die Staufer nach dem Süden gezogen hat. Jene innere Gespanntheit, die man braucht, um eine Landschaft zu erfahren, das, was einen in die Ferne zieht und gleichzeitig zum Verharren zwingt. Ein Stück Land, in das man kein Haus hineinbauen möchte und in dem man doch bleiben muss, weil das Leben nicht ausreicht, Wacholderheide und Wiesental in sich aufzunehmen. Wo man nie weiß, wo eigentlich Heimat ist.«

*

HAP Grieshaber zitiert auch den Malerkollegen Wilhelm Laage mit den Worten »Die Alb hat ihren Meister noch nicht gefunden.« Das ist ein Impuls, der den Blick von Künstlern, Malern so gut wie Literaten, immer wieder auf die Alb gelenkt hat. *Ein* Meister hat sich dabei nicht herauskristallisiert, aber bei vielen der in diesem Band vorgestellten Autorinnen und Autoren finden sich meisterliche Ansätze, interessante und gefällige Annäherungen an das Geheimnis der Alb. Die Arbeiten spiegeln die Veränderungen, denen die Alblandschaft und ihre Menschen im Gang der Zeiten unterworfen waren; und sie zeigen den Wandel der Perspektvien – die sich ständig verändernden Sehweisen. Deshalb lässt sich diese Anthologie auch fortschreiben. Diese Neuauflage wurde ergänzt durch ältere Fundstücke ebenso wie durch Texte, die in jüngster

Zeit entstanden, alle ausgerichtet auf die Hochfläche hinter der »wundersamen blauen Mauer« und die eingeschnitteten Täler, auf die bunter gewordene Schar der Bewohner, ihre Lebensweisen und Eigentümlichkeiten.

Verzeichnis der Autoren

Becher, Johannes R.: geboren 1891 in München, gestorben 1958 in Berlin. Verfasser expressionistischer Lyrik und eines Antikriegsromans, Engagement in der Kommunistischen Partei; in den 1920er Jahren regelmäßige Besuche beim Kreis der Uracher Lebensreformer, an die er später mit dem Gedichtzyklus »Urach oder der Wanderer aus Schwaben« erinnerte. Während des Dritten Reichs in Moskau Chefredakteur einer Exilzeitschrift, danach Politiker der DDR, für die er den Text zur Nationalhymne schrieb, zuletzt Kulturminister (»›Roter Verschwörerwinkel‹ am ›Grünen Weg‹. Der ›Uracher Kreis‹ Karl Raichles: Sommerfrische für Revolutionäre des Worts 1918-1931«, hrsg. von der Stadt Bad Urach anläßlich der Heimattage Baden-Württemberg zur Ausstellung im Haus am Gorisbrunnen 24. August bis 22. September 1991. © Aufbau Verlag GmbH & Co. KG, Berlin 1946, 2008).

Bischoff-Luithlen, Angelika: geboren 1911 in Ludwigsburg, gestorben 1981 in Blaubeuren. Nach dem Kriegstod ihres Manns Leben auf der Alb mit vier Kindern; 1958 erstes Buch: »Von Land und Leuten der Alb«, daraus: »Auf vertrautem Fuß« (Schwäbischer Albverein, Stuttgart 1958); in den 1960er Jahren Studium der Volkskunde und Geschichte in Tübingen, danach Betreuung von Gemeindearchiven des Kreises Reutlingen und Veröffentlichung neuer Erkenntnisse über das alte Dorfleben in drei Büchern, darunter »Der Schwabe und die Obrigkeit«, daraus: »Fremdes Blut in schwäbischen Adern« (Konrad Theiss Verlag, Stuttgart und Aalen 1978, 8. Auflage 1998 © WBG, Darmstadt).

Blau, Sebastian, Pseudonym von *Josef Eberle:* geboren 1901 in Rottenburg am Neckar, gestorben 1986 in Samedan/Graubünden, begraben in Rottenburg. Gelernter Buchhändler, ab 1924 erste Gedichte, Glossen, Satiren in Erich Schairers »Sonntags-Zeitung«, von 1927 an Leiter der Vortragsabteilung des Süddeutschen Rundfunks, lehnte die Übertragung einer Hitler-Rede ab, 1933 aus politischen Gründen entlassen, Schreib- und Veröffentlichungsverbot. Nach dem Krieg Gründer und Herausgeber der »Stuttgarter Zeitung«. Deftige bis filigrane schwäbische Mundartgedichte unter dem Pseudonym Sebastian Blau. »Dr Schäfer« (1934), aus: Sebastian Blau: »Die Gedichte«, hg. von Eckart Frahm und Rolf Schorp (© Klöpfer & Meyer Verlag / Stadt Rottenburg 2010).

Brants, Walter: geboren 1930 in Osnabrück, gestorben 2014 in Pliezhausen; nach einer Tätigkeit als Schriftsetzer Lehrer und zuletzt Rektor der Grund- und Hauptschule in Riederich. Er veröffentlichte heimatkundliche Beiträge, erzählende Prosa und Lyrik. »HAP Grieshabers Haus« (© Walter Brants Erben) ist dem Gedichtband »Achalm« (Sternberg Verlag, Metzingen 1999) entnommen.

Christ, Jan: geboren 1934 als Christian Hoffmann in Genthien/Mark Brandenburg. Wuchs während des Zweiten Weltkriegs im besetzten Polen und nach 1945 in Ostdeutschland auf, arbeitete als Dreher, Schauspieler, Buchhändler. 1957 verließ er die DDR, studierte an der PH Göttingen und war im niedersächsischen Schuldienst tätig. Seit 1974 ist er freier Schriftsteller, schreibt Romane, Erzählungen, lyrische Zyklen, Theaterstücke, Hörspiele. Christ lebte einige Jahre in Undingen auf der Schwäbischen Alb, seit 2005 wohnt er in Berlin. »Wortkarg am Kältepol« ist unter dem Titel »Ansichten von der Alb« erschienen in der »Stuttgarter Zeitung« 292/18.12.1993 (© Jan Christ, Berlin).

Conard, Nicholas John: geboren 1961 in Cincinatti, Ohio. Breit angelegte Studien in den U.S.A., in Freiburg und Köln; 1990 Doctor of Philosophy der Yale University. Seit 1995 Professor der Universität Tübingen, wo er als Direktor des Instituts für Ur- und Frühgeschichte die Fortführung der archäologischen Grabungsarbeiten auf der Alb leitet, aber auch die frühe Menschheitsentwicklung in anderen Weltregionen untersucht. Zu Jürgen Wertheimers Roman »Die Venus aus dem Eis« steuerte er die Dokumentation gesicherter Forschungsergebnisse bei.

Crusius, Martin: geboren 1526 bei Bamberg, gestorben 1607 in Tübingen, wo er nach Tätigkeiten als Hofmeister und Lehrer an verschiedenen Orten Professor für Griechisch, Latein und Rhetorik war. Seinen Namen *Martin Kraus* übersetzte er im Stil der Humanisten. Neben altphilologischen Arbeiten schrieb er die im 18. Jahrhundert ins Deutsche übersetzten »Annales Suevici«.

Demuth, Volker: geboren 1961 in Laupheim. Studium der Literaturwissenschaft und Geschichte; Promotion. Freier Schriftsteller und Rundfunkjournalist; einige Jahre Professor für Medientheorie und Mediengeschichte in Schwäbisch Hall. Mehrere Lyrik- und Essaybände. »Späte Bebilderung eines Tags« aus: »Bewirtschaftung der Kälte« (Verlag Ulrich Keicher, Warmbronn o.J. © Volker Demuth). Volker Demuth lebt in Berlin.

Dorpat, Draginja, Pseudonym von *Sophie Ruth Knaak:* geboren 1932 in Ravensburg. Studium von Politik, Geschichte und Philosophie;

wissenschaftliche Assistentin bei Prof. Theodor Eschenburg. Nach dem Roman »Ellenbogenspiele« aus dem studentischen Milieu Veröffentlichung von zwei Büchern der Naturheilkunde und von zwei autobiographisch geprägten Romanen, darunter »Und zu Küssen kam es kaum« (Klöpfer & Meyer Verlag, Tübingen 2003. © Sophie Ruth Knaak), in dem sie auch schildert, wie ihre Großmutter von der Begegnung mit Matthias Erzberger erzählt. Draginja Dorpat lebt in Aalen.

Dürrson, Werner: geboren 1932 in Schwenningen, gestorben 2008 in Neufra. Nach einer Handwerkslehre Studium am Musiklehrerseminar in Trossingen, danach Studium von Germanistik, Romanistik und Musikwissenschaft in Tübingen, Promotion. Von 1962 bis 1978 Dozent in Poitiers und Zürich, seitdem freier Schriftsteller und Übersetzer. Zahlreiche Lyrik- und einzelne Essaybände; 2007 Veröffentlichung des autobiographischen Romans »Lohmann oder Die Kunst sich das Leben zu nehmen«. Die Texte sind dem Band »Ausgewählte Gedichte« (Rospo Verlag, Hamburg 1995. © Angelika Eichhorn) entnommen.

Eyth, Max: geboren 1836 in Kirchheim unter Teck, gestorben in Ulm 1906. Der Vater war Ephorus des Evangelischen Seminars in Schöntal, wo Max Eyth seine Kindheit verbrachte. Es folgten Schule und Lehrzeit in einer Maschinenfabrik in Heilbronn und das Maschinenbau-Studium in Stuttgart. 1862 begann der Berufsweg als Auslandsvertreter einer englischen Dampfpflugfabrik. Eyth kam nach Ägypten, in asiatische Länder und in die Vereinigten Staaten; seine erfolgreichen Reiseberichte (»Hinter Pflug und Schraubstock«, 1899) schmückte er phantasievoll aus. Nach zwanzig Jahren kehrte er nach Deutschland zurück und gründete die Deutsche Landwirtschaftsgesellschaft in Berlin. Das letzte Lebensjahrzehnt verbrachte er in Neu-Ulm und Ulm, wo er in Essays und Vorträgen zwischen der technischen und der humanistischen Kultur vermittelte. Der Roman »Der Schneider von Ulm«, in dem er auch an die Arbeit des Vaters von Berblinger in Ochsenwang erinnert, erschien postum 1906.

Fabri, Felix: geboren um 1440 in Zürich, gestorben 1502 in Ulm. Dominikanermönch und Schriftsteller. Predigten, Traktate, Pilgerbücher, »Historia Suevorum« 1488.

Finckh, Ludwig: geboren 1876 in Reutlingen, gestorben 1964 in Gaienhofen, beigesetzt am Fuß der Reutlinger Achalm. Arzt, Naturschützer und Schriftsteller (»Der Rosendoktor«) mit teils schwärmerischschwülstigen Sprachbildern. Befreundet mit Hermann Hesse, der Finckhs Nähe zu den Nazis als »blinde Hitlerschwärmerei« scharf verurteilte. Der Text aus »Die Reise nach Tripstrill« (1910) ist erschienen in: »Ausgewählte Werke I« (Verlag Silberburg, Stuttgart 1956. © T. von Kutzleben, Bräunlingen).

Gaiser, Gerd: geboren 1908 in Oberriexingen, gestorben 1976 in Reutlingen, wo er als Professor für Kunst an der Pädagogischen Hochschule tätig war. Der 1955 erschienene Roman »Das Schiff im Berg« (Carl Hanser Verlag, München 1955. © Verena Förster, Erbengemeinschaft Gerd Gaiser), dem die Texte »Das Wasser« und »Kätherlens Loch« entnommen sind, schildert die Geschichte eines Albbergs von den Anfängen an, aber mit dem Akzent auf dem Schicksal der Bewohner in der letzten Phase des Zweiten Weltkriegs und der Zeit danach. Diese Zeit wird auch in Gaisers anderen Romanen und Erzählungen eindringlich geschildert.

Goethe, Johann Wolfgang: geboren 1749 in Frankfurt a.M., gestorben 1832 in Weimar. Der abgedruckte Text, vermutlich dem mitreisenden Schreiber diktiert, hält nüchtern die Eindrücke eines Tages fest.

Grieshaber, Helmut Andreas Paul (HAP Grieshaber): geboren 1909 in Rot an der Rot, gestorben 1981 in Eningen unter Achalm. Schule und Lehrzeit als Schriftsetzer großenteils in Reutlingen, von 1926 bis 1931 Kunststudien in Stuttgart, London, Paris; anschließend Reisen nach Ägypten und Griechenland. Im Nationalsozialismus Berufsverbot, Hilfsarbeiten in Reutlingen, 1940 bis 1946 Wehrmacht und Kriegsgefangenschaft. Von 1947 an Arbeit in seinen Atelierräumen an der Achalm; Lehrtätigkeit an der Bernsteinschule bei Sulz und an der Kunstakademie Karlsruhe, große Ausstellungen und zahlreiche Auszeichnungen für sein Holzschnittwerk. Grieshaber war einer der bedeutendsten Künstler der Nachkriegszeit, hat aber zu den Buchveröffentlichungen seiner Bilder auch immer wieder poetische Texte beigesteuert. Der Text »Die Rauhe Alb« ist abgedruckt in: »Grieshaber zu Eningen Achalm« (Gemeinde Eningen, 1979).

Griesinger, Carl Theodor: geboren 1809 in Kirnbach, gestorben 1884 in Stuttgart. Zunächst Geistlicher, dann Schriftsteller, Redakteur der Zeitschrift »Der schwäbische Humorist« und des demokratischen Blattes »Die Volkswehr«. Wegen seiner Beteiligung an der Revolution 1848 inhaftiert, wanderte in die USA aus, kehrte 1857 nach Württemberg zurück. »Der Württemberger am Pfingstmontag« aus: »Humoristische Bilder aus Schwaben«, Heilbronn 1839. Von ihm stammt auch die satirische Typologie »Der Aelpler«.

Haasis, Hellmut G.: geboren 1942 in Mühlacker, lebt als Schriftsteller und Verleger in Betzingen bei Reutlingen. Bücher u.a. über die Geschichte der Freiheitsbewegungen, die deutschen Jakobiner, die Edelweißpiraten, Joseph Süß Oppenheimer. »Georg Elsers Herkunft« ist unter dem Titel »Jugend und Berufsjahre in Königsbronn« erschienen in: »›Den Hitler jag' ich in die Luft‹. Der Attentäter Georg Elser. Eine Biographie« (© Edition Nautilus, Hamburg 2009 – vollständig überarbeitete Neuauflage der Erstausgabe von 1999).

Härtling, Peter: geboren 1933 in Chemnitz. Er kam nach dem Krieg nach Nürtingen, wo er das Gymnasium besuchte und bald journalistisch tätig wurde. Er war fünf Jahre Geschäftsführer des S. Fischer Verlags und ist seit 1974 freier Schriftsteller. Den frühen Gedichtbänden folgten bald äußerst erfolgreiche Romane, in denen er meist entscheidende Lebensphasen berühmter Künstler phantasievoll ausmalt. Er schrieb auch zahlreiche Kinder- und Jugendbücher, Essays und weitere Gedichtbände; zu seinen dramatischen Entwürfen gehört die »Melchinger Winterreise«, geschrieben für das Lindenhof-Theater. »Die Alb« ist dem Gedichtband »Horizonttheater. Neue Gedichte« (© 1997, Verlag Kiepenheuer & Witsch GmbH & Co. KG, Köln / Germany) entnommen, »Der Wanderer« erschien in: »Peter Härtling. Werke«, Bd. 7, hrsg. von Klaus Siblewski (© 1997, Verlag Kiepenheuer & Witsch GmbH & Co. KG, Köln / Germany).

Hannsmann, Margarete: geboren 1921 in Heidenheim, gestorben 2007 in Stuttgart. Nach der Ausbildung zur Schauspielerin Heirat mit einem Verleger; nach dessen Tod Arbeit in verschiedenen Sparten (u.a. als Puppenspielerin) und beim Rundfunk. Freie Schriftstellerin, bekannt vor allem durch ihre Lyrikbände. Nach 1967 Lebensgefährtin von HAP Grieshaber – eine Begegnung, die sie dichterisch nachzeichnete in: »Pfauenschrei. Die Jahre mit HAP Grieshaber« (1986). »Landschaft« aus: »Spuren« (Claassen, Hamburg und Düsseldorf 1981 © Margarete Hannsmann Erben). Die Texte »Schwäbischer Jura«, »Hohenstaufen« und »Zwiefalten« sind aus dem gemeinsam mit Grieshaber publizierten Band »grob, fein & göttlich« (Claassen, Hamburg und Düsseldorf 1970 © Margarete Hannsmann Erben).

Hauff, Wilhelm: geboren 1802 in Stuttgart, gestorben ebenfalls in Stuttgart 1827. Nach dem Gymnasium in Tübingen besuchte Hauff die Klosterschule Blaubeuren und schloss das Studium am Tübinger Stift mit dem Dr. phil. ab. Er war Hauslehrer und Redakteur, noch nicht 25-jährig starb er an einem Nervenfieber. Obwohl ihm nur wenige Jahre vergönnt waren, hinterließ er ein riesiges Werk: Erzählungen,

Satiren, Romane. Am bekanntesten sind seine Märchen geworden – und der »Lichtenstein«, mit dem er die deutsche Tradition historischer Romane begründete und außerdem indirekt den Ausbau des Schlosses Lichtenstein provozierte, das 1841 fertiggestellt wurde.

Heim, Uta-Maria: geboren 1963 in Schramberg im Schwarzwald. Nach dem Studium der Literaturwissenschaft und Soziologie in Freiburg und Stuttgart arbeitete sie als Kritikerin bei der »Stuttgarter Zeitung« und schrieb Gedichte, Hörspiele und Theaterstücke. Bekannt wurde sie mit subtilen gesellschaftskritischen Kriminalromanen, für die sie viele Preise erhielt. »Von wegen Natur« ist ein Ausschnitt aus dem Roman »Wem sonst als Dir.« (© Klöpfer & Meyer, Tübingen 2013), der in eigenwilliger Sprache die beschädigte Landschaft der Alb wie auch die gleichermaßen kontaminierte Gesellschaft skizziert.

Herzog, Werner: geboren 1942 in München, lebt in Los Angeles. Der Film- und Opernregisseur, Schauspieler und Schriftsteller (»Die Eroberung des Nutzlosen«, 2004) gehört zu den wichtigsten Vertretern des »Neuen Deutschen Films«. Drehte über sechzig Spiel- und Dokumentarfilme, darunter mit Klaus Kinski »Fitzcarraldo« (1982). Im November/Dezember 1974 ging Herzog in 22 Tagen zu Fuß von München nach Paris, um die kranke Filmkritikerin und Filmhistorikerin Lotte Eisner zu besuchen, »in dem sicheren Glauben, sie werde am Leben bleiben, wenn ich zu Fuß käme«. Auf seinem Weg, den er in dem Buch »Vom Gehen im Eis« (© Carl Hanser Verlag, München 2012; daraus »Im Schneesturm«) beschreibt, passierte er auch die Alb. Herzogs rätselhafter Satz »In Genkingen schlagen seit Jahren die Türen im Wind« inspirierte die Regisseure Valentin Kemmner und Erol Papic zum Film »Genkingen – ein schwäbisches Volksmärchen«, in dem Genkinger Einwohner in Anlehnung an eine Szene aus »Fitzcarraldo«, in der Ureinwohner ein Schiff im peruanischen Dschungel über einen Berg hieven, ein Boot den sommerlichen Skihang hinaufziehen.

Hinkelbein, Susanne: geboren 1953 in Stuttgart, studierte Klavier, Germanistik, Psychologie und Philosophie, war musikalische Leiterin am Landestheater Tübingen und am Schauspiel Köln. Seit 1990 lebt und arbeitet sie als freie Komponistin und Autorin auf der Alb. Schreibt Bühnen- und Filmmusiken, Opern, Chorwerke, Lieder und musikalische Installationen im öffentlichen Raum wie »10.654: Signalkette Grafeneck-Zwiefalten«. Das Stück »Arche Konrad« (© Susanne Hinkelbein, 2012) mit der Szene »Ödenturm« wurde am Theater Lindenhof Melchingen uraufgeführt. Es dreht sich um eine Art Narrenschiff, auf das sich vier Älbler vor der Sintflut retten.

Hölderlin, Friedrich: geboren 1770 in Lauffen am Neckar, gestorben 1843 in Tübingen. Er besuchte die Lateinschule in Nürtingen und die Klosterschulen Denkendorf und Maulbronn; im Tübinger Stift war er während des Studiums mit Hegel und Schelling eng befreundet. Als Hauslehrer war er in Waltershausen und später in Frankfurt, wo er sich in Susette Gontard verliebte, seine Diotima. Er musste die Stelle aufgeben, war wiederum Hauslehrer in der Schweiz und danach in Bordeaux, nach einer Zwischenphase bei der Mutter in Nürtingen war er Hofbibliothekar in Homburg, von wo er krank nach Tübingen kam. Nach einem Klinikaufenthalt lebte er 36 Jahre in einer Turmstube über dem Neckar; Art und Grad seiner Verwirrung sind umstritten, jedenfalls schrieb er auch in dieser Phase noch bedeutende Dichtungen. Die schwäbische Landschaft, die er manchmal mythisch überhöhte, war vor allem in der Zeit um 1790 ein wichtiger Gegenstand für ihn. Der fragmentarische Entwurf »An meine Schwester« dürfte etwas später entstanden sein.

Höslin, Jeremias: geboren 1722 in Wippingen, gestorben 1789 in Böhringen. Evangelischer Pfarrer in Suppingen und Böhringen. Poet, Meteorologe, Landwirt. »Beschreibung der Wirtembergischen Alp, mit landwirtschaftlichen Bemerkungen« 1798.

Huby, Felix, Pseudonym von *Eberhard Hungerbühler:* geboren 1938 in Dettenhausen bei Tübingen, lebt in Berlin. Zunächst Lokalredakteur bei der »Schwäbischen Donauzeitung«, dann Korrespondent des »Spiegel« für Baden-Württemberg. Schreibt seit 1976 Kriminalromane, in denen der Stuttgarter Kommissar und Viertelesschlotzer Bienzle heimatkundig ermittelt, »Tatort«-Drehbücher (Schimanski, Palu), auch seine autobiografischen, bei Klöpfer & Meyer publizierten Romane »Heimatjahre« (2014) und »Lehrjahre« (2016) spielen auf der Alb und im Albvorland. »Bienzle und die schöne Lau« ist dem gleichnamigen Buch entnommen (Rowohlt Taschenbuchverlag, Reinbek bei Hamburg 1985. © Felix Huby, Berlin).

Kerner, Justinus: geboren 1786 in Ludwigsburg, gestorben 1862 in Weinsberg, studierte Medizin und Naturwissenschaften in Tübingen, praktizierte von 1810 an als Arzt, von 1819 an in Weinsberg, wo er auch psychisch Kranke behandelte und wo sein Haus zu einem Treffpunkt von Dichtern und Künstlern wurde. Er schrieb Bücher und Aufsätze zu okkultistischen Problemen, kleine Dramen und viele Gedichte, von denen »Preisend mit viel schönen Reden« zu einer Art schwäbischen Nationallieds geworden ist. Das Gedicht »Hohenstaufen« entstand 1813.

Knubben, Thomas: geboren 1960 in Rottweil, lebt in Ravensburg und lehrt in Ludwigsburg. Studierte in Tübingen und Bordeaux Geschichte, Germanistik, Empirische Kulturwissenschaft. Danach war er Kulturreferent in Fellbach und Ravensburg, seit 2003 ist er Professor für Kulturwissenschaft und Kulturmanagement an der Pädagogischen Hochschule Ludwigsburg. »Winterreise« ist dem Buch »Hölderlin. Eine Winterreise« entnommen (© Klöpfer & Meyer Verlag, Tübingen 2011/2012); im gleichen Verlag ist 2015 auch »Mesmer oder Die Erkundung der dunklen Seite des Mondes« erschienen.

Köhler, Friedrich August: geboren 1768 in Hornberg, gestorben 1844 in Marschalkenzimmern bei Sulz am Neckar, wo er vierzig Jahre lang evangelischer Pfarrer war. »Vorrede«, »Zweiter Tag, den 24. September«, »Vierter Tag, den 26. September« aus: Eckart Frahm, Wolfgang Kaschuba, Carola Lipp (Hg.): »Friedrich A. Köhler: Eine Albreise im Jahre 1790 zu Fuß von Tübingen nach Ulm«, Verlag Tübinger Texte, Tübingen 1978; Neuauflage Elster Verlag, Moos 1984 (© Eckart Frahm, Rottenburg; Wolfgang Kaschuba, Berlin; Carola Lipp, Göttingen), einem editorisch vorbildlichen Lesebuch zur historischen Landschaft der Schwäbischen Alb mit zahlreichen kundigen Stichworten wie Armut oder Zehnter, Tracht oder Gesundheitswesen.

König, Wilhelm: geboren 1935 in Tübingen, aufgewachsen in Kappishäusern und Dettingen/Erms, lebt in Reutlingen. Künstlerischer Leiter der »Reutlinger Mundart-Wochen«, Gründer der Mundartgesellschaft Württemberg, Herausgeber der Mundartzeitschrift »Schwädds«. Lyrik meist in kernigem schwäbischem Dialekt (»A Gosch wia Schwärt«), Hörspiele, Theaterstücke sowie Romane (u.a. »Näher zum Himmel oder der Fall Karl Simpel«). »Landschaft 2« aus: »Dees ond sell. Gleichvill ussm Läaba ond firs Läaba. Gedichte in mittelschwäbischer Mundart« (Verlag Karl Knödler, Reutlingen 1975. © Wilhelm König, Reutlingen).

Kurz, Hermann: geboren 1813 in Reutlingen, gestorben 1873 in Tübingen, studierte im Tübinger Stift und legte ein theologisches Examen ab, arbeitete dann aber als Journalist, Dichter und Übersetzer in Stuttgart. Seine politischen Schriften und seine Tätigkeit als Redakteur des regierungskritischen »Beobachters« brachten ihn 1851 auf den Hohenasperg. Auch seine Romane – »Schillers Heimatjahre« und »Der Sonnenwirt« – enthalten eine sozialkritische Note; in einer Reihe von Erzählungen zeichnet er Szenen aus dem bürgerlichen und bäuerlichen Leben seiner Zeit. In »Die beiden Tubus« schildert er die Begegnung von zwei schwäbischen Pfarrern, die sich zuerst über eine beträchtliche Entfernung mit Hilfe von »Tubus«, Ferngläsern, entdecken.

Lämmle, August: geboren 1876 in Oßweil bei Ludwigsburg, gestorben 1962 in Leonberg, war Volksschullehrer an verschiedenen Orten, übernahm später die Cannstatter Volkshochschule und leitete die Landesstelle für Volkskunde. Er vertrat aktiv die Volkstumsideologie des Nationalsozialismus. Die meisten seiner zahlreichen Geschichten und Gedichte erzählen in freundlicher Einfärbung vom dörflichen Leben im Schwabenland. Die Geschichte vom Blaubeurer Amtsschreiber gehört zu seiner Sammlung »Der Herrgott in Allewind. Die Geschichten von August Lämmle« (Fleischhauer & Spohn. Stuttgart 1949. © August Lämmle Erben).

Langer, Christine: geboren 1966 in Ulm. Freie Kulturjournalistin, Herausgeberin der Literaturzeitschrift »Konzepte«; lebt in Ulm. Publikation von Lyrik in Zeitschriften, Anthologien und Gedichtbänden, zuletzt »Jazz in den Wolken« (Klöpfer & Meyer Verlag, Tübingen 2015). Der hier abgedruckte Text »Jungmoos« stammt aus »Lichtrisse« (© Klöpfer & Meyer Verlag, Tübingen 2007).

Lenz, Hermann: geboren 1913 in Stuttgart, gestorben 1998 in München. Im Mittelpunkt seines Werks steht ein großer autobiographischer Roman-Zyklus (Erster Band: »Verlassene Zimmer«) mit Eugen Rapp als alter ego. »Erinnerung ans Wandern« aus: »Merian. Schwäbische Alb« 5/35. Jg., 1982 (© Jahreszeiten Verlag, Hamburg).

Loges, Gabriele: geboren 1957 in Horb-Dettingen, Studium der Germanistik und Philosophie in Tübingen; nach 1988 zwei Jahrzehnte Leiterin der Stadtbibliothek Gammertingen. Seit 2009 freie Autorin und Bibliothekarin. »Spitze Dächer« ist ein Auszug aus ihrem Erzählungsband »Der Tisch des Dichters« (© Geest-Verlag, Vechta 2004), dem 2007 der Band »Hier wie anderswo – Geschichten aus Hettingen« folgte. Und 2013 erschien bei Klöpfer & Meyer der Roman »Paris, Sigmaringen oder Die Freiheit der Amalie Zephyrine von Hohenzollern«.

Majer, Johann: geboren 1641 in Blaubeuren, gestorben 1712 in Murrhardt. Theologiestudium in Tübingen, Geistlicher in St. Georgen, Laichingen, Dußlingen, Walddorf, Murrhardt. Bedeutender Kartograph, Kartierung des Herzogtums Württemberg. In der Beschreibung einer Kometenerscheinung von 1681 verwendet er erstmals den Begriff »Schwäbische Alb«, der sich erst im 19. Jahrhundert durchsetzt.

Mörike, Eduard: geboren 1804 in Ludwigsburg, gestorben 1875 in Stuttgart. Mörike studierte in Urach und Tübingen Theologie; seine »Vikariatsknechtschaft« führte ihn in elf verschiedene Orte, ehe er Pfarrer in Cleversulzbach wurde. Aus gesundheitlichen Gründen, aber mitbestimmt durch eine gewisse Distanz zum theologischen Auftrag, ließ er sich mit 39 Jahren pensionieren. Er lebte unter schwierigen Bedingungen, unterstützt von Freunden, an mehreren Orten, bis er einen kleinen Lehrauftrag am Stuttgarter Königin-Katharina-Stift übernahm. In Mörikes – überschaubarer – Dichtung nehmen die Gedichte den höchsten Rang ein. Sein populärstes Märchen, von Felix Huby in einer dramatisierten Fassung aufs Theater gebracht, ist »Das Stuttgarter Hutzelmännlein«, das die Geschichte von der im Blautopf lebenden schönen Lau enthält.

Munz, Alfred: geboren 1924 in Upfingen. Lehrer in Hundersingen, Schulleiter in Onstmettingen, zuletzt Regierungsschuldirektor im Oberschulamt Münsingen. Bücher über Philipp Matthäus Hahn, für den er das Museum in Albstadt-Onstmettingen konzipierte, Gedichte, Erzählungen und Miniaturen über Land und Leute der Alb. Die Skizze vom Flugtag aus: »Schwäbisches Kaleidoskop« (Frieling Verlag, Berlin 1999. © Alfred Munz, Albstadt).

Napf, Karl, Pseudonym von *Ralf Jandl:* geboren 1942 in Hirschberg, 27 Jahre lang Ministerialbeamter, bis 2008 Redaktion des »Schwäbischen Heimatkalenders«. Lebt in Nordstetten, schreibt Bücher, Satiren, Hörspiele. »Der Daimler-Arbeiter« aus: »Der neue Schwabenspiegel« (Konrad Theiss Verlag, Stuttgart 1989. © Karl Napf, Horb).

Neubronner, Eberhard: geboren 1942 in Ulm. Zunächst Seemann, dann Fotograf, Kameramann, Redakteur der »Südwest Presse«, Radioreporter, seit 1990 freier Schriftsteller. »Frühe Zeit, karge Zeit« aus: »Der Herrgott weiß, was mit uns geschieht«. Die Schwestern von der Albmühle« (mit Rudolf Werner; © Silberburg-Verlag GmbH, Tübingen 2007). Die Sägemühle im oberen Lauchertal bei Hörschwag wurde bereits 1406 urkundlich erwähnt.

Ott, Franz Xaver: geboren 1962 in Hayingen, lebt in Tübingen. Autor, Regisseur, Dramaturg, Schauspieler, Mitglied des Regionaltheaters Lindenhof Melchingen. »Über die Dörfer oder einmal ab Stuttgart und retour« aus: »Hoimataberau. Schwäbische Tüftlersonate« (Programmheft Theater Lindenhof Melchingen 1994. © Franz Xaver Ott, Tübingen).

Ott, Karl-Heinz: geboren 1957 in Ehingen an der Donau. Er studierte Philosophie, Germanistik und Musikwissenschaft, war 1986 bis 1993 Dramaturg und Leiter der Schauspielmusik zunächst an der Württembergischen Landesbühne Esslingen, dann an den Städtischen Bühnen Freiburg, 1993 bis 1995 Chefdramaturg der Oper am Theater Basel. Seit 1996 arbeitet er als freier Schriftsteller. Er schrieb Theaterstücke, auch gemeinsam mit Theresia Walser wie 2014 »Konstanz am Meer«, Radio-Features für den SWR. Für seine Romane »Ins Offene«, »Endlich Stille«, »Wintzenried« wurde er mehrfach ausgezeichnet. In seinem Roman »Auferstehung« (© Carl Hanser Verlag, München 2015; daraus »Der Welt entrückt«) erzählt er, wie vier Geschwister die dörfliche Heimat verlassen und ihren eigenen Weg suchen, nach dem Tod des Vaters aber um dessen Erbe streiten.

Paulus, Eduard: geboren 1837 in Stuttgart, gestorben in Stuttgart 1907. Nach dem Studium von Architektur, Kunstgeschichte und Archäologie war er Mitarbeiter des Statistischen Landesamts, seit 1873 Landeskonservator. Zahlreiche Veröffentlichungen zur Vor- und Frühgeschichte und zur Baukunst, vor allem in Württemberg, außerdem poetische Reisebilder, Gedichte und Arabesken mit zeitkritischem Einschlag. Von ihm sind die ironischen Verse: »Der Schelling und der Hegel, der Schiller und der Hauff, das ist bei uns die Regel, das fällt nicht weiter auf.«

Pfisterer, Helmut: geboren 1931 in Leonberg, gestorben 2010 in Stuttgart. Schrieb schon während der Tätigkeit als Berufsschullehrer Erzählungen und Gedichte, vielfach in schwäbischer Mundart; nach der Pensionierung wandte er sich vermehrt schriftstellerischer Tätigkeit zu. Von 1988 bis 1991 war er Vorsitzender des Verbands deutscher Schriftsteller in Baden-Württemberg. Der Text erschien unter dem Titel »Wenn die Alb – weiß sie wovon sie redet.« stammt aus: »Landschaft weißgehöht« (© Silberburg-Verlag GmbH, Tübingen 1989).

Raabe, Wilhelm: geboren 1831 in Eschershausen, gestorben 1910 in Braunschweig, scheiterte in der Schule und in einer Buchhandelslehre, studierte ohne Abitur in Berlin Philologie. Als freier Schriftsteller lebte er zunächst in Wolfenbüttel, danach von 1862 bis 1870 in Stuttgart, von da an in Braunschweig. In seiner Stuttgarter Zeit entstand der Roman »Christoph Pechlin«, der die Episode mit dem Besuch des Hohenstaufen enthält. Insgesamt verfasste Raabe über achtzig Romane, Novellen und Erzählungen.

Röder, Philipp Ludwig Hermann: geboren 1755 in Stuttgart, gestorben 1831 in Walheim, war nach seinem Tübinger Theologiestudium Vikar und Pfarrer in mehreren Gemeinden, zuletzt von 1811 an in Walheim. Zwischen 1791 und 1812 publizierte er, großenteils anonym, neun Werke zur Geographie und Statistik verschiedener deutscher Regionen, vor allem Schwabens.

Rothschild, Theodor: geboren 1876 in Buttenhausen im Lautertal, gestorben 1944 in Theresienstadt. Leiter des jüdischen Waisenhauses »Wilhelmspflege« in Esslingen, 1942 Deportation nach Theresienstadt, dort an Lungenentzündung und Unterernährung gestorben. In seinen einfühlsamen pädagogischen Schriften und Lesewerken für den Religionsunterricht setzte er dem Landjudentum ein bleibendes Denkmal. »Sabbatstimmung« aus: Theodor Rothschild: »Bausteine. Zur Unterhaltung und Belehrung aus jüdischer Geschichte und jüdischem Leben« (Verlag J. Kaufmann, Frankfurt/M. 1927). Dazu weiterführend: Stadt Münsingen (Hg.), Günter Randecker (Bearb.): »Juden und ihre Heimat Buttenhausen. Ein Gedenkbuch zum 200. Jahrestag des Buttenhausener Judenschutzbriefes am 7. Juli 1987«. 2. Aufl., Münsingen 1988; Roland Deigendesch (Bearb.): »Juden in Buttenhausen. Ständige Ausstellung in der Bernheimer'schen Realschule Buttenhausen« Bd. 3 der Schriftenreihe des Stadtarchivs Münsingen, 2. Aufl 2004.

Salzmann, Ernst: geboren 1848 in Esslingen, gestorben 1920 in Stuttgart, war Schulvorstand und Schulinspektor in Stuttgart. Er schrieb Jugendbücher und lieferte mit dem Roman »Hinter Klostermauern« (Osiander, Tübingen 1886) eine Internatsgeschichte, für die er die Uracher Klosterschule als Vorbild nahm. Von Salzmann stammen auch detaillierte historische Studien über die Karlsschule des württembergischen Herzogs.

Sandmeyer, Peter: geboren 1944 in Luckenwalde. Rund 30 Jahre lang Reporter beim »Stern«, lebt in Hamburg. Er hat die Alb auf den Spuren von Friedrich August Köhlers Alb-Reise von 1790 erkundet. »Alb Traum« aus: »Schwäbischer Alb Traum« (mit Dieter Blum und Wolfgang Alber, Edition Braus, Heidelberg 1991. © Peter Sandmeyer, Hamburg).

Sayer, Walle: geboren 1960 in Bierlingen, übte nach Banklehre und Zivildienst eine ganze Palette von Sozialberufen aus, viele Jahre lang in einer selbstverwalteten Kulturgaststätte. Seit 1992 ist er freier Autor und lebt in Horb; seine Bücher mit Gedichten und Miniaturen sind fast alle im Klöpfer & Meyer Verlag erschienen, so die »Exkursion« in: »Den Tag zu den Tagen« (© Klöpfer & Meyer Verlag, Tübingen 2006) oder zuletzt 2016 die Miniaturen »Was in die Streichholzschachtel paßte«.

Schleker, Manfred: geboren 1937 in Hayingen auf der Alb, verstorben 2015. Sohn des Theatermanns (Naturtheater Hayingen) und Volksschriftstellers (u.a. Roman »Der Schäfer von Hayingen«, 1951)

Martin Schleker sen., Bruder von Martin Schleker. Lehrte Politik und Ethik in Bonn und Berlin. Publikationen unter anderem »Unbewältigte Vergangenheit?« (1986), »›Euthanasie‹ im NS-Staat und aktuelle Debatte« (2005). »Tödlicher Zeitgeist – ›Gnadentod‹« aus: »Reutlinger General-Anzeiger«, 1.9.2007 (© Renate Schleker, Lübeck). Dazu ausführlich: Thomas Stöckle: »Grafeneck 1940. Die Euthanasie-Verbrechen in Südwestdeutschland« Silberburg-Verlag, Tübingen 2002.

Schleker, Martin jun.: geboren 1935 in Hayingen. Film- und Fernsehschauspieler, Schriftsteller, Regisseur und Bühnenautor am Naturtheater Hayingen (u.a. »Rulaman«, »Die sieben Schwaben«, »Die schöne Lau«, »Jaaa, onser Schiller!«). Der »Brecht von der Alb« (»Stuttgarter Zeitung«) macht kritisches Volkstheater mit historischen Bezügen und aktuellen Anklängen, »epochenüberspannendes Welttheater« (»Der Spiegel«). »Der Gabelspitzer« aus: »Der Schneckenfänger. Oder: Wie ein Älbler doch noch Schauspieler wurde. Geschichten« (© Silberburg-Verlag GmbH, Tübingen 2005).

Schmoll, Friedemann: geboren 1962 in Esslingen, Dissertation über nationalen Denkmalskult in Württemberg, Habilitationsschrift zur Geschichte des Naturschutzes im Kaiserreich. Seit 2012 Professor für Volkskunde (Empirische Kulturwissenschaft) in Jena. »Schau ins Land« aus: »Die Zeit« 14/27.3.1992 (© Friedemann Schmoll, Tübingen/Jena).

Schwab, Gustav: geboren 1792 in Stuttgart, gestorben ebenfalls in Stuttgart 1850, studierte in Tübingen Theologie, arbeitete aber erst von 1837 an als Geistlicher, zunächst in der Pfarrei Gomaringen, dann als Stadtpfarrer und Dekan in Stuttgart; vorher war er Professor am Stuttgarter Obergymnasium und ein unermüdlicher Vermittler in literarischen Geschäften: »Sein Heim bildete das literarische Hauptquartier Stuttgarts« (Rudolf Krauß). Schwab schrieb, vor Baedeker, mit historischen Daten und Poesie angereicherte Reiseführer, so »Die Neckarseite der Schwäbischen Alb« (1823; daraus: »Albreisen«) und »Wanderungen durch Schwaben« (1837; daraus: »Urach«). Neben einzelnen Gedichten (zum Beispiel »Der Reiter und der Bodensee«) ist vor allem seine Bearbeitung der »Sagen des klassischen Altertums« noch bekannt.

Spohn, Michael: geboren 1942 in Stuttgart, gestorben 1985 durch Suizid in Konstanz. Zunächst Redakteur an verschiedenen Tageszeitungen, dann als Schriftsteller vor allem mit Mundartgedichten hervorgetreten, zudem zeichnerisch tätig. Veröffentlichte u.a. die Bücher

»Schwäbische Comics« (1977), »Wenn s schällt – s isch offa« (1985). Für seine Gedichte mit leicht melancholischem Unterton erhielt er 1983 den Thaddäus-Troll-Preis. »Vom Vitus Frey« aus: »Wenn s leidet mach e nemme auf & nommôôl äbbas. Schwäbische Gedichte und Geschichten aus Württemberg« (Esslinger Press, Stuttgart 1981. © Michael Spohn Erben).

Storz, Bernd: geboren 1951 in Ravensburg. Studium von Pädagogik, Psychologie, Germanistik in Tübingen. 1990 bis 2001 Geschäftsführer des Reutlinger Kunstvereins. Freier Autor, Journalist, Drehbuchschreiber und Dozent. »Gruorn« und »Buttenhausen« sind aus: »Spuren. Prosa«, hrsg. von Bernd Storz und Klaus Diegel (Filderstadt 1987. © Bernd Storz, Reutlingen) und »Gottesklang. Das kleine Liederbuch«. Autorenwettbewerb des 28. Deutschen Evangelischen Kirchentages. (Kreuzverlag, Stuttgart 1999. © Bernd Storz, Reutlingen).

Storz, Gerhard: geboren 1898 in Rottenacker, gestorben 1983 in Leonberg, arbeitete nach dem Studium der Altphilologie mehrere Jahre als Regisseur in Stuttgart und Karlsruhe, trat 1932 aber in den Schuldienst ein. Er lehrte in Schwäbisch Hall; nach dem Krieg wurde er dort Leiter des Gymnasiums und von 1958 bis 1964 baden-württembergischer Kultusminister. Neben seiner pädagogischen und politischen Tätigkeit schrieb Storz zeitkritische Betrachtungen für die »Frankfurter Zeitung«, literaturwissenschaftliche und historische Untersuchungen, aber auch Erzählungen. Die Episode an und in der Wimsener Höhle steht in der Erzählung »Die Einquartierung« (Ernst Klett, Stuttgart 1946. © Jutta Storz).

Stroheker, Tina: geboren 1948 in Ulm; nach dem Studium von Germanistik, Geschichte und Politik und zehnjähriger Lehrtätigkeit in Göppingen und Schwäbisch Gmünd seit 1983 freie Autorin. Sie lebt in Eislingen. Sie schreibt vor allem Gedichte, daneben Reiseskizzen und kurze Prosatexte. Sie entwirft in ihrer Poesie kritische Zeitbilder und Erinnerungen; mit Polen steht sie in einem fruchtbaren literarischen Austausch. Das Gedicht »Gustav Mesmers Flugfahrrad«, in dem sie an die Flugsehnsucht und die Flugversuche jenes alten Mannes erinnert, ist aus dem Band: »Vorausgeworfener Schatten« (© Klöpfer & Meyer Verlag, Tübingen 2001).

Suntheim, Ladislaus von: geboren 1440 in Ravensburg, gestorben 1513 in Wien. Geograph, Hofkaplan und Hofchronist Kaiser Maximilians I. Verfasste 1498 eine Art Landesbeschreibung, in der auch die Schwäbische Alb erwähnt ist.

Swobodnik, Sobo: geboren 1966, ist aufgewachsen auf der Alb. Er studierte nach dem Abitur Schauspiel, arbeitete als Regisseur und Redakteur und ist freier Schriftsteller. Als Filmemacher wurde er mit Preisen ausgezeichnet. Nach Albstadt wurde er zu den dortigen Literaturtagen nicht als Stadtschreiber, sondern ausdrücklich als Albschreiber eingeladen. Er stellte seine Beobachtungen in der Region zunächst in der lokalen Presse vor und fasste sie dann in dem Buch »Dem Himmel ganz nah. Reportagen von der Schwäbischen Alb« (Klöpfer & Meyer, Tübingen 2008. © Sobo Swobodnik) zusammen.

Troll, Thaddäus, Pseudonym von *Dr. Hans Bayer:* geboren 1914 in Bad Cannstatt, gestorben durch Suizid 1980 in Stuttgart. Nach einer kurzen Volontärszeit bei der Zeitung nahm er das Studium von Germanistik und Kunstgeschichte auf; nach der Promotion im Jahr 1938 kam er zur Wehrmacht, war Kriegsteilnehmer und Kriegsgefangener. Danach arbeitete er als Journalist und freier Autor, schrieb erfolgreiche heitere Bücher über die Schwaben, einen Roman, ein »aufklärendes Bilderbuch« für Kinder, die schwäbische Bearbeitung eines Molière-Stücks. Auch in seinen Gedichten verwendete er teilweise den Dialekt, wandte sich aber gegen falsche Gemütlichkeiten und ritt energische politische Attacken. »Suchen und Finden« ist Teil eines Essays über den Schwäbischen Wald und die Schwäbische Alb in: »Viermal Thaddäus Troll über Baden-Württemberg, seine Menschen und seine Urlaubsmöglichkeiten« (Landesfremdenverkehrsverband Baden-Württemberg, Stuttgart o.J. © Silberburg Verlag GmbH, Tübingen).

Überzwerch, Wendelin, Pseudonym von *Karl Wilhelm Fuß:* geboren 1893 in Memmingen, gestorben 1962 in Wilhelmsdorf. Das Studium von Germanistik und Geschichte in Tübingen wurde unterbrochen durch Wehrdienst im Ersten Weltkrieg und lange Gefangenschaft in Sibirien. Danach Promotion mit einer Arbeit über Alexander Puschkin und Übernahme kultureller Leitungsaufgaben in der Firma Krupp in Essen bis zur Evakuierung nach Oberschwaben im Zweiten Weltkrieg. Die unter seinem Pseudonym veröffentlichten Schüttelreime, literarischen Skizzen und Gedichte hatten ihn bekannt gemacht und waren weiterhin gefragt. Das »Lob der Alb« stammt aus dem Band »Uff guat schwäbisch« (Verlag Karl Knödler, Reutlingen 1951. © Wendelin Überzwerch Erben).

Uhland, Ludwig: geboren 1787 in Tübingen, gestorben in Tübingen 1862. Nach seinem Studium der Rechtswissenschaft war Uhland juristisch tätig, wurde aber 1829 Professor für deutsche Sprache und

Literatur in Tübingen, eine Aufgabe, auf die er sich durch philologische Studien vorbereitet hatte. Zu diesem Zeitpunkt war er bereits ein gefeierter Dichter, dessen Zeitgedichte, Lieder und Balladen (darunter »Die Schlacht bei Reutlingen«) bei Jung und Alt bekannt waren. Danach nahm ihn zeitweilig die Politik voll in Anspruch, als Abgeordneter saß er im württembergischen und später im deutschen Parlament. Nach 1850 arbeitete Uhland als Tübinger Privatgelehrter an umfangreichen germanistischen und altertumskundlichen Studien.

Vergenhans, Johannes: geboren 1425, gestorben 1510 in Tübingen; Theologe und Historiker, bekannter unter der von ihm nach Humanistenbrauch angenommenen Übersetzung *Nauclerus, Naukler.* Er war Erzieher des Grafen Eberhard im Bart, betreute Pfarreien und war kurze Zeit an der päpstlichen Kammer in Rom; er lehrte an der Universität Basel und beförderte die Gründung der Universität Tübingen. Sein Hauptwerk, das er nicht selbst zu Ende führte, war eine Weltchronik, in der er seine Heimat rühmt.

Vischer, Friedrich Theodor: geboren 1807 in Ludwigsburg, gestorben 1887 in Gmunden; studierter Theologe, der sich jedoch schnell der Philosophie und insbesondere der Ästhetik zuwandte. Auf diesem Gebiet lehrte er, unterbrochen durch ein ministerielles Lehrverbot von zwei Jahren und später durch die Zeit als linksdemokratischer Abgeordneter in der Nationalversammlung, fast zwei Jahrzehnte an der Universität Tübingen; 1855 wechselte er ans Polytechnicum in Zürich, von wo er 1866 nach Württemberg – erst nach Tübingen und dann nach Stuttgart – zurückkehrte. Sein einziger Roman »Auch Einer« enthält eine umfangreiche ironische Pfahldorfgeschichte; in diesem Zusammenhang entstand auch die »Prähistorische Ballade« (abgedruckt in der nach seinem Tod edierten Sammlung »Allotria«).

Wagner, Christian: geboren 1835 in Warmbronn bei Leonberg, gestorben ebendort 1918. Er arbeitete in der väterlichen, 1866 von ihm übernommenen Landwirtschaft und verfolgte dabei konsequent strenge ökologische Prinzipien. Die tiefe Liebe zur Natur und die Rücksicht auf alles Lebendige war auch für seine poetischen Versuche bestimmend. Seine Dichtungen gewannen einen kundigen, aber zuerst nur kleinen Freundeskreis; Reisen führten ihn nach Italien; gegen Ende seines Lebens erfuhr er verschiedene Ehrungen. Bei Klöpfer & Meyer erschien 2015 »Ein Stück Ewigkeitsleben«, ein Lesebuch seiner Werke.

Weber, Karl Julius: geboren 1767 in Langenburg, gestorben 1832 in Kupferzell. Der »Demokrit aus Hohenlohe« war ein aufklärerischer Schriftsteller und bissiger Satiriker. »Zweite Fußreise nach der Alb«

aus: »Reise durch das Königreich Württemberg« (J. F. Steinkopf Verlag, Stuttgart 1978).

Weinberg, Josef: geboren 1892 in München, gestorben 1972 in Treuchtlingen. Der studierte Volkswirt arbeitete als Kaufmann und Schriftsteller. 1934 wurde er mit dem Max-Eyth-Preis ausgezeichnet. Er schrieb Romane und Erzählungen wie »Der Kommandant vom Hohen-Twiel« (1936), »Bedrohte Stadt« (1941), »Der rote und der schwarze Utz« (1943), »Der grüne Reiter« (1949), »Der Galgen im Weinberg« (1951). Sein Roman »Der Schultheiß von Justingen«, aus dem die Passage »Wassernot« stammt, erschien 1937 (© Verlag Rainer G. Feucht, Allmendingen 1987). Darin schildert Weinberg die Anfänge der Albwasserversorgung mit dem Bau eines Pumpwerks im Schmiechtal 1870 durch den Stuttgarter Baurat Karl Ehmann und den Justinger Bürgermeister Anton Fischer.

Weinland, David Friedrich: geboren 1829 in Grabenstetten, gestorben 1915 in Hohenwittlingen bei Urach. Er studierte neben der Theologie Naturwissenschaften und schrieb seine Dissertation über die Urzeugung. Er war Assistent am Zoologischen Museum in Berlin, besuchte die Harvard-Universität, machte völkerkundliche Studien in Kanada und Mittelamerika und leitete von 1859 bis 1863 den Zoologischen Garten in Frankfurt. Wegen seiner angeschlagenen Gesundheit zog er sich zurück und arbeitete als Privatgelehrter. Neben bedeutenden wissenschaftlichen Veröffentlichungen zeichnete er sich als Vermittler aus: Seine Vorgeschichtsromane, darunter der immer wieder neu aufgelegte Bestseller »Rulaman« (1878), spiegeln in abenteuerlichen Sequenzen den damaligen Stand der prähistorischen Forschung.

Weitbrecht, Richard: geboren 1851 in Heumaden, gestorben 1911 in Heidelberg. Besuch des Tübinger Stifts, Promotion zum Dr. phil.; nach einer Italienreise Pfarrer in Mähringen bei Ulm und in Wimpfen. Er schrieb eine »Geschichte der Deutschen Dichtung« und gemeinsam mit dem älteren Bruder Karl Erzählungen im schwäbischen Dialekt, außerdem Bearbeitungen älterer Dichtungen. Die abgedruckte Textpartie aus: »Bohlinger Leute« (Eugen Salzer, Heilbronn 1911), von Weitbrecht als »schwäbischer Bauern- und Pfarrerroman« vorgestellt.

Wertheimer, Jürgen: geboren 1947 in München. Studium in München, Siena und Rom; auch in der folgenden literaturwissenschaftlichen Lehr- und Forschungstätigkeit international ausgerichtet. Dabei ging es nicht nur um räumliche Ausgriffe, sondern um die prinzipielle Offenheit für Vielfalt und Vieldeutigkeit. Wertheimer, seit 1991 Professor für Neuere deutsche Literaturwissenschaft und Komparatistik in Tübingen, initiierte grundsätzliche Debatten über WerteWelten, und er sucht die interdisziplinäre Kooperation. Der Roman »Die Venus aus dem Eis« (© 2010 Albrecht Knaus Verlag, München, in der Verlagsgruppe Random House GmbH) geht aus von den in Albhöhlen ausgegrabenen ältesten Kunstwerken der Menschheit und versetzt sie in lebendige Handlungsepisoden.

Zellmer, Uwe: geboren 1946 in Heidenheim/Brenz. Flüchtlingskind, Gründer, Intendant, heute Präsident des Regionaltheaters Lindenhof Melchingen, Studentennationalkicker, zeitweilig vom Berufsverbot bedroht (Walter Jens: »sanftester Maoist aller Zeiten«). Schreibt Theaterstücke (u.a. »Hölderlin.Tübingen.Turm«, »Jerg Ratgeb, Maler«, »Mörike! Schelmenstück!«), gibt zusammen mit Bernhard Hurm den meistgespielten Theaterabend Europas: »Kenner trinken Württemberger«. Bei Klöpfer & Meyer erschien auch Zellmers um den Melchinger Parnaß kreisender Roman »Himmelsberg, Engelswies« (2012) sowie das gemeinsam mit Bernhard Hurm herausgegebene »Melchinger Brevier. Eine Sammlung zum Sinnieren« (erweiterte Neuauflage 2016). Die autobiographisch gefärbte Passage »Herbsttag« ist aus: »Puccinis Turm« (© Klöpfer & Meyer Verlag, Tübingen 2001).

Zwerenz, Petra: geboren 1961 in Reutlingen; nach dem PH-Studium in Reutlingen Redaktionssekretärin und Lehrerin, nach 15 Jahren Schuldienst freie Autorin, Lektorin und Zoopädagogin. Sie schreibt Gedichte und Prosatexte, oft in Mundart, die sich mit der Lebensart der Menschen ihrer engeren und weiteren Heimat auseinandersetzen. Die Prosaskizze »Wo?« (© Petra Zwerenz, Reutlingen) verfasste sie als Beitrag zu einer Vorstellung von Albbildern und Albliteratur im Kunstmuseum Reutlingen 2006.

Die Herausgeber

Wolfgang Alber 1948 in Heilbronn geboren, Studium in Tübingen, lebt als Journalist und Kulturwissenschaftler in Reutlingen. Zahlreiche Veröffentlichungen zur Kulturgeschichte, Landeskunde und Landesliteratur. Mitherausgeber der Kleinen Landesbibliothek bei Klöpfer & Meyer. Zuletzt, 2016, erschien bei Klöpfer & Meyer zusammen mit Andreas Vogt, die vielgelobte Sammlung »Württemberger Weingeschichten«.

Brigitte Bausinger 1938 in Freiberg/Sachsen geboren, Studium in Tübingen, Dr. phil., Dramaturgin beim FS-Spiel WDR; literarische Features für WDR 3. Organisation der baden-württembergischen Literaturtage 1988 in Reutlingen und 1990 in Aalen sowie der Landeskunstwochen 1991 in Reutlingen. VHS-Dozentin, Presse- und Rundfunkbeiträge zu Kunst und Literatur. Autorin des Buchs »Literatur in Reutlingen«.

Hermann Bausinger 1926 in Aalen geboren, emeritierter Professor der Universität Tübingen, wo er von 1960 bis 1992 das Ludwig-Uhland-Institut für Empirische Kulturwissenschaft leitete. Zahlreiche Publikationen zur Alltagskultur, der Kulturgeschichte, Landeskunde. Mitherausgeber der Kleinen Landesbibliothek. Im Herbst 2016, inzwischen in 2. Auflage, erschien von ihm bei Klöpfer & Meyer mit überwältigender Resonanz »Eine Schwäbische Literaturgeschichte«.

Herausgeber und Verlag danken dem Landkreis Reutlingen und dem Förderverein Schwäbischer Dialekt für die gewährte Unterstützung bei der Publikation dieses Bandes.

Die in dieser Alb-Anthologie versammelten Textpassagen entsprechen im allgemeinen den Originalvorlagen, einige wurden aber der besseren Lesbarkeit wegen gekürzt und sind also nur auszugsweise wiedergegeben.

Die Schreibweise und auch die Interpunktion folgen einer moderaten neuen deutschen Rechtschreibung. Bei wenigen älteren Texten wurde die originale Schreibung beibehalten.

Herausgeber und Verlag danken allen Rechte-Inhabern für die erteilten Abdruckgenehmigungen. Sollten Rechte Dritter irrtümlich übersehen worden sein, so ist der Verlag selbstverständlich bereit, rechtmäßige Ansprüche nach Anforderung abzugelten.

© 2017 Klöpfer & Meyer Verlag GmbH & Co. KG, Tübingen.
Alle Rechte vorbehalten.
ISBN 978-3-86351-460-0

Redaktion: Sabine Besenfelder, Tübingen.
Umschlaggestaltung: Christiane Hemmerich
Konzeption und Gestaltung, Tübingen.
Titelfoto: Manfred Grohe, Kirchentellinsfurt.
Herstellung: Horst Schmid, Mössingen.
Satz: Alexander Frank, Ammerbuch.
Druck und Einband: Pustet, Regensburg.

Mehr über das Verlagsprogramm von Klöpfer & Meyer
finden Sie unter: *www.kloepfer-meyer.de*

**Hermann Bausinger
Eine Schwäbische Literaturgeschichte**

2. Auflage 2017,
440 Seiten und 20 s/w Abbildungen,
gebunden mit Schutzumschlag und
einem Lesebändchen,
auch als eBook erhältlich

Ein guter, verlässlicher Versuch über die schwäbische Literatur. Von Wieland, Schubart, Hölderlin über Mörike, Uhland, Vischer bis zu Blau, Härtling, Troll und Walser. Glänzend erzählt.

»Ein meisterhafter Überblick, ein Standardwerk, ein unentbehrliches Lesebuch.« **Literaturblatt**

»Lesenswertes über Mörike, Schiller & Co: wunderbar kurzweilig.« **Mannheimer Morgen**

»Hermann Bausinger: nie elitär – und schon gar nicht besserwisserisch. Immer aber: Wissenschaft, geistvoll, überraschend und auch fröhlich.« **Südwestrundfunk**

KLÖPFER&MEYER